# 전통시장 활성화

# 전통시장 활성화

장흥섭 지음

과거 전통시장은 상거래의 중심지, 소박하고 정이 넘치는 삶의 현장 등 경제·사회·문화적으로 많은 역할을 했다. 그런데 지금은 어떠한가. 적지 않은 시장들이 제 기능을 못하고 있는가 하면, 많은 사람들이 전통시장의 미래를 걱정하고 있다. 모든 것들이 크게 변했는데 전통시장만이 그러하지 않았기 때문이다.

우리나라 학계(學界)의 마케팅 연구(내용)를 보면 소비자(행동) 및 광고와 관련된 것이 대부분이고 유통 관련 연구는 찾아보기 어려운 실정이다. 특히 전통시장 연구가 그렇다. 필자는 이러한 여건에서 전통시장 연구에 전력을 기울였다. 그간(1983~2021년)의 관련 연구(결과물)를 보면 저서 4권, 연구 논문 11편, 연구 용역 29건이 있다.

이와 함께 '시장 활성화 방안' 등을 43회 (신문) 기고했으며, 국내외 전통시장 474곳(국내: 240곳, 해외: 55개국 234곳)을 탐방 조사했다. 또 6,000여 명의 시장상인을 대상으로 강의(고객 만족경영 등)하였고, 상인교육기관도 19회 운영한 바 있다.

2019년 10월 어느 날이다. 상기 연구(결과물)들을 잘 엮어 놓으면 후학들의 전통시장 연구에 길라잡이가 될 것이고, 나아가서는 우리나라 전통시장 활성화에 다소나마 보탬이 될 것 같았다. 여기에 '전통시장, 유지·발전되어야 한다'는 필자의 신념과 '학자(마케팅 전공)로서의 책무를 다해야 한다'는 사명감이 가미된 것이 본서라 하겠다.

그런데 본서는 다음과 같은 두 가지 면에서 한계를 갖는다.

첫째, 형식, 체제 등이 다른 책, 논문, 신문 기고문으로 이루어진 본서에서는 형식과 체재를 통일시켰다. 즉, 그들 각각이 갖는 본연의 형식을 충실히 따르지 않았다는 말이다. 특히 논문의 경우가 그러하다.

둘째, 대부분의 글이 오랜 기간에 걸쳐 쓴 것이라 일부에서는 지금의 실정과 다르거나 중복된 경우가 있다. 이 점 독자 여러분들의 이해를 바란다.

이제 몇 가지 메시지를 남기고자 한다. '전통시장 활성화는 상인 의식의 현대화, 경영 현대화, 시설 현대화 순으로 이루어져야 한다', '개인적·단기적 이익만 추구하는 상인과 전통시장은 미래가 없다', '전통시장 활성화는 상인 의식·의지에 달려 있고 외부 (정부) 주도적인 활성화는 한계가 있다' 등이다. 필자가 30여 년간 국내외 전통시장 474곳을 찾아가 얻은 것이다.

끝으로 지금까지 책과 함께 사는 데 밑거름이 되어 주신 어머님(이일연), 사랑하는 아내(문예선), 세상에서 가장 소중한 장준혁·윤자욱·장희영·장성운에게 '고맙소'라고 말하고 싶다.

2021. 10. 20
경북대 지역시장연구소에서
장홍섭 쓰다.

차 례

## PART 3 세계 10대 명품시장 활성화 사례

# PART 4 해외 유명 전통시장 활성화 요인

# PART 5 대구 10대 전통시장 탐방기

# PART 6 지역 전통시장의 과제와 활성화 방안

# [ 부록 ]

# PART 1
## 전통시장 활성화 방향 I

# 제1장 전통시장 활성화, 새로운 시도 필요하다*

　우리 정부는 전통시장을 활성화하는데 2002년부터 지금까지 2조 원 이상을 투입했다. 지역경제 및 서민생활과 밀접한 관계에 있는 전통시장의 어려움을 인식한 결과가 아닌가 싶다. 그간의 시장 활성화 사업을 보면 아케이드 설치, 주차장 마련, 상인 교육, 마케팅 활동지원 등과 같이 그 대부분이 '현대적 유통 업태에서 하는 것들'이다.

　열악한 시설은 전통시장의 주요 문제로 일정 수준의 현대화가 필요하다. 하지만 시설이 조금 나아진다 하더라도 과거처럼 소비자들이 시장을 찾게 될지는 의문이다. 전통시장이 대형유통업자들의 자본력과 경영 노하우, 기술력을 따라가지 못할 뿐만 아니라 그들과 같은 수준으로 쇼핑 편의성과 서비스를 제공하는 데는 한계가 있기 때문이다. 아무튼 새로운 유통 업태를 따라하는, 그리고 전통성과 차별성이 없는 활성화 방식은 '길해야 2등에 그친다.'는 점에서 문제시된다.

*2010년 9월 29일자 매일신문 26면(경제칼럼)에 게재된 글을 수정·보완한 것임.

그리고 전통시장이 제공하는 가치에 대해 소비자들이 특별히 매력을 느끼지 못하는 점도 문제다. 전통시장의 경쟁 우위 요소라 할 수 있는 저가격, 상품 다양성 등의 이성적 가치가 대형마트의 등장으로 그 빛을 잃었기 때문이다.

여기에 주거지와의 인접성 또한 신시가지(신생 아파트단지)의 형성으로 인해 그들(신생 아파트 주민)과 시장 간의 거리가 멀어지면서 고객들이 편의점이나 기업형 슈퍼마켓(SSM)으로 옮겨가고 있다.

아무튼 지금은 전통시장을 살리기 위한 새로운 시도(試圖)가 필요한 시점이라고 본다. 다른 유통 업태와 차별화시키는 전략적 접근이 없는, 현재와 같은 활성화 방식으로는 제대로 된 효과를 거둘 수 없기 때문이다. 따라서 다른 유통 업태가 따라하지 못하거나 전통시장만이 가질 수 있는 가치를 찾아내는 일이 절실하다.

전통시장은 대부분의 고객들이 시장 반경 1km 이내에 거주하는 지역주민들이므로 지역커뮤니티를 형성하는 데 좋은 공간적인 구조를 가졌다고 할 수 있다. 과거 시장(장날)은 사람들의 만남과 교류의 장(場)이자, 서로 정을 나누면서 정보를 얻는 곳이었다. 오늘날의 전통시장에서도 그러한 역할을 해야 한다. 전통시장에 지역 커뮤니티 공간을 두면 가능한 일이다. 요컨대 전통시장을 휴식과 교류의 장으로 만드는 것이야말로 새로운 차원의 전통시장 활성화 방법이라 하겠다.

또 하나의 방안은 전통시장에 서양의 '광장' 개념을 접목시키는 것이다. 광장은 먹을거리와 볼거리가 넘쳐나는 매력적인 장소인 동시에 휴식과 문화가 있는 공간이다. 전통시장이 지역민들에게 커뮤니티 공간을 마련해주고 그들에게 축제·공연 등의 문화적인 요소를 제공하면 지역상인과 주민의 공존·공생 관계(형성)를 통해, 궁극적으로는 시장 활성화에 큰 도움이 될 것으로 본다. 물론 여기에는 소비자들에게 감성적 가치를 제공하는 데 필요한 다양한 문화콘텐츠 개발이 따라야 한다.

끝으로 문화적·감성적 접근에 의한 새로운 시도(전략)를 통해 지역민의 사랑을 듬뿍 받는, 보다 활기찬 전통시장이 되었으면 한다. 그리고 상인들의 걱정과 시름이 말끔히 해소되기를 바란다.

앞서가는 전통시장에는 문화센터, 어린이 놀이터, 작은 동물원이 있다. (상: 대구 월배시장, 하: 호주 멜버른 프라란 시장)

# 제2장 전통시장에도 구조조정이 요구된다*

    정부는 2002년 이후 지금까지 전통시장 활성화를 위해 많은 노력을 기울여 왔다. 관련 법령을 제·개정하여 다양한 지원제도를 마련했으며 1조 원이 넘는 막대한 자금도 투입하였다. 그런데 일부에서는 전통시장에 대한 지원을 문제시하고 있다. 그간 많은 지원을 했는데도 효과가 제대로 나타나지 않아서다. 그간의 전통시장 활성화 노력들이 신(新)유통 업태들을 따라하거나 그들과 차별화되지 않았기 때문이며, 또 모든 것이 변했는데 전통시장만이 변하지 않았기 때문이다.

    사실 과거 전통시장은 상거래의 중심지, 소박하고 정이 넘치는 삶의 현장, 문화·놀이의 장, 그리고 만남의 터전 등 사회적·경제적으로 많은 역할을 했다. 이에 반해 오늘날은 쇼핑 장소로서의 기본적 역할마저 못하는 시장들이 적지 않은 실정이다.

    중소기업청·시장경영진흥원이 낸 2010년도 전통시장 활성화 수준 평가

---

*2011년 4월 6일자 매일신문 23면(경제칼럼)에 게재된 글을 수정·보완한 것임.

자료에 의하면 우리나라 전체 전통시장은 2006년 1,610개이던 것이 2008년에는 1,550개로, 또 2010년에는 1,517개로 감소했다. 그리고 전통시장 매출액도 유통시장 개방 시점인 1996년 27조 원이던 것이 2010년에는 24조 원으로 10% 이상 떨어졌다. 뿐만이 아니라 총 점포와 상인 수 그리고 시장이용객 수에 있어서도 같은 현상이 나타났다. 여기서 분명한 것은 전통시장이 쇠퇴하고 있다는 사실이다.

그럼 대구 경북의 전통시장 활성화 수준은 어떠한가. 지역별 시장 활성화 수준 평가 자료에서 대구 지역 전통시장(총 103곳)을 보면 A등급 시장이 1곳(1.0%), B등급 시장 12곳(11.7%), C등급 시장 35곳(34%), D등급 시장 32곳(31.3%), 그리고 최하등급인 E등급 시장이 23곳(22.3%)으로 나타나 있다. 전통시장 지원·평가기관인 시장경영진흥원에 따르면 등급 A와 B는 활성화 수준이 양호한 시장이며 D와 E는 취약한 시장이고 C는 보통인 시장을 가리킨다고 한다.

여기서 대구 지역에는 활성화 수준이 양호한 시장이 전체의 12.7%인 13곳인 데 반해 취약한 시장은 53.6%에 해당하는 55곳임을 알 수 있다. 도심 공동화 현상으로 인한 소비자(주민) 감소, 소비자 욕구·필요에 부응하려는 상인 의지 결여(缺如), 그리고 시장 및 점포 경영 능력 부족 등이 주요 이유라 하겠다.

또 경북 지역 전통시장 활성화 수준을 보자. 전체 178곳의 시장 등급 분포를 보면 A등급 4곳(2.2%), B등급 13곳(7.3%), C등급 38곳(21.3%), D등급 84곳(47.2%), 그리고 E등급 39곳(21.9%)으로 이루어져 있다. 경북 지역 전통시장 중에는 9.5%의 시장(17곳)이 양호하고 21.3%의 시장(38곳)은 보통이며, 69.1%의 시장(123곳)이 취약하다고 말할 수 있다. 무엇보다도 39곳이나 되는 시장들이 E등급 시장이라는 것이 문제다. 대부분의 경북 지역시장들이 인구 유출이 많은 농어촌 지역에 위치해 있어 이용객이 크게 감소했기 때문인 것으로 보인다. 참고로 시도별 시장 활성화 평균 지수를 보면 제주(53.5), 대전(50.8),

충북(48.9), 인천(47.9) 순으로 활성화 수준이 높다. 대구와 경북은 전국 평균 수준인 44.9를 밑도는 43.8과 42.2로 나타나 있다.

'다 살리려면 다 죽는다', '이미 시장이 아닌 시장들이 적지 않다' 등의 말이 들린다. 이는 전통시장에 구조조정이 필요하다는 것이다. 시장 활성화 의지가 강하고, 발전 가능성이 높은 시장을 선택, 육성하는 소위 '선택과 집중의 원리' 적용이 필요하다는 말이다. 물론 여기에는 엄격하고 객관적인 평가 작업이 수반되어야 한다. 또 제 기능을 다하지 못하는 시장은 지역민의 커뮤니티 공간이나 휴식·교류·교육의 장으로 전환시켜야 한다는 뜻이기도 하다.

아무튼 많은 사람들이 전통시장의 활성화를 바란다. 이는 상인 의식의 현대화와 적극적인 마케팅 활동이 있어야 실현될 수 있는 바람이다.

전통시장에도 전문화·특성화가 요구된다. (골동품 전문시장, 서울풍물시장 외관).

# 제3장 전통시장, 지역문화·예술 중심지로 컨셉 입혀야*

'한 나라의 과거를 보려면 박물관에 가고, 현재를 알려면 시장에 가보라'는 말이 있다. 전통시장에 가면 지역의 역사와 전통, 그리고 문화를 쉽게 볼 수 있어서인 것 같다.

사실 전통시장은 주민들의 삶의 터전으로서 많은 역할을 해 왔다. 하지만 소비자 구매 패턴의 변화, 신유통업체의 급성장 등으로 인해 전통시장이 크게 위협받고 있으며, 또 시장상인들이 힘들어하고 있다. 그간 정부에서는 노후화된 시장 건물 및 화장실 개·보수, 고객 쉼터 등의 편의시설 확충 등에 3조 원 이상을 투입했다. 이처럼 전통시장 시설 및 경영 현대화에 정부가 많은 노력을 기울였음에도 불구하고 전통시장의 총 매출액이 지속적으로 하향곡선을 그리고 있다.

노후화된 시설은 분명 소비자들의 전통시장 방문을 어렵게 만드는 요인이고, 시설 현대화는 소비자들을 시장으로 유인하기 위한 최소한의 조치다.

---

*2016년 9월 21일자 중앙일보 C7면에 게재된 글을 수정·보완한 것임.

하지만 시설 개선만으로는 시장 활성화에 한계가 있다. 시설 현대화 중심의 시장 지원(정책)만으로는 막강한 자본력과 조직력을 갖춘 신유통업체와의 경쟁에서 이겨낼 수 없다는 말이다. 그렇다면 전통시장에서 무엇을, 어떻게 해야 하는가?

먼저 대구광역시 중구 대봉동에 위치한 방천시장을 보자. 2006년 당시 방천시장은 급격히 쇠퇴해 가던 시장이었으나, 지금은 전국적으로 주목을 받는 관광명소가 되어 있다. 아무도 다니지 않는 골목길에 벽화를 그려 넣고, 이곳 출신이면서 전 국민의 사랑을 받았던 고(故) 김광석 길을 조성해 놓았기 때문이다. 환언하면 오가는 사람이 없던 전통시장에 문화와 예술을 담아 방천시장만의 특색을 만들어 놓았기 때문이다. 그래서 방천시장이 2015년 한 해 80여만 명의 관광객이 찾은 대구 지역 최고의 관광 명소로 거듭나게 된 것이다.

또 복잡하고 불편했던 통로를 멋진 곳으로 승화시킨 원주 중앙시장을 보자. 이곳 2층 상가는 이용객이 적어 상인들이 시름에 빠져 있었다. 미로처럼 복잡한 통로가 이용객들에게 불편을 준 것이 주된 문제였다. 이러한 상황에서 청년 상인들이 2층 상가에 들어와 커다란 변화를 일으켰다. 즉, 복잡하고 불편했던 통로를 '미로'라는 컨셉 하에 숨겨진 점포를 찾아가도록 함으로써 방문객들에게 '재미있는 공간'으로 만든 것이다. 벽에 개성 있는 그림을 그려 넣음으로써 흥미 있게 만들었고 다양한 문화예술 체험프로그램을 개발·운영해 이곳만의 특색을 부여해 놓았다. 그 결과, 주말이면 1500여 명이 찾는, 활기 넘치는 곳이 된 것이다.

아무튼 대구 방천시장과 원주 중앙시장은 전통시장에 특색을 입혀 시장을 단순히 쇼핑하는 공간에서 '문화와 예술을 느끼고 체험하는 공간'으로 탈바꿈시킴으로써 활성화를 이룬 사례다. 이처럼 문화와 예술을 시장에 담아 특색 있는 곳으로 만들고자 하는 전통시장이 전국적으로 75곳에 달한다. 매우 반갑고 다행스러운 일이라 사료된다.

요컨대 전통시장 활성화를 위해서는 시장·지역 특성을 시장에 담음으로 써 다른 유통 업태 및 전통시장과 차별화시켜야 하는데, 여기에는 전통시장의 '지역문화·예술 중심지'화가 필요하다. 이는 최적의 전통시장 활성화 방안이 될 수 있기 때문이다.

지역 문화·예술이 담긴 전통시장은 많은 사람들이 찾는다. (상: 광주 대인시장, 하: 대구 방천시장)

# 제4장 전통시장,
## 가격표시제 도입 전국으로 확대해야*

　전통시장에서 물품을 구매하다 보면 여러 가지 궁금증이 생긴다. "원산지는 어디일까?", "어디에 가면 저렴하게 구입할 수 있을까?" 가격을 깎았거나 덤으로 물품을 더 받았으면 이러한 궁금증은 더 커진다. 대체로 가격에 대한 정확한 정보가 없기 때문이다. 이에 반해 대형마트나 온라인쇼핑사이트는 가격에 대한 정보가 자세히 나와 있어 그러한 궁금증이 생기지 않거나 적다. 또 가격 비교나 구매 후기와 같은 소비자 선택의 폭을 넓힐 수 있는 다양한 정보를 제공하기도 한다. 이러한 정보를 통해 소비자는 합리적인 선택을 하게 된다.

　이제 전통시장도 이러한 흐름에 맞춰 많이 달라지고 있다. 사실 예전의 시끌벅적했던 전통시장에서는 상인과 고객 사이에서 밀고 당기는 '가격 흥정'과 물건을 더 얹어 주는 '덤'이라는 문화가 있었다. 이는 전통시장만이 지닌 고유한 재미와 미덕으로 여겨졌다. 하지만 세대가 바뀌고 시대와 사회

---

*2019년 11월 26일자 인터넷 매체 NEWSIS에 기고한 것임.

가 달라졌다.

요즘 많은 전통시장들이 시설 현대화 사업을 통해 기존의 낙후된 이미지를 벗고 편리하고 쾌적한 쇼핑공간으로 탈바꿈하고 있다. 전통시장 안의 모습을 좀 더 자세히 들여다보면 소비패턴의 변화도 엿볼 수 있다. 고객들이 전통시장에서 물건을 구매할 때 가격이나 원산지에 관련된 정보를 세밀하게 살펴본다. 정확한 가격정보를 제시하지 않거나 원산지표시가 제대로 되어 있지 않을 경우 고객들은 구입(구매의사결정)을 주저한다. 젊은 고객층일수록 더욱 그렇다.

가격이나 원산지를 직접 물어보면 되지 않느냐고 반문할 수 있겠으나 일일이 물어보는 것은 번거롭다. 게다가 스마트폰 보급률이 높아 간편결제시장이 커진 상황에서 '제로페이'와 같은 새로운 결제 서비스에 대한 욕구도 강하다. 고객 편의성·신뢰성 향상을 위해서는 이 또한 전통시장이 넘어야 할 산이다. 아무튼 가격표시제 운영이나 제로페이 사용은 전통시장 이용객들의 편의성·간편성을 충족시켜 주며, 결과적으로는 전통시장 방문 빈도를 높일 수 있는 요인이라 하겠다.

요즘 잘 나간다는 서울 마포구 소재 망원시장의 경우를 보자. 망원시장이 트레이드마크가 된 것은 '가격표시제' 덕분이다. 이곳에서는 점포 모두가 품명, 가격, 원산지를 확인할 수 있는 가격·원산지표시제를 시행하고 있다. 반찬, 채소, 과일, 각종 농산물과 수산물 등 거의 모든 품목이 그러하다. 이처럼 가격·원산지표시제를 통해 전통시장 이용객들은 상인에 대한 믿음과 신뢰가 생기고, 나아가 전통시장의 투명성과 신뢰성이 향상돼 활기 넘치는 공간으로 만들어갈 수 있다.

실제로 가격표시제를 시행하고 있는 곳의 매출은 그렇시 않은 곳의 매출보다 많은 것으로 나타났다. 영월종합시장, 울진바지게시장, 군포산본시장의 경우 각각 92.3%, 81.7%, 92.2%의 점포들이 가격표시제를 실시하고 있는데 그들의 매출이 5~10%가량 늘어났다고 한다. 가격 및 원산지에 대한 정보가

고지됨으로써 고객과 상인 간 신뢰도가 높아져 결국 매출 선순환 구조를 구축할 수 있었던 것으로 풀이된다.

소상공인과 전통시장을 지원하는 소상공인시장진흥공단은 전통시장에 대한 고객 신뢰도 확보를 위해 가격표시 활성화에 발 벗고 나서고 있다. 즉, 올해 100곳을 시작으로 매년 200곳씩 확대해 나감으로써 2021년까지 500개 시장에 가격·원산지표시제를 도입할 예정이라고 한다.

아무튼 전통시장 가격·원산지표시제는 고객에게 알 권리를 제공하고 고객 신뢰를 구축해 전통시장에 대한 인식을 개선시켜 주는 효과가 있다. 따라서 가격표시제 미시행 전통시장은 시행토록 유도하고 가격표시제 우수시행사례를 널리 알리는 노력을 기울여야 한다. 또 향후 전국 모든 전통시장을 대상으로 확대하는 방안도 검토해야 할 것이다.

이탈리아 베네치아 리알토 시장(좌)과 독일 뮌헨 빅투알리엔 시장(우)은 가격표시를 철저히 한다.

# 제5장 전통시장 활성화의 새로운 방향*

## 1. 새로운 시장 활성화 전략 요구

전통시장의 열악한 시설은 소비자에게 불편을 주므로 일정 수준 이상의 시설 현대화는 필수적이다. 그러나 시설이 나아지더라도 전통시장이 갖는 상대적 유리성이 다른 유통 업태에 비해 없거나 적다는 점이 문제다. 오늘날 전통시장이 제공하는 가치가 소비자들에게 특별히 매력적이지 못하다는 것이다. 이는 전통시장의 경쟁우위 요소라 할 수 있는 저가격 등의 가치가 대형 마트의 등장으로 그 빛을 잃었기 때문이다.

게다가 주거지와의 인접성 또한 신시가지(신생 아파트단지)의 형성으로 인해 (아파트)주민과 시장 간의 거리가 멀어지면서 시장 고객들이 편의점이나 기업형 슈퍼마켓(SSM)으로 옮겨가고 있어 너욱 문세다. 결과석으로 말하면 기존 전통시장이 제공해 왔던 이성적 가치는 더 이상 전통시장만의 가치(요

*'경북대학교 교수회보' 제65호(2010.8.30) 24~26면에 게재된 것임.

소)가 아니게 됨으로써 전통시장의 상대적 유리성이 없어졌다고 할 수 있다.

이제 전통시장 활성화를 위한 새로운 전략, 특히 다른 유통 업태가 따라하지 못하거나 전통시장만이 가질 수 있는 가치를 찾아야 한다. 다른 유통 업태와 차별화시키는 전략적 접근이 없는, 지금과 같은 활성화 노력(방식)으로는 효과가 없거나 적기 때문이다.

여기서 전통시장이 갖는 감성적 가치에 주목할 필요가 있다. 현대화되고 도시화된 대형마트와 구매과정에서 인간의 숨결이라고는 느낄 수 없는 인터넷 쇼핑과는 달리 전통시장은 아직도 사람 사는 냄새가 나고, 지역성과 전통성을 간직하고 있으며, 지역민들에게 커뮤니케이션 공간을 제공할 수 있는 곳이다.

이러한 전통시장의 감성적 가치야말로 새로운 유통 업태가 모방할 수 없는, 그리고 전통시장만이 갖는 차별화된 가치(요소)라 하겠다. 어쩌면 전통시장 활성화를 위한 최선의 방법은 바로 '더욱 전통시장다워지는 것'이라고 할 수 있다.

더 나아가 우리 전통시장에 서양의 '광장' 개념을 접목시키는 방안도 고려할 수 있다. 사실 광장은 먹을거리와 볼거리가 넘쳐나는 매력적인 장소인 동시에 휴식과 문화, 그리고 커뮤니케이션이 있는 공간이다. 전통시장이 이러한 공간으로 변모하기 위해서는, 지역민들에게 축제·공연 등의 문화적인 볼거리를 제공하고, 시장상인과 지역민이 함께 하는 장소로서의 역할을 충실히 해야 할 것이다.

물론 여기에는 다양한 놀이와 문화콘텐츠 개발이 수반되어야 하는데 이는 전통시장의 감성적 가치를 부각시키는 데 매우 중요한 역할을 한다.

## 2. 지역민의 문화 공간으로 활용

주5일 근무제 실시로 직장인들의 여가시간은 늘어났으나 시간을 보낼 마땅한 장소가 부족한 실정이다. 영국 런던에 있는 코벤트가든(시장)은 서커스, 연주회, 거리공연, 마술 등이 열려 볼거리가 많고, 예술가들의 작품도 쉽게 감상, 구매할 수 있다. 여기서 중요한 것은 코벤트가든이 지역민들에게 다양한 볼거리를 제공함으로써 상업과 문화가 함께하는 명품 시장이 되었다는 사실이다.

다행히 전통시장과 문화를 결합하는 시도(방천시장 예술프로젝트)가 대구 방천시장에서 이루어져 많은 사람들의 관심과 눈길을 끌고 있다. 방천시장은 오래전부터 장세가 약화되어 빈 점포가 많고, 시장 기능을 거의 상실한 상태였다.

방천시장 예술프로젝트는 수십억 원이 투입되는 방식이 아니고 시장 일부를 지역민과 예술가에게 내어줌으로써 시장으로 사람을 끌어들이는 방식이다. 즉, 시장에 감성적 가치를 만들어 넣고, 그 가치를 부각·활용하여 활성화하려는 것이다. 아무튼 앞으로는 지역민에게 시장의 일부를 제공하면서 지역민과 상인이 함께 시장을 살리는 방안이 진가를 발휘할 것으로 본다.


## 3. 커뮤니티센터로의 변신

전통시장은 대부분 다른 시장과 일정한 거리에 위치하며, 주거 지역에 인접해 있고, 대형마트처럼 상권범위가 그리 넓지 않다. 즉 이용객 대부분이 시장 반경 1Km 이내에 거주하는 지역주민들이다. 그러므로 전통시장은 지역 커뮤니티를 형성하기에 좋은 공간적 구조를 가졌다고 할 수 있다. 과거 시장(장날)은 사람들의 만남의 장소이자, 서로 교류하면서 정을 나누고, 정보를 얻는 곳이었다. 지금의 전통시장에서도 이러한 역할을 할 수 있다고 본다. 만약 전통시장이 지역민의 커뮤니티센터로 변신할 수 있다면, 경쟁력이 크게 강화될 것이다. 따라서 시장을 휴식과 교류의 장소, 즉 커뮤니티센터로 만드는 것도 새로운 차원의 시장 활성화 방식이라 하겠다. 여기에 벼룩시장, 택배 서비스, 지역행사 시 공간 제공과 같은 주민 밀착형 활동이 가미된다면 그 속도는 더욱 빨라질 것이다.

## 4. 젊은 여성 소비자 유인

여성의 경제활동 참여는 쇼핑 시간의 감소를 초래하면서 쇼핑 횟수는 줄어들고, 1회 구매량·금액은 많아졌다. 그리고 인근 전통시장에서 매일 찬거리를 구매하는 형태에서 대형마트에서 1주일~1달간 필요한 물품을 한꺼번에 구매하는 형태로 바뀌었다. 쇼핑시간대 또한 업무를 마친 저녁으로 옮겨가고 있다. 모두 여성, 특히 젊은 직장여성을 전통시장으로부터 멀어지게 하는 일이다.

한편 전통시장 이용객은 60세 전후의 소비자들이 대부분이며 젊은 층은 찾아보기 힘들 정도다. 사실 젊은 소비자는 전통시장보다 편리하고 쾌적한 대형마트를 선호하며, 가격이 다소 비싸더라도 편리함을 추구하는 성향이다. 이는 시설 현대화 사업을 실시한 시장에서 그들의 방문이 늘어나지 않는데서 알 수 있는 사실이다.

여기서 젊은 층이 시장을 방문하지 않는다는 것은 장기적으로 전통시장의 존립을 어렵게 할 수 있다는 점에서 매우 큰 문제다. 현재 전통시장 이용객들이 세상을 떠난 후에는 누가, 얼마나 많이 전통시장을 찾을까 하는 걱정에서이다. 오늘날의 젊은 소비자들은 그때에도 신유통업체(대형마트)를 찾을 것이고, 결과적으로 이용객이 없는 전통시장은 무용지물이 될 것이기 때문이다.

어쨌든 전통시장의 먼 훗날을 생각한다면 젊은 여성 소비자를 유입하는 데 많은 노력을 기울여야 할 것이다. 물론 여기에는 다양한 문화적인 요소들을 시장에 담는 일이 따라야 한다.

요컨대 전통시장의 미래를 위해서는 젊은 여성 소비자 유입 전략을 수립해야 하며, 또 지역민과 함께 커뮤니케이션하고 문화를 즐길 수 있는 방안을 강구해야 할 것이다.

해외 유명 전통시장에는 볼거리, 재밌거리가 많다. (상: 캐나다 세인트 로렌스 시장·독일 클라이언 시장, 하: 영국 캠든 시장·일본 구로몬 시장)

# PART 2
## 전통시장 활성화 방향 II

# 제1장 전통시장 활성화와 상인의 과제*

정부에서는 전통시장 활성화를 위해 지금까지 많은 노력을 해 왔다. 지역 경제 및 서민생활과 밀접한 관계에 있는 전통시장의 어려움을 인식했기 때문이다. 그런데 일부에서는 '전통시장 위기에 처했다', '지금의 50대, 60대가 세상을 떠나면 전통시장도 떠날 것이다'며 우려하고 있다. 우려가 현실이 될까 걱정이다.

이처럼 전통시장의 미래를 걱정하는 것은 새로운 유통 업태들의 등장으로, 시장 소비자들이 대형마트 등으로 발길을 돌렸기 때문인데 이는 곧 전통시장이 제공하는 가치가 소비자에게 특별히 매력을 주지 못한데 그 원인이 있다. 또 시장상인들이 '소비자가 원하는 것이 무엇인가'를 잘 모를 뿐 아니라 손님을 기다려왔을 뿐 불러들이지 못한 것도 원인이 된다. 즉, 상인들이 고객 욕구 파악, 광고·홍보, 판매촉진 등의 마케팅 노력을 직극직으로 하지 않았나는 것이다. 어쩌면 상인들이 시장 이용객의 욕구를 충족시키지 못했고, 또

---

*2010년 9월 20일자 영남일보 34면(지역논단)에 게재된 글임.

제반 환경 변화에 적극적으로 대처하지 못했기 때문이기도 하다.

상인은 시장의 주인이고, 시장 활성화의 주역이다. 이러한 상인이 시장 활성화를 위해 우선적으로 해야 할 과제는 무엇일까. 무엇보다도 소비자의 지지와 신뢰를 얻을 수 있도록 상인과 시장이 변해야 한다. 일부 상인들의 의식과 마인드가 시장 활성화에 걸림돌이 된 사례가 있고, 또 상인 의식 변화가 없는 한 어떠한 활성화 노력도 큰 효과를 기대할 수 없기 때문이다.

다음으로는 소비자 기호 및 욕구에 부응하는 '고객 만족 경영'을 들 수 있다. 즉, 전통시장 상인들도 '소비자가 원하는 것이 무엇인지'를 알아야 하며, 고객 만족 경영을 해야 한다는 것이다. 많은 고객들로부터 사랑을 받고 있는 의정부 제일시장과 일본 고후쿠마치 상점가에 가보면 그 필요성을 알 수 있다.

나아가 다른 유통기관들이 갖지 못하는 특성, 즉 (개별)전통시장만이 갖는 상대적 우위성을 찾아내고 이로써 다른 유통 업태들과 차별화시켜야 한다. 소비자 입장에서 보면 차별성, 우위성이 없는 시장은 꼭 그곳에 가야 할 이유가 없고, 또 앞으로는 지역 특성과 시장 여건에 맞춰 전문화, 특성화된 시장만이 유지·발전할 수 있기 때문이다. 따라서 전통시장이 다른 유통 업태와 차별화시키는 전략적 접근이 없는, 그리고 신유통 업태를 따라하는 식으로는 제대로 된 활성화 효과를 기대할 수 없다 하겠다.

또한 먼 훗날 시장을 지켜 줄 젊은 소비자들의 (시장) 유입이 시급한데, 그러기 위해서는 다양한 문화적 요소들이 시장에 담겨져 있어야 한다. 사실 젊은 소비자들이 현대적이고 쾌적한 쇼핑환경을 선호하지만 특별한 볼거리와 즐길거리가 있으면 다소 불편하더라도 그곳을 찾는 경향이 있다.

그리고 지역민들과 우호적 관계형성을 위한 방안을 적극적으로 강구해야 한다. 즉, 불우이웃돕기, 바자회, 지역축제 참가 등을 통해 시장상인과 지역민이 하나가 되도록 해야 한다는 것이다. 지역민을 위한 '요리교실' 운영을 통해 시장 이미지 개선과 단골고객 확보라는 두 마리 토끼를 잡고 있는 스페인

'보케리아 시장'과 '제주 동문시장' 사례에서 그 중요성을 알 수 있다.

　아무튼, 전통시장상인들이 신명나 하는 모습을 보았으면 한다. 상인들의 건전한 의식과 적극적인 노력만이 이룰 수 있는 바람이다.

전통시장 상인(활성화)의 최대 과제는 젊은 여성 유입, 청년상인 육성, 신용카드 결제, 빈 점포 해소다.

# 제2장 전통시장 활성화와 고객 만족경영[*]

우리 정부와 지방자치단체들은 전통시장 활성화를 위해 많은 노력을 기울여왔다. 특히 비가리개 설치, 주차공간 마련, 건축물 개·보수 등 하드웨어 부문에 엄청난 자금을 투입했다. 전통시장들이 새로운 모습으로 바뀌었고 편의성, 청결성도 나아졌다.

그런데 시장 환경이 개선되고 편의성·청결성이 향상되었다고 해서 대형마트로 옮겨간 소비자들이 '시장으로 되돌아올까' 하는 의문을 갖는 사람들이 적지 않다. 환언하면 시장 모습이 바뀌었다고 해서 '대형마트와 같은 신유통업체와의 경쟁에서 이길 수 없다'고 보는 사람들이 많다는 것이다. 시장 환경 개선이나 건축물 개·보수만으로는 전통시장 활성화에 한계가 있다는 말이다.

아무튼 정부 지원에 의한 하드웨어 부문의 개선만으로는 제대로 된 시장 활성화 효과를 기대할 수 없다는 것이 일반적인 견해다. 그럼 전통시장 활성화에 있어 가장 중요하고 시급한 일은 무엇일까. 고객 만족경영을 도입하는

---

[*]2011년 6월 29일자 매일신문 23면(경제칼럼)에 게재된 글임.

일이다. 고객을 만족시킬 수 있는 시장(점포)만이 생존할 수 있고, 또 고객 만족의 극대화가 시장(점포) 경영의 최대 과제인 시대이기 때문이다.

여기서 고객 만족경영에 대해 구체적으로 알아보자. 먼저 고객(顧: 돌볼 고, 客: 손님 객)은 한자 뜻풀이에서 알 수 있듯이 '돌보아야 할 고마운 손님'이다. 그래서 '고객은 왕이다'(피트 드러크 교수), '고객은 황제다'(존 에이커 IBM 회장), '고객은 신이다'(일본 Sony사)라고 하는 것이다. 모두 '고객이 매우 중요하다'는 말이다.

고객 만족이란 '구매제품에 대한 실제 경험가치가 기대가치보다 크게 지각될 때 고객이 갖는 심리적 상태'를 가리킨다. 이러한 고객 만족은 고객 이탈 방지, 상품 및 충성도 향상은 물론이고, 가격민감도 감소, 잠재 고객들에 대한 호의적 구전, 점포 이미지 업 등을 초래하며, 궁극적으로는 매출 및 이익의 증가를 불러일으킨다. 이렇듯 그 효과는 다른 어떤 것과도 비교할 수 없을 정도로 크다 하겠다.

소비자 문제 전문가인 굿맨(J. A. Goodman)에 의하면 "고객 만족경영은 고객의 비즈니스와 기대에 부응하려는 것이며, 그 결과 상품 재구입이 이루어지고 고객의 신뢰감이 연속되는 상태"라고 했다. 이를테면 고객이 무엇을 원하며, 무엇이 불만인지를 알아내어 계속 같은 제품을, 같은 장소에서 구입하도록 하는 것이다. 요컨대 고객 만족경영은 전통시장이 유지·발전할 수 있는 최선의 방식이라 할 수 있다.

전통시장 상인들이 고객 만족(경영)을 위해 해야 할 일은 다음과 같다.

첫째, 고객 정보 및 지식을 풍부히 가져야 한다. 즉 고객 만족을 위해서는 고객에 대해 많이 알아야 한다는 것이다. 그러기 위해서는 정기적이고 지속적인 시장조사활동이 필요하다.

둘째, 고객 눈높이에 맞춰야 한다. 모든 경영의사결정 및 활동을 고객 만족에 초점을 두어야 한다는 것이다. 그간 소비자들은 크게 변한 데 반해 상인들은 그러하지 못한 것이 사실이다. 또 상품의 품질 수준, 서비스, 편의성 등의 면에서 상인과 소비자 간에 인식의 차이가 있는 것도 사실이다.

셋째, 다른 유통 업태나 전통시장들이 갖거나 따라하지 못하는 문화적·감성적 요소로써 차별화시켜야 할 것이다.

넷째, 지금 전통시장에서는 하드웨어 부분보다 소프트웨어 부분의 개선이 시급하다. 즉, 물질적 투입이나 개선보다는 상인들의 의식 및 경영 방식의 변화(고객 만족경영)가 더 필요하다.

요컨대 고객 만족경영이야말로 전통시장 상인들이 해야 할 가장 중요하고 시급한 과제이며, 또 떠나간 고객들의 발길을 전통시장으로 되돌려놓을 수 있는 최선의 방법이라 하겠다.

전통시장에서 고객 만족경영이 이루어지기 위해서는 소비자 및 마케팅 관련 상인교육이 있어야 한다.

# 제3장 전통시장 활성화와 청년일자리 창출*

우리나라 전통시장 활성화 수준(시장경영진흥원, 2010)을 보면 전체 1,517개 시장 중 17.4%의 시장만 장세가 활발하고 54.1%의 시장은 취약한 것으로 나타나 있다. 또 전통시장과 정부의 전통시장 지원에 대해 부정적인 사람들이 많다. 즉 "대형마트 등에 밀려 전통시장이 점차 설 자리를 잃을 것이다", "전통시장 지원 효과가 없거나 미미하다"고 하는 사람들이 적지 않다는 것이다.

그 근본 이유는 무엇일까? 유통환경 변화에 시장상인들이 제대로 부응하지 못했기 때문이다. 특히 소비자 욕구 변화에 따라가지 못했다는 것이다. 구체적으로 말하면 전통시장(상인)이 친절·서비스 부족, 시장 활성화 의지 및 장기적·거시적 사고 결여, 마케팅 활동 미진, 현대적 점포 경영 능력 부족, 신용카드 사용 및 현금영수증 발급 불가능, 빈 점포 과다, 상인교육 및 편의시설 부족 등의 문제를 안고 있어서다. 이들 모두 소비자들이 시장을 찾지 않는

---

*2012년 4월 27일자 영남일보 32면(경제칼럼)에 게재된 글임.

이유라 하겠다.

그럼 상기 문제들을 해결할 수 있는 방안은 무엇일까? 먼저 '젊은 상인의 시장 유입'을 들 수 있다. 상인 고령화 문제(해결)는 전통시장 활성화의 최대 과제이기 때문이다. 사실 고령 상인 문제는 경영 현대화를 어렵게 함은 물론, 젊은 소비자들의 발걸음을 멈추게 하는 주요 요인이며, 또 정부지원 사업 효과가 제대로 나타나지 않는 원인이기도 하다. 상인이 젊어지면 전통시장 활성화가 지금보다 쉬워지고 그 속도 또한 빨라질 것이며, 궁극적으로는 시장의 유지·발전도 보장받을 수 있을 것이다. 따라서 젊은 상인의 유입이야말로 전통시장이 갖는 여러 가지 문제를 해결할 수 있는, 최상의 방안이라 하겠다.

또 '빈 점포 과다' 문제의 해결을 들 수 있다. 우리나라 1,517개 전통시장에는 201,000개의 점포가 있는데, 그들 중 21,800여 개의 점포가 비어 있는 상태다. 빈 점포는 시장 미관·이미지 훼손, 사고 위험, 슬럼화 등을 초래하는 요인이다.

한편 지금 우리 사회가 시급히 해결해야 할 최대 과제는 청년실업 문제이다. 실질 청년실업자 수가 약 110만 명에 이르렀고, 2011년 대학 졸업자 49만 8천 명 중 22만 4천여 명(59.6%)만 취업했다. 27만 6천여 명이 실업자라는 것이다. '이태백(20대 태반이 백수)', '삼포세대(연애, 결혼, 출산을 포기한 세대)'라는 말이 있을 정도다.

전통시장의 장기적 유지·발전과 청년실업 해소를 위해서는 유능한 청년실업자에게 점포를 내어주어 시장(내부)에 활기를 불어넣어야 한다. 그러기 위해서는 중소기업청, 고용노동부, 지방자치단체 등의 기관이 청년실업자가 시장에서 청년 상인으로 새 출발할 수 있는 방안을 적극적으로 강구해야 할 것이다. 이야말로 전통시장 활성화를 도모하면서 청년에게 일자리를 제공할 수 있는 일거양득의 방안이 아닐까 싶다. 하루 빨리 (가칭) '전통시장 활성화·청년 일자리 창출 프로젝트'를 출범시켜야 할 것이다.

청년 일자리 창출을 위한 청춘난장이 현풍 백년도깨비시장에 들어서 있다.

전국우수시장 박람회장에 청춘 야시장이 열렸다.

포르투갈 캄프데 오리퀴 시장(좌)과 덴마크 토로배홀랜 시장(우)에는 청년상인이 많다.

전통시장 활성화를 위해서는 청년상인 육성을 통한 (상인) 세대 교체가 있어야 한다.

# 제4장 전통시장 활성화의 봄소식*

2002년 이후 지금까지 정부에서는 전통시장 활성화를 위해 아케이드 설치, 주차 시설 마련, 상인교육 및 컨설팅, 상인조직 역량 강화 등에 2조 원 가량 투입하였다. 지방자치단체 또한 시장투어, 시장자문 및 점포지도 등의 사업을 실시했다. 그 결과, 전통시장들이 밝고 깨끗한 모습으로 변했다.

전통시장 활성화에 봄소식이 들린다. 대형마트와 SSM(기업형 슈퍼마켓)에 대한 '영업시간 제한 및 의무 휴업 조치'를 지자체들이 추진하고 있다는 소식이다. 서울특별시, 경상북도 등의 지방자치단체들이 대형마트와 SSM에 대해 0시부터 오전 8시까지 영업을 금지하고, 또 한 달에 2차례(일요일과 공휴일 중) 의무적으로 휴업하도록 하는 조치를 추진하고 있다고 한다.

대구 지역의 경우 대형마트 20개와 SSM 34개가 그 대상이 된다. 36만 명의 전통시장 상인에게는 그 무엇보다도 반가운 봄소식이 아닌가. 전통시장 점포 및 상인수가 감소하고 있는 이때 반사이익이 생길 것이기 때문이다.

---

*2012년 3월 2일자 영남일보 32면(경제칼럼)에 게재된 글임.

그런데 '대형마트 등의 영업시간 제한 조치가 전통시장에 어느 정도 이익을 줄 것 인가'가 문제이다. 휴무로 인해 대형마트나 기업형 슈퍼마켓을 이용하지 못한다 하더라도 인터넷 쇼핑, 홈쇼핑을 이용하거나, 휴무일 전후에 구매할 수 있기 때문이다. 하여간 전통시장에서는 이번 조치로 인한 이용객

전통시장 상인들의 축제의 장인 '전국 우수시장 박람회'가 매년 11월에 열린다.

증대 효과를 최대화시켜야 하는데 이는 다름 아닌 시장상인의 몫이라 본다. 전통시장 상인의 노력에 영업시간 제한 및 의무휴업 조치의 효과가 달려 있다는 말이다.

한편 상인 의식 및 경영 마인드가 소비자의 욕구를 따라가지 못하는 시장과 공동체의식의 결여로 활성화 사업을 추진하지 못하는 시장이 적지 않아 문제이다. 이번 대형마트 영업시간 제한 조치의 효과를 극대화하기 위해서는 다음 4가지 사항이 이행되어야 할 것이다.

첫째, 상인들의 강력한 활성화 의지와 적극적인 노력이 있어야 한다. 사실 시장의 주인은 상인이고 시장 활성화의 수혜자도 상인이다. 그러므로 '전통시장 활성화는 시장(상인)에서부터'라고 말할 수 있다.

둘째, 상인 교육에 적극적으로 참여하고 우수·선진시장을 자주 가 보아야 한다. 상인 의식 수준을 높이고, 소비자의 욕구에 부응하기 위해서는 교육과 견학이 필요하기 때문이다. 전남 장흥시장, 강원도 정선시장에 가보면 잘 알 수 있는 사실이다.

셋째, 다양한 살거리, 볼거리, 먹을거리를 갖추어야 한다. 많은 소비자들이 5不—즉, 불가능(카드결제 등이 안 된다), 불결, 불친절, 불편, 부재(없는 것이 많다)—때문에 시장 이용을 꺼리고 있다. 즉 소비자 입장에서 볼 때 살 것, 볼 것, 먹을 것이 없는 시장은 시장으로서의 기본적 기능을 하지 못하는, 그리고 시장이기를 포기한 시장이라 할 수 있다.

넷째, 시설 현대화에 앞서 경영 현대화를 해야 한다. 특히 신용카드 사용 및 현금영수증 발급이 가능토록 하는 일이 매우 시급하다고 본다.

# 제5장 독점 제동 걸어야
## 골목상권 보호할 수 있어*

최근 동반성장위원회가 외식업을 중소기업 적합업종으로 선정, 발표했다. 이로써 대규모 외식 프랜차이즈 업체의 사업 확장에 제동이 걸린 셈이다. 특히 '복합다중시설의 면적기준' 등 대규모 외식업 프랜차이즈가 출점할 수 있는 세부적인 기준에 대해 대규모 프랜차이즈와 자영업자 간에 치열한 공방전이 벌어지고 있다. 이러한 여건에서 내려진 금번 조치는 다음과 같은 효과를 거둘 것이다.

첫째, 골목상권의 공정한 경쟁문화 정착에 기여할 것이다. 자본주의 시장경제 체제하에서 '경쟁'은 중요한 것이며, 이상적인 경쟁은 다름 아닌 '공정한 경쟁'이다. 그런데 막대한 자본과 조직을 갖춘 기업집단과 개인·가족 단위로 운영되는 영세상인 간의 경쟁은 근본적으로 불공정한 경쟁이다. 이번 조치는 대기업은 대기업끼리, 자영업자들은 자영업자끼리 경쟁할 수 있는 공정한 경쟁 환경을 조성한 것이라 할 수 있다.

*매일경제신문 2013년 3월 29일자 A34면에 게재된 글임.

둘째, 대규모 프랜차이즈 본부에 대한 규제가 가능해질 것이다. 오늘날 대형마트와 SSM이 골목상권의 대동맥을 위협하고, 대규모 프랜차이즈는 골목상권의 모세혈관까지 위협하고 있는 실정이다. 대규모 프랜차이즈 본사는 대기업인 반면, 그 가맹업주는 골목상권의 생계형 자영업자들인데, 그들에 대한 일괄적 규제는 다소 문제가 될 수 있다. 프랜차이즈의 시장독과점 방치는 골목상권 내 자영업자들을 고사시키고 소비자 선택을 제한하는 것이다.

셋째, 시장의 다양성 확대 및 창조성 강화에 도움이 될 것으로 보인다. 이번 조치로 대규모 프랜차이즈가 진출하지 못하는 틈새공간에 젊은 창업자들이 진출할 여지가 생기고, 또 시장에 있어 다양성과 창조성이 높아진다는 것이다.

동반성장위원회의 이번 출점 제한 조치는 다소 미비한 부분이 있을 수 있다. 따라서 향후 프랜차이즈 규모, 상권특성, 제한업종이라는 세 가지 관점에서 보다 치밀한 정책적 보완이 따라야 할 것이다.

식자재마트를 찾는 소비자들이 많아지고 있다.

# PART 3
## 세계 10대 명품시장 활성화 사례

# 제1장 터키 그랜드 바자르와
##       브라질 상파울루 중앙시장

## 1. 터키 그랜드 바자르*

세계에서 제일 크고 가장 오래된 전통시장이 터키 이스탄불에 있다. 명품 시장으로 널리 알려진 그랜드 바자르(Bazar, 시장)다. 출입구가 20여 개이고, 골목이 65개다. 5,000여 개의 점포가 있으며 2,500여 명이 종사한다. 하루 25만여 명에서 40만여 명이 들리고, 타임지가 선정한 세계 50대 관광지(2013년) 중 하나다.

그랜드 바자르는 금, 은 세공품을 포함한 각종 보석류와 카페트가 주를 이루며 보석상점만 1,100여 개에 이른다. 피혁류, 향신료, 수공예품 등도 널려져 있다. 이 골목 저 골목 다녀보면 진귀하거나 오색찬란한 것이 너무나 많다. 좌·우측 상품 다 보러 하니 눈과 목이 바쁘다. 여기에 마수 오는 사람을 피하면서 인증샷도 해야 하니 손·발은 물론 마음까지 바쁘다.

---

*2018년 7월 31일자 영남일보 29면(사람&뉴스)에 게재된 글을 수정·보완한 것임.

60대 후반으로 보이는 골동품점 주인이 장도(長刀) 하나를 내밀면서 "오스만 제국시대에 장군이 사용했던 칼"이라며 "안으로 들어와 보라"고 한다. '터키식(式) 호객 행위'다. 또 10대 소년이 터키 전통차 '차이' 10여 잔을 들고 많은 사람들이 오가는 통로를 쏜살같이 다닌다. '이스탄불산(産) 행상'이다.

이제 그랜드 바자르의 특징을 보자. 어디에서나 신용카드 결제가 가능하고

그랜드 바자르(Grand Bazar)는 세계에서 가장 크고, 오래된 전통시장으로 매우 유명하다.

터키 화폐 '리라'는 물론, '달러', '유로화'도 받고 있어 쇼핑이 편하다. 또 많은 사람들로 붐비고 복잡하지만, 품목별로 판매구역이 정해져 있고 점포마다 고유번호가 매겨져 있어 원하는 점포(상품)를 쉽게 찾을 수 있다. 그리고 외관(外觀)이 중후하며 아치형의 천장은 화려하다. 그래서인지 시장 건(축)물이 예사롭지 않게 보일 뿐만 아니라 그랜드 바자르만의 정체성마저 느낄 수 있다.

놀라운 사실은 총기를 소지한 경비원이 곳곳에 서 있다는 점이다. 방문객의 안전을 지키기 위해서라 한다. 고객, 특히 관광객들을 위한 사려 깊은 배려이다. 또 악마를 쫓고, 재앙을 막아준다는 '나자르 본 주우(Nazar Boncuguo, Evil eye, 악마의 눈)도 코너마다 놓여 있다. 방문객에게는 좋은 볼거리로서 위로와 기쁨을 준다.

이뿐만 아니다. 그랜드 바자르에는 터키 전통음식이 많다. 바게트 빵에 고등어를 넣은 '고등어 케밥', 떡, 젤리, 꿀, 견과류로 만든 전통과자 '로쿰', 그리고 특이한 맛이 나는 아이스크림 '돈두르마' 등이 대표적인 것이다. 필자가 '사르크 카페'에서 먹었던 치즈케이크와 터키 전통음료 '아이란'은 색다른, 좋은 맛이었다.

그랜드 바자르는 세계 최고, 최대라는 수식어가 따라다니는 '세계적인 명품시장'이다. 고객에 대한 배려, 편의성, 오랜 역사, 문화, 특이성, 볼거리, 차별화, 정체성 등과 같은 시장 활성화 성공 요인을 담고 있기 때문인 것 같다. 우리의 전통시장들도 이들을 담아 세계적 명품시장으로 거듭났으면 한다.

## 2. 브라질 상파울루 중앙시장*

축구, 삼바(춤)의 나라 브라질에 세계적인 명품시장이 있다. 상파울루(Sac Paulo) 옛 시가지 중심부에 있는, 연갈색의 2층 건물 형태를 가진 상파울루 중앙시장이다. 중후하고 근엄하며 고풍스러워 보이는 시장건물부터 예사롭지 않다. 유명 건축가 프란치스코 라모스의 작품이라 한다.

시장(1층) 안으로 들어서면 식료품 시장답게 과일, 채소, 소시지, 햄, 치즈, 향신료, 와인 등이 널려져 있다. 탑처럼 쌓아 올려놓은 과일, 투명 아크릴 통에 담겨진 브라질 전통 과자, 주렁주렁 매달려 있는 향신료가 시선을 끈다. 에스컬레이터를 타고 2층으로 올라가면 농부가 농작물을 수확하는 모습이 담긴 스테인드글라스가 한 눈에 들어온다. 또 식당, 카페, 화장실, 고객쉼터 등이 저마다 최고의 질(質)적 수준임을 느끼게 한다.

이곳을 세계적 명품시장으로 만든 요인은 무엇일까. 우선 정문에서 바로 보이는 중앙 통로가 시원하게 뚫려져 있다. 그 폭이 7~8m나 된다. 통행에 불편함이 없을 뿐 아니라, 시야(視野)가 넓고 미관도 좋다. 또 통로 오른편에는 요기를 채우면서 정담을 나누기에 좋은, 작고 둥근 식탁들이 줄지어 있다. 늘 많은 사람들로 가득 차는 곳이라 한다.

아무튼 상파울루 중앙시장은 편하게 쇼핑할 수 있을 뿐 아니라 식사를 하거나 사람을 만나는데 안성맞춤인 것 같다. 쇼핑장소로서는 물론 소통의 장(場)으로서도 더할 나위 없이 좋다는 말이다.

그리고 판매원들은 대부분 30~50대 남성들이고 점포마다 모양, 색깔이 다른 유니폼을 입고 있다. 한 가게 내에서는 간판 색과 판매원의 유니폼 및 모자색이 같다. 즉, 가게 간판이 초록색이면 점원의 유니폼과 모자도 초록색이다. 또 여러 가지 상품들 중에 색종이로 포장된 과일이 유별나게 눈에 띈다.

---

*2018년 8월 14일자 영남일보 29면(사람&뉴스)에 게재된 글을 수정·보완한 것임.

붉은색 과일은 초록색 종이로, 노란색 과일은 보라색 종이로 포장되어 있다.

여기서 중요한 것은 '보색 포장'을 통해 과일 색을 선명하게 보이게 함으로써 지나는 이들의 시선을 끌며, 상품 가치도 높이고 있다는 사실이다. 이는 다른 시장에서 찾아볼 수 없는, 매우 긍정적인 것으로 평가된다.

상파울루 중앙시장은 건(축)물, 편의시설, 상품진열 등이 세계 최고 수준이다.

또 상파울루 중앙시장은 홈페이지, 페이스북, 트위터, 유투브 등을 이용해 시장의 상인·상품·이벤트 관련 소식을 실시간으로 전한다. 즉, 다양한 매체를 통해 '오늘의 이벤트 상품' 소식과 생동감 넘치는 시장 모습을 전달함으로써 주민들의 관심·흥미를 유발하고 광고·홍보 효과까지 얻고 있다.

아무튼 상파울루 중앙시장은 시장건물, 제반시설, 상품진열, 상인 복장, 쇼핑 편의성, 적극적인 광고 홍보, 컬러 마케팅 등 모든 것들이 최고 수준이다. 분명 어느 한 가지도 흠잡을 데 없는 명품시장이다.

세계적인 명품시장은 방문객을 즐겁게 한다. (상: 브라질 상파울루 중앙시장·호주 사우스 멜브른 시장, 하: 아르헨티나 산뗄모 시장·스페인 보케리아 시장)

# 제2장 미국 첼시 시장과
## 스웨덴 외스테르말름 시장

## 1. 미국 첼시 시장*

세계 경제의 중심지이며, 미국의 최대 도시 뉴욕에 작지만 강한 시장이 있다. 다름 아닌 첼시 시장(Chelsea Market)이다. 이곳에는 40여 개의 점포가 있는데 과일, 채소, 육류 등을 취급하는 식료품점과 베이커리가 많다. 유기농 채소 및 과일과 신선한 해산물이 인기 있으며 델리 푸드(Delhi Food)와 레스토랑이 늘 성황(盛況)을 이룬다고 한다.

대부분의 개별 상점들은 저마다의 역사적 배경, 로고, 취급 상품, 인테리어 등이 하나의 컨셉으로 이루어져 있으며, 시장 전체 분위기는 멋스럽고 예사롭지 않다. 무엇보다 건축물과 제반 구조물이 100년 이상이 된 옛 것이라 클래식하고 고풍스럽다. 또 옛 과자공장 시설에 사용했던 긴 파이프라인과 붉은색 벽돌이 조화를 이루며 멋진 갤러리 같은 분위기를 자아낸다. 여기에

---

*2018년 8월 28일자 영남일보 29면(사람&뉴스)에 게재된 글을 수정·보완한 것임.

형형색색의 조명을 받은 폭포와 무게감을 주는 돌 벤치가 예술성과 중후감마저 느끼게 한다. 시계가 달려 있는 아치형 통로를 지날 때는 마치 미술관에 온 것 같다.

그리고 이곳에는 유명 상점들이 많다. 기념품, 선물용품을 판매하는 '첼시 마켓 바스켓'을 위시해 '팻 위치 베이커리', '더 랍스터 플레이스' 등이 대표적이다. 뉴욕시민이면 모르는 사람이 없을 정도로 인지도가 매우 높다. '유명 상점(핵점포)이 많은 사람들을 불러들인다'는 사실을 확인할 수 있을 것 같다.

또 많은 나라의 음식을 맛볼 수 있는 식당과 200여 종의 구색(具色)을 갖춘

첼시 시장은 유명상점·맛집과 럭셔리한 분위기로 널리 알려져 있다.

식재료점이 있다. 은은하면서도 깊은 맛을 자랑하는 '비언드 스시', 최고의 타이(Thailand) 음식을 맛 볼 수 있는 '첼시 타이', 한국 퓨전 음식점 '먹바 (Mokbar)' 등이 대표적인 것이다.

뿐만 아니라 첼시 시장에서는 투어 프로그램과 다양한 이벤트도 있다. 먼저 투어 프로그램은 맛있는 음식을 시식할 수 있고 여러 가지 문화 체험도 할 수 있어 많은 뉴욕 시민들이 선호하는 프로그램이다. 또 요일별로 대상이 다른 독서·댄서·음악·영화동우회가 운영되고 있는가 하면 각종 전시회도 열린다.

나아가 이곳은 페이스북, 트위터, 인스타그램 등의 SNS채널을 운영하는 등 광고·홍보활동에도 적극적이다. 특히 인스타그램을 통해 신상품과 세일 상품은 물론 시장에서 전개되는 모든 일을 영상으로 담아 보내기도 한다. 여기서 이곳 상인들이 사람들을 불러 모으기 위해 온갖 노력을 하고 있음을 알 수 있다.

요컨대 첼시 시장은 유명 상점·맛집, 신선도 높은 식재료, 다양하고 유익한 이벤트·프로그램, 상인들의 넓고 길게 보는 안목(眼目), 적극적인 광고홍보, 럭셔리한 분위기 등의 강점을 갖고 있다. 이들이야말로 수많은 뉴욕 시민과 관광객들을 불러들이는, 또 소규모의 첼시 시장을 세계적 명품시장으로 만든 요인, 즉 첼시 시장의 활성화·명품화 요인들이라 하겠다.

끝으로 "명품 시장화의 비결은 상인들이 지역사회에 대한 봉사와 고객 만족을 위해 최선을 다하는 것이다."고 한 이곳 상인회 부회장의 말을 남긴다. 우리나라 전통시장 상인들이 유념해야 할 사항이다.

## 2. 스웨덴 외스테르말름 시장*

전국적인 유통체인점 네트워크를 가진 대형유통업체들이 소비시장을 주도하는 스웨덴에도 명품시장이 있다. 1888년에 개장되었고 유제품, 육류, 해산물, 농산물, 가공식품, 베이커리, 음식 등을 판매하는, 40여 개의 상점들로 이루어진 외스테르말름 시장(Ostermalms Staluhall)이다. 곳곳에 스웨덴 국기와 '125년'이란 광고물이 걸려 있다. 125년의 역사를 가진 시장이라고 자랑하는 것이다.

외스테르말름 시장이 명품시장으로 인정받는 것은 무엇 때문일까. 다음과 같은 강점을 갖고 있기 때문이라 본다. 먼저 개별 상점별로 취급 상품, 매대(賣臺), POP(구매시점) 광고, 인테리어, 그리고 상품 진열 등이 하나의 컨셉 하에 통일되어 있다. 무엇보다 상품 진열은 지나는 이들의 시선을 사로잡는 것은 물론 발걸음까지 멈추게 한다. '단순한 상품진열'이 아니라 재밋거리, 볼거리가 될 만큼 그 수준이 매우 높다는 얘기다. 상품진열, 판촉물, 간판 등을 카메라에 담는 사람들이 보인다.

그리고 상점들이 '고객 순번 대기표 기기'를 비치해 있는 것도 특이한 점이다. 이는 2가지 면에서 매우 의미 있다. 하나는 줄서서 기다려야 할 정도로 고객이 많다는 것이고, 다른 하나는 대 고객(對 顧客) 배려를 한다는 것이다. 티스타 마리(Tysta Mari) 상점 주인은 "대기 시간이 길어질 경우를 대비한 조치인데 고객을 위해서는 그 이상의 일도 할 수 있다"고 말한다.

또 하나의 특징은 식당마다 유아용 의자가 구비되어 있는가 하면 모자걸이, 가방걸이까지 부착되어 있다는 점이다. 이곳 상인들이 고객을 위해 얼마나 노력하는지를 알 수 있는 대목이다. 또 이곳의 레스토랑은 생선요리 특히 청어, 연어요리, 미트볼, 팬케이크가 맛있기로 유명하다. 또 "각종 해산물은

---

*2018년 9월 11일자 영남일보 29면(사람&뉴스)에 게재된 글을 수정·보완한 것임.

최고의 신선도를 지니고 있어 많은 지역민들이 찾는다"고 리자 엘모비스트 (Lisa Elmovist) 레스토랑 주인이 말해준다.

그리고 중후한 느낌의 시장 건축물과 세련된 장내(場內) 인테리어도 강점이다. 붉은 벽돌로 된 건축물 외관은 마치 성당이나 박물관에 온 것 같고, 그림과 글은 외스테르말름 시장을 매우 의미 있는 곳으로 만든다.

요컨대 외스테르말름 시장은 하나의 컨셉으로 통일된 판매도구(매대·테이블·의자 등), 최고 수준의 상품진열 및 고객 배려, 125년의 역사, 양질의 먹을거리, 중후하고 멋스러운 건축물, 분위기 있는 레스토랑 등의 강점을 갖고 있다.

외스테르말름 시장은 최고의 상품과 서비스는 물론 품격까지 갖추고 있다.

어느 여행객이 이곳을 "시장의 내·외관(內外觀), 상인과 이용객, 그리고 각종 소프트웨어적인 요소들, 어느 것을 보아도 '시장 같지 않은 시장'이다"고 한 말이 사실임을 확인한 것 같다.

결론적으로 말해 대형유통업체들이 유통산업을 좌우하는 스웨덴에서 외스테르말름 시장이 세계적 명품시장으로 굳히게 된 것은 무엇보다 이곳 상인들의 적극적인 노력이 있었기 때문이라 본다. 전통시장 활성화의 관건이 시장 안, 즉 상인에게 있다는 사실을 보여준 좋은 사례라 하겠다.

세계적인 명품시장은 고객 편의를 위해 많은 노력을 기울인다. (상: 포르투갈 캄포테 오리키시장 저울·스웨덴 웨스테르말름시장 고객 대기 순번기, 하: 호주 퀸 빅토리아 시장 어린이용 자동차·헝가리 부다페스트 중앙시장 벤치)

# 제3장 스페인 보케리아 시장과
## 포르투갈 리베이라 시장


## 1. 스페인 보케리아 시장*

　스페인의 경제 중심지 바르셀로나를 찾았다. 람블리(La Lambla) 거리 중간 지점에 있는 보케리아 시장(Marcat de la Boqueria)을 보기 위해서다. 1836년에 개장된 보케리아 시장은 220여 개의 점포들로 이루어진 농·수·축산물 특화 시장이다. 하루 평균 방문객이 30만여 명에 이르며, 지역민보다 북유럽·아랍·동양 등에서 온 관광객이 많다. 언제, 누가 보더라도 명품시장임을 쉽게 알 수 있는 곳이다.

　시장 입구에서부터 예사롭지 않는 일이 펼쳐진다. 건너편 건물 3층 베란다 에서 하얀 드레스를 입은 금발의 여인이 춤춘다. 입맞춤 포즈를 취하는가 하면 엉덩이까지 흔들어댄다. 보는 사람 모두 슬거워한다. 더구나 그가 여장 (女裝) 남성이라는 사실을 안 사람은 큰 웃음을 터트린다.

*2018년 10월 16일자 영남일보 29면(사람&뉴스)에 게재된 글을 수정·보완한 것임.

시장을 돌아보면 가게마다 5~6명의 판매원들이 고객 응대와 호객 행위 하느라 분주하다. 특히 말린 과일점과 견과류점 판매원들이 그러하다. 식당 마다 10여 명이 줄을 서 기다린다. 소문난 맛집들이기 때문이다. 들고 다니 며 먹을 수 있는 소포장 먹거리도 많다. 과자, 견과류, 과일, 그리고 주스 등이 지나는 이들의 시선을 사로잡고 입맛까지 유혹한다.

시장 입구에서 좌측 끝 골목으로 들어가면 '마싯따'라는 간판이 보인다. 한국인이 운영하는 음식점으로, 김밥, 김치볶음밥 등을 먹을 수 있는 곳이 다. 그리고 우측 끝 골목 안 코너에서 2명의 악사(樂士)가 경쾌한 음악을 연 주한다. 그 옆에서는 피카소(Picasso) 그림을 담은 사진을 전시하고 있다.

보케리아 시장은 하루 평균 30여만 명이 찾는 세계적인 명품시장이다.

이처럼 보케리아 시장은 방문객의 귀와 눈을 즐겁게 하는 것들이 많다.

그리고 보케리아 시장에서는 장보기, 요리 재료 및 소비생활의 이해, 요리 기술 습득, 요리, 요리한 음식 가져가기 순으로 진행되는 '초등학생 요리교실'이 운영된다. 시장 이미지를 개선하고 미래의 고객을 확보하기 위한 것으로 보인다.

점포장식과 상품진열 및 포장 또한 예사롭지 않다. 상품 진열이 각양각색인데, 탑같이 쌓아놓은 과일이 시선을 빼앗아갈 정도다. 세계적인 건축가 가우디의 후손답게 그 솜씨가 대단하다. 또 점포의 색깔만으로 원하는 상점이나 상품을 찾아갈 수 있다는 점이 특이하다. 즉, 과일 및 채소류 취급점은 녹색, 육류 취급점은 빨간색, 그리고 생선 취급점은 파란색 등으로 되어 있어 쉽게 찾을 수 있다.

뿐만 아니라 지하철역이 인접해 있어 접근성이 좋다는 점, 가격표시가 완전하게 되어 있다는 점, 그리고 농·축·물 판매상들이 신선도를 생명처럼 중요시 한다는 점 등도 이곳의 강점이라 할 수 있다.

아무튼 보케리아 시장은 먹거리, 살거리들이 넘치고 재밌거리까지 많아 거래의 장으로서의 역할은 물론 문화·관광지로서의 역할까지 충실히 하는 시장이다. 혹 누가 필자에게 '세계 최고의 명품시장'이 어디냐고 묻는다면 단번에 '스페인 보케리아 시장'이라고 답할 것 같다. 그리고 이곳은 우리 전통시장, 특히 문화관광형 시장들이 벤치마킹 할 것이 너무나 많은 시장이라 하겠다.

## 2. 포르투갈 리베이라 시장*

　포르투갈의 수도 리스본(Lisbon)에는 130여 년의 역사를 가진 명품시장이 있다. 자이스 두 소드레(Cais Do Sodre) 기차역 앞에 위치한 리베이라 시장(Mercado da Riberia)이다. 흰색 단층건물 형태를 갖춘 이곳은 취급 상품과 분위기가 확연히 다른, 식자재 판매장과 푸드코트 '타임아웃(Time Out)'으로 나눠져 있다. 즉, 리베이라 시장은 식자재 전문 매장과 현대식 식당촌(食堂村)으로 2등분되어 있다는 것이다.

　식자재 매장은 과일, 채소, 생선, 정육 등 1차 상품만 판매한다. 정육점에는 주인과 고객이 함께 볼 수 있는 양면 저울이 있는데 이는 고객 신뢰를 얻기 위한 고객 배려라 할 수 있다. 또 온갖 것들로 꾸며놓은 과일점, 채소점, 생선점이 유별나게 보인다. 특히 하얀 타일 벽에 생선 모양의 스티커를 부착해 놓은 생선점이 그러하다. 취급 상품을 쉽게 알 수 있도록 하고, 깨끗함과 재미까지 느낄 수 있는 조치라 사료된다.

　닭집 앞을 지나가는데 닭 조형물이 시선을 사로잡는다. 사실 어떤 것(닭 조형물)에 눈이 가게 되면 관심을 유발시켜 그것과 가깝거나 관련된 것(판매하고자 하는 생닭)으로 시선과 관심이 자연스레 옮겨가는 경향이 있다. 즉, (닭) 조형물이 상품(닭) 판매에 긍정적인 영향을 미친다는 말이다.

　또 푸드코트 '타임아웃'은 30여 개의 음식점들이 들어서 있고 400여 명이 이용할 수 있다. 가이드가 "이곳 음식점 주인은 공모를 통해 선발된 유명 체인점 상인이다"고 한다. 시장 활성화를 위해 외부 사람들을 불러들였다는 것이다. (기존)상인들이 쉽지 않은 일을 해낸 셈이다.

　유니폼 차림의 20대 여성들이 상냥하고 친절하게 응대한다. 이용객 또한 대부분 20~30대다. 상인과 고객 모두 젊어 리베이라 시장의 미래가 밝아

---

*2018년 11월 27일자 영남일보 29면(사람&뉴스)에 게재된 글을 수정·보완한 것임.

보인다. '타임아웃'의 특징이라면 간판 및 차림표, 각종 안내 표시가 흰색 바탕에 검은색으로 통일되어 있다는 점과 제반 시설과 배색이 잘 어우러져 세련된 느낌을 준다는 점이다.

요컨대 리베이라 시장은 식자재 매장으로의 오랜 역사 및 특성화, 푸드코트의 젊은 상인과 고객, 그리고 깔끔하고 세련된 분위기 등의 강점을 갖고 있다. 무엇보다 상인들이 일부 (시장)공간을 청년(상인)들에게 내어주어 푸드코트를 마련하는 등 혁신적인(변화) 노력이 있었기에 세계적인 명품시장이 된 것 같다.

리베이라 시장은 시장의 일부를 청년들에게 내어주는 등의 혁신을 통해 명품시장이 된 곳이다.

호주 멜버른 프라란 시장 옛날 자동차

스페인 바로셀로나 보케리아 시장의 춤추는 여장(女裝)남자

중국 북경 동안시장 곰 조형물

크로아티아 자그레브 돌라츠 시장의 스토리가 있는 동상

과테말라 과테말라시티 익타 시장 제직 시연

독일 뮌헨 빅투알리엔 시장 조형물

세계적인 명품시장에는 볼거리·재밋거리가 많다.

# 제4장 독일 빅투알리엔 시장과
## 헝가리 부다페스트 중앙시장

## 1. 독일 빅투알리엔 시장*

독일 뮌헨에 색다른 명품시장이 있다. 200여 년의 역사를 가진 빅투알리엔 시장(Viktualien Market)이다. 이곳은 2만 2천m² 면적에 140여 개의 점포가 있는 노천시장이다. 입구에서부터 고목(古木)과 비어가든(beer garden)이 시선을 사로잡는다. 안으로 들어가면 카페, 베이커리와 채소, 과일, 꿀, 가금류, 달걀, 육류, 향신료, 차, 와인 등이 펼쳐져 있다. 또 벤치에 앉아 쉬는 사람, 산책하는 사람, 그리고 크고 작은 나무들이 보인다. '공원 같은 시장'이라 하면 좋을 것 같다.

이곳저곳을 둘러본 후 경관 좋은 벤치에 앉아 빅투알리엔 시장의 특징과 활성화(성공) 요인을 생각해 보았다. 무엇보다도 1000여 명을 수용하는 대형 '비어 가든'의 존재를 들 수 있다. 맥주 한 잔 기울이면서 휴식·담소하기에

---

*2018년 10월 31일자 영남일보 29면(사람&뉴스)에 게재된 글을 수정·보완한 것임.

더할 수 없이 좋다. 확 트인 푸른 하늘과 초록색 나무가 분위기를 돋우기 때문이다. 항상 많은 사람들로 만원(滿員)을 이룬다고 한다.

빅투알리엔 시장은 자연 환경에서 쇼핑과 힐링을 함께 할 수 있는 곳으로 유명하다.

또 다른 특징은 (상점)주인이 바뀌어도 (취급)품목은 그대로 유지되고, 상점들이 가업 승계를 많이 한다는 점, 이곳 상인들이 상품 지식이 풍부한 전문가로서 고객에게 조언해 준다는 점 등이다. 대를 이은 상인들이 많아 그만큼 아는 것이 풍부하기 때문인 것 같다.

그리고 빅투알리엔 시장의 또 하나의 특징은 이곳을 뮌헨 시민과 관광객들이 먹고 마시면서 즐기는 교류·만남의 장소로 이용하도록 했다는 점이다. 환언하면 이곳이 시장의 기능뿐 아니라 이용객의 삶을 풍성하게 하는 역할도 한다는 말이다.

나아가 뮌헨시도 빅투알리엔 시장의 활성화에 큰 몫을 하고 있다. 예를 들면 뮌헨시가 시공식 홈페이지의 쇼핑 카테고리를 통해 빅투알리엔 시장의 역사, 영업시간, 교통편, 취급 상품 등을 안내하고 있으며, 영어는 물론 불어, 이탈리아어, 러시아어, 아랍어로도 표기해 놓았다.

뿐만 아니라 아동·학생들의 현장학습장으로 활용토록 했다는 점도 특이한 점이다. 이곳을 전통과 삶, 그리고 시장의 의미 등을 가르치는 교육의 장으로 이용했다는 말이다. 여기에 '정원사의 날', '아스파라거스의 날' 등을 통해 방문객을 재미있게 한다는 점도 색다르다.

아무튼 빅투알리엔 시장은 멋진 만남·교류 장으로서의 역할 수행, 시장상인과 뮌헨시 공무원의 이상적인 역할 분담, 그리고 전통과 문화를 중시하는 상인들의 사려 깊은 생각 등이 명품시장으로 자리잡게 만든 것 같다. 특히 자연과 전통을 중시하고 힐링·쉼터로서의 기능을 제대로 한 것이 시장 활성화의 일등공신이라 본다.

여기서 얻은 것이 있다면 '현대적 시설·건축물만이 시장 활성화를 좌우하는 것이 아니며, 자연 환경 속에서 쇼핑과 힐링을 함께 하는 노천시장도 명품시장이 될 수 있다'는 사실을 알았다는 것이다. 빅투알리엔 시장이 멀리서 찾아온 필자에게 준 선물인 것 같다.

## 2. 헝가리 부다페스트 중앙시장*

헝가리 부다페스트(Hungary Budapest) 여행객이면 누구나 도나우강을 가로지르는 자유의 다리를 찾고, 중세시대의 대성당같이 웅장하면서도 우아한 부다페스트 중앙시장을 들린다. 부다페스트 현지인의 삶과 문화를 엿볼 수 있는 명소이기 때문이다.

부다페스트 중앙시장은 지하와 지상 2개 층으로 이루어져 있고 180여 개의 상점들이 들어서 있다. 먼저 1층은 과일·야채·고기·치즈·향신료·빵·와인점 등이 주를 이루고 탑처럼 쌓아놓은 파프리카와 푸아그라 통조림이 많다. 또 2층에 오르면 의류·액세서리·수공예품·그릇점과 크고 작은 레스토랑이 있다. 어디에선가 들려오는 감미로운 색소폰 소리가 방문객을 신나게 한다. 그리고 지하에서는 대형 슈퍼마켓 '알디(ALDI: 독일의 다국적 대형 슈퍼마켓 체인)'가 들어서 있다. 1층, 2층, 지하층 모두 많은 사람들로 북적인다.

이제 부다페스트 중앙시장을 명품시장으로 오르게 한 요인, 즉 시장 활성화 성공 요인을 알아보자. 먼저 전통시장으로서의 기능과 역할을 충실히 하면서 고객 만족경영을 한다는 점을 들 수 있다. 즉, 풍부한 살거리, 먹을거리, 재밌거리와 적절한 업종·점포배치, 넓은 통로, 잘 짜인 동선, 그리고 다양한 편의시설 등을 통해 방문객들의 필요와 욕구를 충족시켰기 때문에 활성화되었다는 것이다.

또 하나의 시장 활성화 성공 요인은 경영 현대화가 확실하게 이루어져 있다는 점이다. 모든 상품에 가격표시와 원산지 표시가 되어 있는가 하면, 카드 사용과 현금영수증 발급 또한 당연하고 자연스럽게 이루어진다. 여기에 홈페이지를 통해 시장 내의 여러 가지 소식·정보·모습을 공유하고 있음은 물론 헝가리어, 영어, 이탈리아어 등으로도 표기되어 있다. 그야말로 글로벌

*2018년 11월 13일자 영남일보 29면(사람&뉴스)에 게재된 글을 수정·보완한 것임.

시장임을 실감할 수 있는 부분이다.

그리고 긴 역사와 예술적 가치가 높은 건축물도 활성화 성공 요인으로 꼽을 수 있다. 1897년 개장된 이곳은 110년이란 긴 역사를 갖고 있어 인지도 가 매우 높을 뿐 아니라 시장건물이 헝가리 유명 건축가 사무 페츠(Samu Pecz) 에 의해 설계된 것으로 예사롭지 않다. 3,000평에 달하는 철제 구조물과 아름 다운 기와로 덮여 있는 지붕이 특이한 건축물로, FIABCI Prix d'Excellence상 (1999년)을 받은 바 있다.

'대기업 슈퍼마켓(ALDI)과의 공존' 또한 부다페스트 중앙시장의 활성화 성 공 요인이라 하겠다. 대기업과 전통시장이 (취급) 품목을 나눠 가짐으로써

대기업 슈퍼마켓(ALDI)과 전통시장이 공생하는 부다페스트 중앙시장은 다른 시장들의 모범이 되고 있다.

공생공영하고 있다는 점이다. 즉 지하 1층의 대형 슈퍼마켓에서는 1, 2층 전통시장에서 판매하지 않는 상품, 즉 전자제품과 같은 공산품만 취급한다. 부다페스트 중앙시장으로서는 고객 유입효과를 누릴 수 있는, 현명한 조치라 본다.

요컨대 부다페스트 중앙시장은 전통시장으로서의 역할 및 기능의 충실한 이행, 있을 것 다 있는 편의시설, 높은 경영 현대화 수준, 예사롭지 않은 건축물, 그리고 대형 슈퍼마켓과의 공생공영 등으로 인해 세계적인 명품시장이 된 것 같다.

웃는 얼굴로 고객 응대하는 해외 전통시장 상인들. (상: 러시아 다닐로브스키 시장·태국 담넌 사두억 수상시장 상인, 하: 미얀마 바고 시장·짐바브웨 치노팀바 시장 상인)

# 제5장 영국 버러 시장과
# 베트남 벤탄 시장


## 1. 영국 버러 시장*

세계 어디를 가든 개성과 매력, 그리고 정체성을 가진 전통시장은 항상 많은 사람들로 북적거린다. 1276년에 개장하여 하루 평균 1만여 명이 찾는 영국 버러 시장(Borough Market)이 그렇다. 버러 시장은 채소와 과일, 생선, 초콜릿, 빵 등이 주를 이루는 식재료 전문 시장으로, 항상 시끌벅적하고 왁자지껄하다. '런던의 부엌'이라 할 만큼 많은 사람들이 찾는 곳이다.

버러 시장의 활성화 성공 요인으로 먼저 상품의 신선함과 고객신뢰를 들 수 있다. 이곳 상품은 대부분 상인이 직접 재배하거나 산지에서 구매해 온다. 또, 가게마다 생산(제조)지·자·과정이 기제된 상품 설명서와 생선을 잡거나 채소를 재배하는 모습이 담긴 사진을 게시하고 있다. 상인들이 품질 향상과

*2018년 12월 11일자 영남일보 29면(사람&뉴스)에 게재된 글을 수정·보완한 것임.

고객 신뢰 확보를 위해 많은 노력을 기울이고 있다는 것이다.

버러 시장에서 발간하는 요리책 또한 시장 활성화에 큰 몫을 했다. '버러 마켓 요리책'은 계절별로 먹어야 하는 농·수산물과 이곳에서 판매하는 식재료로 만든 음식(요리)을 소개하는 책으로, 상인들의 노하우와 레시피가 담긴 비법서라 할 수 있다. 상인들이 고객에게 식재료 조리·보관법을 알려 주던 관습에서 비롯되었다고 한다.

그리고 집객(集客) 효과가 큰 '핵점포'도 이곳을 명품 시장에 이르게 한 요인이다. 온갖 먹을거리를 즉석에서 요리, 판매하는 음식점이 대표적 예(例)

버러 시장은 상인들이 상품 신선도와 고객신뢰를 최우선하는 곳으로 널리 알려져 있다.

다. 이곳의 유명 레스토랑과 커피점도 그렇다.

또 하나의 활성화 성공 요인은 시장 경영과 품질관리를 전문가에게 맡긴다는 점이다. 즉, 시장 경영은 기업 금융 분야에 상당한 지식과 경험을 가진 전문가에게 맡기고, 이사회는 식품 전공 대학 교수, 공인 회계사, 작가 등으로 구성했다. 뿐만 아니라 합리성, 투명성 제고를 위해 전략, 재무, 회계, 운영, 마케팅 및 홍보 등의 전문 스태프를 시장 경영 자문위원으로 참여시켰으며, 또 전문가 패널을 통해 시장 내 모든 식재료에 대한 품질검사를 정기적으로 실시해 왔다.

버러 시장을 명품 시장으로 자리 잡게 한 또 하나의 요인은 명확한 비전(vision)을 제시하고 있다는 점이다. 즉, 버러 시장은 매년 수익금의 일부를 지역주민에게 돌려주는가 하면 지역의 농산물과 유기농 채소 등 로컬 푸드 판매를 통해 지속 가능한 성장전략을 수립·제시하고 있다.

세계적인 명품 시장들의 공통점은 전통·역사, 장인정신, 특이함과 새로움, 지역 및 시장의 특성, 정체성 차별성·재미·가치 등을 공통적으로 갖고 있다는 점이다. 우리나라 전통시장도 상기 요인들을 시장에 담는 노력을 기울여야 할 것으로 본다.

아무튼 상인, 지자체, 시장 전문가들이 제 역할을 얼마나 하느냐, 또 이들 간의 협력(관계)이 어느 정도 잘 이루어지느냐에 전통시장 활성화(여부·정도)가 달려 있다고 본다. 이와 함께 상인들이 개인적·단기적 사고에서 벗어나야 제반 활성화 사업이 제대로 된 효과를 거둘 수 있다고 하겠다.

## 2. 베트남 벤탄 시장*

베트남 호치민에도 명품 전통시장이 있다. 호치민 시내 '레러이(Le Loi)' 거리와 '쏘무 헝 다오' 거리가 교차하는 지점에 위치한 벤탄 시장(Ben Thanh Market)이다. 항상 외국 관광객들로 붐비는 문화관광형 시장이다. 이곳에는 2,000여 개의 점포들이 있으며 의류, 침구류, 잡화, 수공예품, 가방 등 생활용품이 많다.

베트남 특산품인 지세븐(G-7) 커피, 전통의상 아오자이, 그리고 수제(手製) 샌들(sandal)이 유달리 시선을 끄는, 최고 인기 상품이라 한다. 네일아트와 솜털 제거를 하는 에스테틱(esthetic)점도 있다. 한 가게에서는 20여 명의 여성들이 비스듬히 누워있고 그 앞에 20세 전후로 보이는 여성들이 각자 맡은 손님의 손·발톱을 손질한다. 보기 드문 진풍경이며 재미있는 볼거리다.

오후 6시가 가까워지자 시장(건물 안) 상인들이 퇴근 준비에 분주하다. 그런데 시장 밖이 시끄럽다. 장사 준비하느라 바쁘게 움직이는 야시장 상인들의 소리다.

벤탄 야시장에는 베트남 쌀국수, 팥빙수 '쩨' 등의 음식, 망고스틴, 두리안과 같은 열대 과일, 그리고 온갖 과일주스와 말린 과일이 널려져 있다. 액세서리, 수공예품, 선글라스, 지갑, 시계도 보인다. 선글라스, 지갑은 구찌, 프라다, 샤넬 브랜드이고 시계는 로렉스, 오메가 브랜드다. 세계적인 고급 브랜드들이 다 모여 있다. 놀라운 것은 모두 '짝퉁'이라는 것과 주된 고객이 한국인이라는 사실이다.

밤 9시 경이다. 벤탄 야시장은 많은 사람들로 가득 차 있고 모두 무척 즐거워한다. 방문객은 만족감을 느껴서이고 상인은 장사가 잘 돼서이다. 벤탄 시장이야말로 베트남다운 상품과 문화를 함께 접할 수 있는 명품 전통시장이

---

*2018년 10월 2일자 영남일보 29면(사람&뉴스)에 게재된 글을 수정·보완한 것임.

며, 또 문화관광형 시장으로서의 역할을 제대로 하는 것 같다.

벤탄 시장의 강점으로 상인들이 외국인과의 대화가 가능하다는 점을 들수 있다. 2007년 이후 베트남여행국(VNAT)이 관광업 종사자에 대해 영어회화 교육을 실시해 왔기 때문이다.

또 베트남 요리를 저렴한 가격으로 맛볼 수 있는 야시장이 열린다는 점도 강점 중 하나다. 쌀국수, 각종 해산물 등의 다양한 먹을거리와 이들에 대한 철저한 위생관리가 많은 사람들을 이곳으로 불러들인 것 같다.

외국 관광객들이 많이 찾는 벤탄 시장은 문화관광형 시장의 모델이 되고 있다.

이뿐만 아니다. 이곳은 판매 구역이 품목별로 구분되어 있어 원하는 상품이나 상점을 쉽게 찾아갈 수 있다는 점, 시장 남쪽 도로가에 우뚝 서 있는 시계탑이 이곳을 쉽게 찾아오도록 하는 이정표 역할을 한다는 점, 그리고 노트르담 대성당, 전쟁기념관 등과 같은 유명 관광지가 인접해 있다는 점 등의 강점을 갖고 있다. 흰색 단층의 시장 건축물이 무척 깔끔한 느낌을 주는 것도 또 하나의 강점이다.

벤탄 시장에는 몇 가지 문제가 있다. 바가지 씌우기, 심한 호객 행위, 좁은 통로, 그리고 소매치기 등이 대표적인 것이다. 방문객으로서는 가격비교·흥정은 필수이고, 가방, 카메라 등의 소지품을 조심하는 수밖에 없다.

요컨대 벤탄 시장은 살거리, 먹을거리가 많고 저렴할 뿐만 아니라 찾아가기 쉽고 쇼핑하기 편하다. 즉, 다양성, 저렴성, 편의성, 접근성 등 시장 활성화 성공요건을 대부분 갖추고 있다는 말이다.

수상(水上)시장은 특이성이 있어 늘 많은 관광객들이 찾는다. (좌: 베트남 껀토 수상시장, 우: 태국 담넌 사두억 수상시장)

# PART 4
## 해외 유명 전통시장 활성화 요인

# 제1장 세계 전통시장, 어디로 가고 있는가?*

　필자는 지금까지 53개국 120여 개의 해외 전통시장을 둘러보았다. 여기서 주요 전통시장의 활성화 요인을 찾아보고 '한국 전통시장 어디로 가야 하는가?'에 대해 답하고자 한다.

## 1. 세계 전통시장, 어디로 가고 있는가?

　세계의 전통시장들은 일반적인 공통점을 갖고 있는가 하면 그 역사와 환경만큼 저마다의 특성을 갖고 있다. 주로 경제발전 및 유통산업의 발달 정도, 지리적 여건 등에 따라 다르다. 아시아 전통시장들은 국가별로 다소 상이한 특색을 갖고 있는데 먼저 도쿄 아메요코 시장과 츠키치 시장, 오사카 구로몬 시장 등의 경우 각기 나름의 전통을 갖고 있으며, 소비패턴을 고려한 머천다

*필자의 저서 『세계전통시장』(형성Life, 2016), 356~372쪽의 내용을 다소 수정·보완한 것임.

이징(merchandising)을 통해 새로운 유통 업태와 경쟁하고 있다. 이는 우리나라 전통시장에서도 장인정신이 담긴 점포 경영 및 특성화, 소비패턴에 입각한 현대적 머천다이징 등의 도입이 필요함을 시사하는 것이라 하겠다.

미얀마 바고 시장, 태국 짜뚜짝 시장, 라오스 방비엥 시장, 베트남 카이랑 수산 시장 등은 문화관광형 시장이다. 이들은 현대적이거나 편리하지는 않지만, 상인들의 진솔한 삶의 방식이 좋은 경쟁력이 되고 있다. 우리나라 문화관광형 시장에도 지역 및 시장의 특성과 정체성이 담겨 있어야 함을 시사하는 대목이다. 그리고 일부 동남아시아 지역 전통시장은 높은 기온이 야시장이라는 특화된 시장을 낳게 한 경우다. 즉, 대만을 위시한 동남아시아 국가에서는 더운 낮 시간을 피해 서늘한 저녁시간에 열리는 야시장이 활성화되어 있다.

우리나라에 부산 부평깡통야시장이 생긴 이후 전국적으로 야시장이 우후죽순처럼 생겨나고 있다. 즉, 많은 전통시장들이 지역민의 새로운 놀이·문화 공간 및 전통시장 활성화 방안으로 야시장을 열고 있다. 그러나 지역정체성이 없거나 먹거리 소비 공간에 지나지 않은 야시장은 오래가지 못할 것이다. 환언하면 그 지역만이 갖는 특성과 정체성이 담겨 있지 않으면 야시장으로서의 가치가 없을 뿐 아니라 시장 활성화에도 도움이 되지 않는다는 말이다.

한편 유럽은 훌륭한 문화유산을 많이 가진 지역이면서 문화와 예술이 크게 발전된 곳이다. 이러한 기반 위에서 전통과 현대의 조화가 이루어져 있는 유럽의 경우는 대부분의 시장들이 광장(아르헨티나 부에노스아이레스 산 텔모 시장)이나 항구(노르웨이 베르겐 시장)와 같이 사람들이 많이 모이는 장소에 형성되어 있다.

먼저 스페인 바르셀로나에 있는 산타 카테리나 시장은 건물이 지역 랜드마크가 될 만큼 뛰어나다. 마치 미술관인 듯한 멋진 외관, 물결 모양의 지붕과 수많은 나무 문짝으로 뒤덮인 외벽 등은 어디에서도 볼 수 없을 정도로 독특하다. 이곳의 시장 건물이 건축 전공자들의 발길이 끊이지 않을 만큼 건축학적·예술적 가치가 매우 높다고 한다. 이에 반해 우리나라 전통시장(건물)에서는 대동소이하며 개성이나 특이성은 찾아볼 수 없다. 앞으로는 우리나라에도 지역 및 시장 특성과 정체성이 담긴, 그래서 다른 곳과는 다른 시장 건물을 만들어야 할 것이다.

한편 영국의 코벤트 가든은 상품은 물론 문화와 예술까지 판매하는 시장이다. 이곳에서는 마술공연, 첼로 연주회 등 다양한 공연이 매일 열린다. 또 볼거리, 재밋거리가 많고 주변에 화랑, 교회, 공연장 등이 있어 항상 많은 사람들로 붐빈다. 따라서 우리 전통시장에서도 (지역)문화콘텐츠의 개발과 지역예술인의 참여가 필요하다고 본다.

프랑스는 벼룩시장* 원조(元祖)의 나라다. 프랑스 사람들은 아껴 쓰기 습관이 일상생활에 만연되어 있으며, 물품을 그냥 버리는 법이 없다. 특히 헌옷을 팔거나 사서 입는 행위는 그들에겐 자연스러운 문화다. 아무튼 파리에는 유명 벼룩시장이 많다.

그리고 독일 뮌헨에 있는 빅투알리엔 시장은 전통을 뚝심 있게 고수하는 시장이다. 이곳만이 갖는 전통을 보면, 비 가리개 등 일체의 건축물이 없는 노천 시장을 고집하고 있으며, (상점)주인이 바뀌어도 취급 품목은 바꿀 수 없다는 것이 암묵적인 약속처럼 되어 있다는 점이다. 또 대부분의 상점들이 대를 물려가며 운영하고 있는데, 3대에 걸쳐 운영되는 과일점과 생선점이 많다.

우리나라에서는 전통시장에 대해 '불편하고 낙후된 장터', '개발이나 변화가 필요한 곳' 등과 같이 부정적으로 인식하는 경향이 있다. 이에 반해, 유럽 사람들은 시장마다 특색과 멋을 가진, 지역민과 관광객들이 즐기는 장소로, 긍정적으로 인식하고 있다.

또 미국 뉴욕에 있는 그린 마켓(Green Market)은 유기농 로컬 푸드의 천국이

---

*자신이 쓰던 물건을 다른 사람의 것과 교환하는 장소 또는 팔거나 사는 장소를 가리킨다.

다. 1976년 개장된 이곳은 유니온 스퀘어 공원(Union Square Park)에 위치하며 질 좋은 농산물을 저렴한 가격으로 판매하는 노천시장이다. 사실 그런 마켓이 열리는 유니온 스퀘어 공원은 만남의 장소로 매우 인기 있는 장소이다. 우리나라에서도 먹을거리의 안정성과 웰빙에 대한 관심이 많아지고 있어 유기농 농산물의 수요가 크게 증가할 것이며, 파머스 마켓 또한 더욱 인기 있을 것으로 보인다.

아르헨티나 부에노스아이레스 도레고(Dorrego) 광장에서 열리는 산 텔모 시장(San Telmo Market)은 상인과 예술가가 함께 만들어낸 문화·예술적 성격의 시장이며, 또 예술가들의 거리인 도레고 광장은 그들의 상품 판매처인 동시에 만남의 장소다. 이곳에는 마테차를 마시는 상인, 무엇인가를 뚫어지게 쳐다보는 관광객, 흥겹게 노래하며 악기를 연주하는 악사, 어느 한 가지도 시선을 빼앗지 않는 것이 없다.

또 이곳저곳에서 마술, 마임 등 다채로운 퍼포먼스가 이루어지는가 하면 큰 나무 아래에서는 젊은 남녀가 탱고 춤을 신나게 춘다. 하여간 거래의 장이면서 만남의 장인 산 텔모 시장은 상인과 예술가가 함께 만들어낸 명품시장이고 지역명소이다.

그리고 호주 멜버른에 있는 퀸 빅토리아 시장(Queen Victoria Market)은 엄청나게 많은 과일과 야채가 쌓여 있는, 세계 최대 규모의 유기 농산물 매장이 유명하다. 매월 마지막 주 수요일에는 각종 미술품·공예품 전시회와 다양한 이벤트와 함께 야시장이 열린다.

뿐만 아니라 멜버른 유명 요리사들이 참여하는 요리학교(cooking school) 프로그램, 퀸 빅토리아 마켓 문화유산 투어, 음식 골라먹기 프로그램 등도 운영된다. 시장 곳곳에 ATM기와 어린이용 자동차를 비치해 놓아 어린아이와 함께 온 주부에게 편의를 도모하고 있다.

한편 유럽과 아프리카를 잇는 모로코 카사블랑카에 리바트메디나 시장(Medina Market)이 있다. 이곳은 면적 13,200m²의 대지에 2,000여 개의 점포들이 있는 대형 종합 시장으로 긴 역사와 전통이 묻어 있고 의류, 신발, 잡화, 과일, 야채 등으로 가득 차 있다. 모로코 전통 문양의 공예품, 아랍어로 무엇인가가 쓰여진 액자 등 신기한 것들이 많다. 전통 민속 공예품을 판매하는 노점상, 자전거에 오렌지를 싣고 다니는 행상, 그리고 기이한 복장을 한 물장수 등도 너무나 이색적이다. 상인과 오가는 사람 모두 무척 밝고 즐거운 표정이다.

그런데 푸른색의 건축물이 지은 지 매우 오래된 것 같다. 시장 모퉁이에 있는 식당에서 모로코 전통음식 '타진'의 냄새가 풍겨 나온다. 시장기를 돋우고도 남을 만한 냄새다. 여기서 중요한 것은 모로코 리바트메디나 시장도 이 지역만이 갖는 이국적이고 이색적인 특색을 지니고 있다는 사실이다. 여기서 대륙·국가별 전통시장의 특성을 살펴 보면 〈표 1〉과 같다.

**〈표 1〉 해외 유명 전통시장의 활성화 요인(특성)**

| 구분 | | 활성화 요인(특성) |
|---|---|---|
| 대륙 | 국가 | |
| 아시아 | 일본 | 시장에 전통이 담겨 있고, 현대적 머천다이징을 통해 새로운 유통 업태와 경쟁하고 있다. |
| | 미얀마, 태국, 라오스 등 | 상인들의 진솔한 삶의 방식이 경쟁력이 되고 있다. |
| | 대만 등 | 지리적·문화적 특성으로 인해 야시장이 발달해 있다. |
| 유럽 | 스페인 | 시장 건축물이 시장 특성·정체성이면서 지역 랜드마크이다. |
| | 영국 | 문화와 예술이 넘쳐나고, 주변 여건이 좋아 찾는 이들이 많다. |
| | 프랑스 | 벼룩시장 원조국답게 대부분의 벼룩시장이 명소이면서 관광 코스다. |
| | 독일 | 전통을 고수하는 등 건전한 상인정신으로 무장한 상인들이 많다. |
| 아메리카 | 미국 | 유기농 로컬 푸드의 천국 파머스 마켓이 확산되어 있다. |
| | 아르헨티나 | 상인과 예술가가 함께 만든 벼룩시장이 활성화되어 있다. |

| 구분 | | 활성화 요인(특성) |
|---|---|---|
| 대륙 | 국가 | |
| 오세아니아 | 호주 | 세계 최대 규모의 유기 농산물 매장과 편리한 쇼핑 환경을 갖추고 있다. |
| 아프리카 | 모로코 | 모로코향이 가득한 지역 특성과 정체성이 담겨 있다. |

*자료: 필자의 저서 『세계전통시장』에서 발췌, 정리한 것임.

## 2. 한국 전통시장, 어디로 가야 하는가?

전통시장 활성화는 상인 의식의 현대화, 점포 및 시장경영의 현대화, 그리고 시설의 현대화 순으로 이루어져야 하고, 또 이들 3가지를 통해 실현되어야 한다.

### 2.1. 상인 의식의 현대화

오늘날 소비 트렌드는 과거의 소비 트렌드와는 크게 다르다. 전통시장 상인들이 과거의 것은 버리고 오늘날의 것에 부응해야 하는데 현실은 그러하지 못하다. 정부는 2005년 시장경영지원센터를 설립하여 상인대학, 점포대학, 상인대학원, ICT교육, 맞춤형교육, 청년상인아카데미 등 다양한 교육프로그램을 운영해 왔다.

하지만 대부분의 상인 교육이 단기적·단발적으로 이루어진 것이라 그 효과가 제대로 나타나지 않았다고 본다. 사실 전통시장 활성화에는 시설 현대화도 중요하지만 상인 의식 및 경영의 현대화가 더욱 중요하다. 따라서 하루빨리 이에 부합하는 상인교육 체계 및 방법을 개발하여 상인교육 및 시장 활성화 효과를 증대시켜야 할 것이다.

캐나다 토론토 세인트 로센스 시장에는 시티 투어 버스가 들린다.

대구 서남신시장과 포르투갈 리스본 리베이라 시장은 버스 광고를 한다.

많은 사람들이 찾는 일본 츠키지 수산시장에는 유명 상점과 맛집들이 있다.

해외 유명 전통시장에는 활성화(성공) 요인들이 많이 담겨 있다.

### 2.1.1. 상안 의식 혁신을 위한 교육 강화

전통시장 활성화를 위해서는 무엇보다도 고객 만족도를 높이고 시장 브랜드 파워를 구축해야 하는데 그러기 위해서는 상인 교육이 지속적으로 이루어져야 한다. 특히, 획일적이고 보편적인 교육 지양, 업종별 교육프로그램의 개발, 시·공간의 장벽을 극복할 수 있는 온라인 교육 실시, 그리고 해외선진시장 견학 등이 필요하다고 본다. 물론 여기에는 상인들의 적극적인 참여(의지)가 필요하다.

### 2.1.2. 소상공인 전문대학 설립·운영

전통시장 활성화에는 무엇보다도 체계적이고 지속적인 상인 교육이 요구된다. 2년 단위의 전문학사나 4년 단위의 소상공인 대학을 설립, 운영하는 방안을 고려할 수 있다. 상인의 경영마인드 혁신, 업종 및 분야별 전문성 제고, 그리고 훌륭한 소상공인 육성 등의 차원에서 볼 때 매우 긍정적인 것으로 사료된다.

## 2.2. 시장 및 점포 경영 현대화

전통시장에서는 (개별)점포들이 규모 및 자본 면에서 매우 영세하고, 상인 대부분이 생계형 자영업자들이라 시설보완이나 점포환경 개선을 스스로 하기는 어렵다. 즉, 많은 점포들이 자본구조가 취약할 뿐만 아니라 임대(전체 점포 중 약 64%)로 있어 시설 및 점포환경 개선의 여력이 없다는 것이다. 더구나 전체 전통시장 상인의 과반수 이상이 60세 이상의 고령자이고, 또 그들의 점포운영 방식 및 경영마인드는 시대에 크게 뒤떨어져 있다. 그래서 지금의 전통시장에는 현대적 경영마인드와 적극적인 마케팅 활동이 절실하다고 본다. 아울러 새로운 시장콘셉 구축 및 포지셔닝, 지역 관광자원들과의 연계 등도 수반되어야 할 것이다.

## 2.2.1. 시장 및 점포 정체성 구축

세계적으로 이름난 전통시장들의 공통점은 그(개별) 시장만이 갖는 정체성 (identity)이 있다는 것이다. 예컨대, 스페인 보케리아 시장은 '최고로 아름다운 건물'이라는 정체성을, 또 일본 스츠키 수산시장은 '최고의 식재료 공급처'라는 정체성을 갖고 있다.

사실 지금까지의 전통시장 활성화 사업은 시설 현대화 중심의 따라하기식 내지 모방식이었다고 할 수 있다. 이는 전통시장에서 시설을 아무리 잘 한다 하더라도 경쟁 업태인 대형마트보다 나아질 수 없기 때문에 항상 2등에 머물 수밖에 없는 방법이다. 아무튼 우리 전통시장들도 정체성 구축에 많은 노력을 기울여야 할 것이다.

한편 〈그림 1〉은 전통시장 정체성 관리 프로세스이다. 동 그림에서 보듯이 전통시장의 정체성 관리 프로세스는 정체성 구축 단계, 포지셔닝(positioning) 단계, 그리고 평가 및 피드백 단계로 이어져 있다.

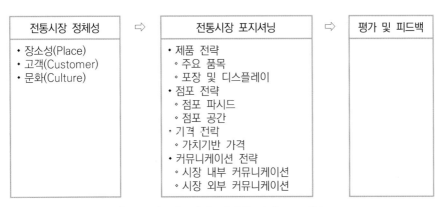

〈그림 1〉 전통시장 정체성 관리 프로세스

첫째 단계는 장소성, 고객, 문화를 파악하여 전통시장의 정체성을 구축하는 단계이다.

가. 장소성: 전통시장의 정체성 확립에는 무엇보다 지리적 여건이 고려되어야 한다. 시장의 정체성은 그 지역의 지리적 여건 및 특성과 깊은 관계가 있기 때문이다.

나. 고객: 전통시장에서 마케팅 활동의 표적으로 삼을 소비자층을 가리킨다. 즉 자신들이 판매 대상으로 할 소비자층(의 성별, 연령대, 교육·소득 수준 등)을 결정해야 한다는 말이다.

다. 문화: 오늘날 전통시장은 제품뿐만 아니라 경험(문화)도 판매하는 곳이어야 한다. 전통시장이 있는 지역의 예술과 문화로 시장의 정체성을 구축할 수 있다.


둘째 단계는 경쟁 업태나 인근 시장과 다른 '어떤 것'을 고객의 마음속에 위치하도록(positioning) 하는 단계이다. E. J. Mccarthy가 제시한 마케팅 관리요소 네 가지(4P)를 중심으로 살펴보면 다음과 같다.

가. 제품 전략: 전통시장 정체성에 부합되는 제품을 선정하고, 포장 및 디스플레이를 기획하는 것이다. 여기서 말하는 제품에는 유형적인 것은 물론 무형적인 것(체험, 공연, 서비스 등)도 포함된다.

나. 점포공간 전략: 전통시장 정체성을 잘 나타내는 차별화된 점포를 계획하는 것이다. 여기에는 전면 파사드, 점포 내 동선, 점포 내 구획 및 배치, 간판, 아케이드 등이 포함된다.

다. 가격 전략: 경쟁력 있는 가격결정 방법으로 가치기반 가격결정법을 들 수 있는데 이는 개인이 지각하는 혜택을 기초로 가격을 결정하는 방법이다. 여기에는 (구매) 고객이 누릴 수 있는 혜택을 알리는 커뮤니케이션 활동이 따라야 할 것이다.

라. 커뮤니케이션 전략: 전통시장이 갖는 정체성을 시장 내외부(상인, 고객)

에 널리 알릴 수 있는 커뮤니케이션(전략 수립)이 필요하다. 주요 커뮤니케이션 수단으로는 홈페이지, 라디오, SNS 등이 있다.

셋째 단계는 구축된 정체성과 포지셔닝(제품·점포·가격·커뮤니케이션 전략)을 평가하고 그 결과를 다음의 정체성 구축 및 포지셔닝(시)에 반영되도록 하는 단계이다.

### 2.2.2. 공동구매 및 이용을 통한 가격경쟁력 제고

중소유통업체의 통합구매 및 배송을 위한 물류센터 지원사업과 공동물류창고, 냉장·냉동 저장 창고 건립 사업 등을 확대 지원함으로써 대형마트와의 가격경쟁력을 강화시켜야 할 것이다.

### 2.2.3. VMD 및 포장 지원 확대

현행 점포지도제는 3일 하루 6시간까지 할 수 있다. 소규모 점포의 경우는 가능하지만, 20평 이상의 점포일 경우는 그러하지 못하다. 따라서 매장면적 및 업종에 따라 점포지도제도를 세분화·확대시켜야 하며, 상품포장 또한 차별화·다양화시켜야 한다. 여기에는 관련 전문가의 적극적인 노력이, 또 가공식품의 경우는 위생, 안전 등을 고려한 포장수단의 개발·활용이 필요하다.

### 2.2.4. 지역 문화·관광자원과의 연계

오늘날의 전통시장은 물건을 사고파는 매매기능은 물론, 세상 돌아가는 이야기를 주고받는 커뮤니케이션 기능도 해야 한다. 그리고 지역의 전통문화를 계승하고 서민들의 삶의 터전으로서의 역할도 해야 한다.

나아가서는 전통시장 활성화사업은 지역의 문화관광자원과 연계되어야 한다고 본다. 즉, 기존의 전통시장 기능에 문화관광자원과 연계한 새로운 기능을 가미해야 한다는 것이다. 청소년 교육의 장, 파머스 마켓, 벼룩시장 등을 통한 지역밀착형 프로그램을 개발, 운영하거나 다양한 지역 문화관광 자원들과 연계해 나가야 할 것이다.

## 2.3. 시설 현대화

정부는 획일화된 지원정책에서 지역별·시장별 맞춤식 지원정책으로 전환해야 한다. 사실 기존의 획일화된 아케이드 시설 및 주차장 사업은 시장 고유의 특성과 정체성이 없어 사업 효과가 보잘것없는 수준이었다.

따라서 앞으로는 시장 및 지역 특성 등을 통해 나름대로의 정체성을 갖도록 해야 할 것이다. 스페인 바르셀로나의 산타 카테리나 시장처럼 지역의 랜드마크가 되도록 하면 좋을 것 같다. 또 지역밀착형 문화콘텐츠가 담긴 프로그램을 이용객에게 제공한다면 지역민들의 사랑을 더욱 많이 받을 수 있을 것이다. 이야말로 시장이 공공재로서의 기능을 다하는, 미래지향적 시장의 모습이라 하겠다.

### 2.3.1. 지역의 랜드마크화

터키의 그랜드 바자르, 스페인의 산타 카테리나 시장 등은 각 나라를 대표하는 시장이면서 지역 랜드마크로서 크게 인정받는 시장들로, 외국인들의 필수 관광코스이면서 세계적인 명성을 갖고 있다.

한편 전통시장을 활성화하기 위해서는 지역 특산물 및 특성 등에 관해 재미있고 유익한 이야기를 만들어야 한다. 즉, 시장 자체(내부)나 주변의 특이한 것을 소재로 한 스토리텔링이 필요하다는 것이다. 그리고 관광명소와 인접해 있거나 도심 중앙에 위치한 시장일 경우, 시장 활성화·현대화 사업을 도심재생 사업과 병행할 필요가 있다. 또 시장 재개발 시에는 고객편의 시설·문화센터의 기능과 지역 랜드마크로써의 역할도 함께 할 수 있으면 더할 나위 없이 좋을 것이다.

### 2.3.2. 커뮤니티·힐링 기능 강화

그간의 우리나라 전통시장 활성화사업은 아케이드, 주차장, 화장실 등 기초적인 편의시설을 확보하는 수준이었다. 문화관광형 시장 육성사업 등을 통해 고객지원센터, ICT카페 등을 마련해 놓았지만 고객 이용도가 매우 낮다. 이는 전통시장 시설 현대화의 방향성을 상인 위주에서 고객 위주로 전환하고, 고객들이 쉬거나 즐길 수 있는 힐링의 기능을 강화시켜야 하는 이유이다.

(50개 국가) 해외 전통시장 연구서 『세계전통시장』 앞·뒤 표지

# 제2장 해외 선진국 사례를 통한
# 한국 전통시장의 활성화 방안*

## 1. 서론

### 1.1. 문제의 제기

과거 우리나라 유통구조는 고급화를 지향하는 백화점, 접근성 좋은 슈퍼마켓(구멍가게), 그리고 인정이 넘치는 전통시장으로 이루어져 있었다. 그 중 전통시장은 상거래의 중심지, 서민들의 삶의 현장, 만남과 소통의 장 등 경제적, 사회문화적으로 많은 역할을 해 왔다. 그러나 지금은 기본적 기능도 못하는 시장들이 증가하고 있을 뿐만 아니라 시장을 떠나거나 힘들어 하는 상인들이 많아 문제다(장홍섭, 2010).

전통시장 현황과 추이를 보면 2005년에 1,660개이던 것이 2010년 1,517개,

*2018년 6월 한국경영교육학회에서 발간한 『경영교육연구』 제33권 제3호에 게재된 논문으로, 학술진흥재단의 연구비 지원(2014)에 의해 이루어진 것임.

2015년 1,439개로 점차 감소했으며, 2005년 239,000개에 달하던 점포수 또한 2010년 201,000개, 2015년 207,083개로 크게 감소하였다. 뿐만 아니라 매출 규모도 2005년에 32조 7천억 원이던 것이 2010년 24조 원, 2015년 21조 1천억 원으로 줄어들었다. 여기서 분명한 것은 '전통시장이 크게 침체되고 있다'는 사실이다.

우리 정부는 2002년부터 2018년 현재까지 전통시장 활성화를 위해 관련 법령의 제·개정, 시장지원제도 마련, 경영 및 시설 현대화 지원 등 많은 노력을 기울여 왔고, 또 여기에 3조 원이 넘는 막대한 자금을 투입하였다. 그러나 이와 같은 지원에 대해 적지 않은 사람들이 문제시하고 있다. 이는 활성화 지원 자금(규모)에 비해 시장 활성화 정도가 미미하다는 점 등이 주요 이유인 것 같다.

한편 우리나라 마케팅 학계의 연구를 보면 그 대부분이 소비자(행동) 및 광고 분야이고 유통 분야는 상대적으로 적다. 특히 사회적·경제적으로 많은 역할을 해 온 전통시장에 대한 연구는 매우 부진한 실정이다. 이는 마케팅 학자들이 전통시장에 대한 연구의 가치를 크게 인식하지 않았기 때문이라 본다.

필자는 이러한 현실적 문제를 인식한 나머지, 본 '해외 선진국 사례를 통한 한국 전통시장 활성화 방안' 연구를 하게 되었다. 연구 목적은 해외 선진 전통 시장에 대한 탐방·문헌조사를 통해 그들의 시장 활성화 노력 및 성공 요인을 찾아보고, 이를 통해 우리나라 전통시장의 활성화 방안을 모색하는 데 있다. 즉, 본 연구는 미래지향적인 전통시장 지원정책을 수립하고 지속 가능한 전통 시장 활성화를 도모하는 데 그 목적이 있다고 하겠다.

## 1.2. 연구 방법

본 연구에서는 우선 중소기업청·소상공인시장진흥공단(2015)의 '해외 우수 전통시장' 벤치마킹 가이드북에서 선정한 해외 전통시장 27곳을 1차 연구 대상으로 활용하였다. 모두 신문, 잡지, 방송 등 국내외 언론매체에 2회 이상 노출된 것으로 정보의 접근이 용이한 시장들이다. 그리고 27곳 해외 전통시장 중 필자가 현지 탐방 조사를 실시한 9개 전통시장(8개국)을 최종 연구 대상으로 삼았다. 이들은 세계적으로 널리 인정받고 있는 시장들로 아래 〈표 1〉에서와 같다.

**〈표 1〉 조사대상 해외 전통시장**

(단위: 개)

| 국가·도시명(8개국) | 시장명(9개) | 시장수 |
|---|---|---|
| 미국 뉴욕 | 첼시 시장 | 1 |
| 영국 런던 | 캠던 시장 | 1 |
| 독일 뮌헨 | 빅투알리엔 시장 | 1 |
| 스페인 바르셀로나 | 보케리아 시장 | 1 |
| 호주 멜버른 | 퀸 빅토리아 시장 | 1 |
| 브라질 상파울루 | 상파울루 중앙시장 | 1 |
| 일본 도쿄 | 아메요코 시장, 츠키지 수산 시장 | 2 |
| 터키 이스탄불 | 그랜드 바자르 | 1 |

한편 본 논문은 전체 5개 파트로 구성되는데, 1은 서론으로서 문제의 제기와 연구 방법을, 2에서는 이론적 배경으로 전통시장과 선행 연구를 서술하였다. 또 3에서는 필자가 방문 및 문헌 조사를 통해 발견한 9개 선진 해외시장의 특징 및 활성화 요인을 보았다.

그리고 4에서는 우리나라 전통시장이 갖는 문제와 해외 전통시장 조사 분석 결과를 중심으로 우리나라 전통시장의 활성화 방안을 제시하였고, 마지막 5에서는 본 연구의 주요 내용을 요약하고 필자의 바람을 기술했다.

# 2. 이론적 배경

## 2.1. 전통시장

전통시장에 대해 송부용·권성오(2001)는 "해방 이전의 물물교환의 장에서부터 근대화의 시점으로 보는 1960년대 이후 개설되기 시작한 상설시장은 물론 자생적으로 형성된 노점상 위주의 저잣거리 등이 포함된다"고 하였다. 또 강승화(2002)는 과거로부터 존속되어 온 시장으로, 고객에게 최소한의 편의를 제공하기 위한 건물형 시장이며, 몇 개 또는 한 개의 건물에 점포와 지붕이 있는 공간이라고 했다.

일반적 의미의 전통시장이란 용어는 그 개념 정의를 명확히 내리기가 어려우나 통상적으로 '지역생산품을 지역민에게 저렴한 가격으로 판매하는 자연발생적인 전통시장'을 지칭하기도 한다. 본 연구에서의 전통시장은, '생산된 상품을 판매하고, 판매한 대금으로 가정 및 생산에 필요한 원자재를 구매하거나 용역을 제공받는 곳으로서 상적·물적 유통 활동을 하는 공간'으로 규정하고자 한다.

사실 전통시장은 지역주민의 전통문화와 정서가 담긴 곳으로, 지역민의 생활 안정과 지역경제 발전에 많은 영향을 끼치는 것이므로 매우 중요하다. 이러한 전통시장은 주민들이 만나 소통하는 사회적 기능은 물론 지역 내 화합과 커뮤니티를 공고히 하는 기능도 한다(박종수, 2018). 뿐만 아니라 상품 교환 장소 이상의 역할, 즉 지역 풍물 및 축제의 중심 무대로서의 역할도 한다.

요컨대 전통시장은 지역 고유의 전통문화와 정서가 담긴, 지역 특산물품 거래의 중심지로서, 약 35만 6천명(2015년 기준)의 일자리를 제공하는 등 매우 중요한 역할을 하는 곳이다(조규호, 2014).

## 2.2. 선행 연구

기존 전통시장 연구들을 보면 대체로 4가지 유형, 즉 시장 활성화 방안 관련 연구, 시장 시설 현대화 관련 연구, 시장 이용객 관련 연구, 시장상인 관련 연구로 나눌 수 있는데, 이들 각각의 구체적 내용을 살펴보면 다음과 같다(장홍섭 등, 2015).

먼저, 시장 활성화 방안 관련 연구로는 전통시장의 유형별 시장 활성화 모델 개발(장홍섭 등, 2010), 문화를 통한 전통시장 활성화 방안 연구(박재우, 2014), 대형할인점과 차별화를 통한 전통시장 활성화 방안 연구(조동영, 2016) 등이, 또 시장 시설 현대화 관련 연구로는 전통시장 시설 현대화 사업 실태에 관한 연구(정우근, 2011), 전통시장 시설 노후도가 매출에 미치는 영향 연구(박윤경, 2011) 등이다.

그리고 시장 이용객 관련 연구를 보면 전통시장 선택 속성의 중요도, 만족도 비교 및 지출액과의 상관관계(조민, 2010), 전통시장 방문객의 관광동기와 만족도 및 행동 의도(이선경 등, 2014), 전통시장과 SSM 방문객의 이용 특성 비교(박희영, 2013) 등이다.

마지막 시장상인 관련 연구로는 상인 최고경영자 과정 교육서비스 품질 및 참여 동기가 교육 만족과 긍정적 행동 의도에 미치는 영향(장홍섭 등, 2014), 전통시장 상인 교육서비스 품질이 교육 만족과 고객지향성에 미치는 영향(이경희 등, 2007), 전통시장 상인 역량강화를 통한 시장 활성화 효과 분석(허소영, 2013) 등이 있다.

# 3. 해외 선진국 전통시장 분석

## 3.1. 미국·영국 전통시장

### 3.1.1. 미국 첼시 시장

뉴욕에 있는 첼시 시장(Chelsea Market)은 나비스코(Nabisco) 과자 공장을 개조하여 만든 식료품 시장으로, 베이커리, 레스토랑, 소품점, 식료품점 등 40여 개 점포들로 이루어져 있다. 이곳에는 의류, 가정용품·견본품 판매점과 기념품, 선물용품 구입처로 이름난 첼시 마켓 바스켓(Chelsea Market Basket)이 있다.

첼시 시장의 특징은 점포마다 역사, 로고, 취급 상품에 맞춰 인테리어 디자인한 점, 100년이 지난 색 바랜 벽돌로 인해 앤티크 분위기가 물씬 나는 점 등이다. 과거 사용했던 긴 파이프라인, 붉은 벽돌 등이 어우러져 멋진 갤러리 같다. 형형색색의 조명 아래 있는 폭포와 무게감이 대단해 보이는 돌 벤치도 그렇다. 시계가 걸려 있는 아치형 터널은 이곳이 시장이라는 생각을 잊게 할 정도다.

댄스, 영화, 음악, 전시가 요일별로 대상층을 달리하며 열려 시장에 활력을 불어 넣고 있다. 또 팻 위치 베이커리(Fat Witch Bakery), 애이미 브레드(Amy's Bread), 더 랍스터 플레이스(The Lobster Place)와 같은 유명 점포들이 입점해 있어 많은 사람들이 이곳을 찾게 한다. 물론 빈티지한 첼시 시장만의 특이한 분위기도 그러하다.

여기에 1999년부터 진행해 온 요리교실 프로그램은 맛있는 음식을 시식할 수 있을 뿐 아니라 다양한 문화 체험까지 할 수 있어 많은 사람들을 불러 모으는 요인이 되고 있다.

### 3.1.2. 영국 캠든 시장

런던의 북쪽 캠든 타운에 위치한 캠든 시장(Camden Market)은 캠든 락, 캠든 벽 길, 스테이블스 시장, 커널 시장으로 이루어진 런던 최대 규모의 시장이다. 주요 취급 품목은 패션(가죽, 신발), 액세서리, 식품, 의류, 펑키피쉬(패션) 등이다. 이곳에는 개성 있는 간판과 고풍스러운 건물, 특이한 장식물이 많다. 또한 의류, 패션소품을 위주의 시장이라 감각적인 제품도 많이 있다. 젊은이들이 자주 찾는, 새로운 핫플레이스로 떠오른 곳인 만큼 매장 분위기가 매우 좋다.

캠든 시장은 홈페이지는 물론 트위터, 페이스북, 인스타그램, 구글플러스, 핀더레스트와 같은 SNS 채널을 보유하고 있는데, 특히 페이스북 '좋아요'에 13만 6천여 명이 올라올 정도로 인기가 대단하다. 독특한 패션을 한 펑크(punk)족과 기이한 차림의 고스(goth)족도 쉽게 만날 수 있다. 앤티크, 빈티지 가게들이 많고, 해골 모양의 팔찌와 가죽 부츠 등과 같은 패션 제품들이 즐비하다.

스테이블스 시장에서는 인도 카레에서부터 터키의 케밥, 그리고 일본, 중국, 스페인, 이탈리아, 모로코 등 세계 각국의 요리들을 맛볼 수 있다. 활력이 넘치는 캠든 록 시장의 모습을 제대로 보려면 주말 아침 일찍 가야 하고, 카드보다는 현금이, 고액권보다 소액권이 사용하기 편하다. 캠든 시장은 노던라인 캠든(Camden)역이나 초크팜(Chalk Farm)역에서 도보로 5분 정도 걸린다.

## 3.2. 독일·스페인 전통시장

### 3.2.1. 독일 빅투알리엔 시장

독일 뮌헨에 있는 빅투알리엔 시장(Viktualien Market)은 초기에는 단순히 지역주민의 생활 터전이었으나, 지금은 신선식품, 꽃, 과일, 고기, 치즈 등을 판매하는 야외시장이며, 많은 시민과 관광객들이 찾는 명소이다. 22,000m²의 면적에 140여 개의 점포들이 있고, 역사가 200여 년이나 된다. 입구에 들어서면 매우 큰 고목과 '비어 가든(beer garden)'을 비롯한 카페, 베이커리 등이 한눈에 들어오며 채소, 과일, 꿀, 가금류, 달걀, 육류, 허브, 향신료 등도 보인다.

빅투알리엔 시장의 특징으로는 먼저 매우 큰 야외 비어 가든이 있다는 점을 들 수 있다. 1,000여 명을 수용할 수 있는 곳이고 맥주를 즐겨 마시는 독일 사람들의 일상을 볼 수 있는 곳이다. 많은 사람들이 푸른 하늘과 초록빛 나무 아래에서 여유롭게 휴식을 취하거나 담소를 나누는 모습을 볼 수 있다.

또 다른 특징은 가게주인이 바뀌어도 품목을 바꾸지 않는 것이 암묵적인 약속처럼 되어 있다는 점과 대부분의 점포들이 대물림하며 운영되고 있다는 점이다. 3대에 걸쳐 영업하는 과일점과 생선점도 있다. 그리고 아케이드, 주차장 등의 건축·시설물 없이, 오로지 자연과 함께 쉴 수 있도록 한 것 또한 특징이다. 많은 사람들이 이곳을 찾는 이유이기도 하다. 이곳이 사람들을 소통하게 하고 그들의 삶을 풍성하게 만드는 사회적 기능도 한다는 것이다. 이 점이 바로 빅투알리엔 시장의 또 다른 특징이며 다른 시장들과의 차이점이라 하겠다.

이외에도 유명 인사 몸무게 재기, 정원사의 날, 아스파라거스의 날 등 다양한 행사를 개최함으로써 이용객들에게 재미를 준다.

그리고 점포 임대료가 매출액의 3.5%로 정해져 있다는 점도 이 시장의 특징이다. 즉 매출이 많은 상인은 많이, 적은 상인은 적게 임대료를 내도록 하고 있다는 것이다. 많은 점포들이 200년이나 유지되어 온 것은 상인들이 임대료 걱정 없이 영업에만 전념할 수 있도록 한 뮌헨시 당국의 배려 덕분이 아닌가 싶다.

그러나 매출액 기준에 의한 임대료 납부가 상인들에게 비용부담을 덜어준다는 긍정적인 면이 있지만, 그것이 경쟁력 강화 및 매출신장 노력 감소로 이어져 자칫 서비스 질이 감소되지 않을까 하는 우려도 없지 않다. 또 뮌헨시 당국이 공식 홈페이지 쇼핑 카테고리를 통해 시장 역사, 교통편, 판매상품 등을 소개해 놓았고, 독일어는 물론, 영어, 이탈리아어, 아랍어로도 표기해 놓았다.

우리나라에서는 전통시장에 대해 '불편하고 낙후된 곳', '개발이 필요한 곳'이라는 부정적인 인식을 하는 데 반해 이곳에서는 긍정적인 인식, 즉 지역 민과 관광객들이 즐기고 특색과 멋이 있는 장소로 인식하는 것 같다.

아무튼 빅투알리엔 시장은 시장 본래의 거래 기능과 지역주민들의 쉼터 기능을 함께 잘 해냄으로써 많은 사람들의 사랑을 받는 시장인 동시에 유명 관광지로 자리잡게 되었다고 할 수 있다. 무엇보다 상인들이 자신의 이익보 다 전통과 문화를 중요시하고 있다는 점에서 높이 평가된다.

### 3.2.2. 스페인 보케리아 시장

바르셀로나 최대 번화가 람블라(La Lambla)거리 중간쯤에 유달리 왁자지껄 한 곳이 있다. 대지 6,600m²에 220여 개 점포들이 들어서 있는 보케리아 시장 (Marcat de la Boqueria)이다. 성요셉 시장이 원래 명칭인 이곳은 골목마다 사람 들로 가득 찰 정도로 외국 관광객들이 유달리 많이 찾는다. 점포마다 5~6명의 종업원이 고객응대와 호객 행위를 하느라 무척 바쁘다. 갖고 다니며 먹을 수 있는 과일주스, 과자(초콜릿, 젤리, 캔디) 등이 즐비하다. 말린 과일점, 견과 류점, 정육점, 생선점, 그리고 채소점도 있다. 식사시간에는 시장 내의 식당은 물론 인접 식당까지 크게 붐비는데, 줄을 서 기다려야 먹을 수 있을 정도라고 한다.

형형색색의 맛스럽고 시원한 과일주스 한 컵이 시장 입구에서는 3유로(약 3,600원)에, 골목 안에서는 1유로(약 1,200원)이다. 스페인에서도 발품의 필요성을 시사하는 대목이다. 입구에는 시장 안내판이 있고, 시장 중앙에는 기념품 판매장을 겸한 인포메이션센터가 있다. 'I love B'*라고 인쇄된 티셔츠가 시선을 끈다.

시장입구에서 좌측 끝 골목 안으로 들어가면 '마싯따'라는 간판과 김치볶음밥, 불고기 등이 쓰여진 메뉴판이 보인다. 한국인이 운영하는 음식점인데 10여 명의 중국 사람이 줄 서 있다. 그리고 시장 우측 끝 골목 안 코너에서는 2명의 연주자가 열연하고 있고, 그 옆에 피카소(Picasso) 그림사진 전시회가 열리고 있다.

보케리아 시장의 특징으로 '가업 승계 점포들이 많다'는 것과 초등학생을 대상으로 한 '요리교실 운영'을 들 수 있다. 이는 지역사회에 대한 봉사활동의 일환으로 시장 이미지를 개선하고 미래의 고객을 확보하기 위한 것이라 본다. 또 지하철역이 인접해 있어 접근성이 좋다는 점, 가격표시제를 철저하게 실시한다는 점, 농·축·수산물 취급 상인들이 신선도를 생명으로 여긴다는 점 등도 그러하다.

그리고 홈페이지를 통해 시장 관련 정보·소식을 전하고 있으며, 휴대전화로 홈페이지나 어플리케이션에 접할 수 있도록 해놓았다. 이용객 편의를 도모하려는 이상적인 조치다. 다양한 소포장 음식, 누구나 쉽게 찾아 갈 수 있도록 한 지도, 제품군별 색깔 표시 등도 이곳의 특징이다.

이뿐만 아니다. 상인들이 저마다의 솜씨를 부려 멋지게 해놓은 점포장식과 상품진열이 지나는 이들의 시선을 끌고도 남을 정도다. 그러나 영어 표기가 부족한 점과 지하에 위치한 화장실이 불편하고 유료라는 점이 문제다. 아무튼 보케리아 시장은 거래의 장으로서의 역할은 물론 문화 공간으로서의 역할도 잘 하고 있는, 세계적인 명품시장으로 평가된다.

*B는 Bogueria(보케리아)의 약자임.

독일 뮌헨 클라인 시장 한국(인) 상점

우즈베키스탄 사마르 칸트 시야브 시장 칼갈이

오스트리아 빈 나쉬 시장 한국(인) 상점

영국 런던 페티 코트레인 시장 군밤 장수

스페인 바로셀로나 보케리아 시장 한국(인) 음식점

호주 멜버른 페딩톤 시장 점쟁이

해외 유명 전통시장에도 한국인 상점과 칼갈이, 군밤장수, 점장이가 있다.

## 3.3. 호주·브라질 전통시장

### 3.3.1. 호주 퀸 빅토리아 시장

멜버른(Melbourne)에 있는 퀸 빅토리아 시장(Queen Victoria Market)은 약 70,000m²의 대지 위에서 1,000여 명의 상인들이 생활하는, 또 주 정부가 문화유산으로 지정·관리하는 호주 최대의 전통시장이다. 빅토리아 스트리트와 엘리자베스 스트리트가 교차하는 지점에 있고, 하루 평균 4만 여 명이 찾는 곳이다. 아마 역사와 전통이 있고 저렴한 상품이 많으며 살거리, 볼거리가 풍부하기 때문인 것 같다. 그 규모가 크다고 하여 현지인들은 빅 마켓(big market)이라 부른다.

퀸 빅토리아 시장의 특징으로 아래와 같은 5가지를 들 수 있다.

첫째, 다양한 과일과 야채가 쌓여 있는 세계 최대 규모의 유기농산물 매장이 있으며, 매월 마지막 주 수요일에 각종 미술품·공예품 전시회와 다양한 이벤트가 있는 야시장(11월~2월, 오후 5시 30분~오후 10시)이 열린다.

둘째, 유명 요리사들이 방문객을 대상으로 하는 요리학교 프로그램, 퀸 빅토리아 시장 문화유산 투어, 음식 골라먹기 프로그램 등이 유명하다.

셋째, ATM기와 어린이용 자동차 설치 등으로 어린이와 함께 온 젊은 주부들을 배려하고 있다.

넷째, 홈페이지, 페이스북, 트위터, 유투브, 인스타그램 등의 매체를 통해 고객과의 커뮤니케이션을 적극적으로 할 뿐만 아니라, 환경 관련 활동을 위시하여 지역사회를 위한 활동을 많이 한다.

다섯째, 옛 시장의 모습을 유지하기 위해 재래식 매대(스톨)를 그대로 사용하며, 매장 위치를 한 달에 한번 씩 재배치함으로써 공정성을 유지하고 있다.

요컨대 퀸 빅토리아 시장은 1878년 개장 당시의 모습을 보존키 위해 주정부가 문화유산으로 지정, 관리하는 시장으로, 과거와 현재가 공존하는 명품시장으로 간주된다.

### 3.3.2. 브라질 상파울루 중앙시장

상파울루(São Paulo)의 옛 시가지 중심부에 위치해 있는 중앙시장(Mercado Mumicipal)은 근엄한 모습의 흑갈색 2층 건물 형태로, 12,600m²의 면적을 가진 상파울루 최대 전통시장이다. 1932년에 지어진 군 훈련 시설을 2004년 상파울루시가 현대식 전통시장으로 만든 것이다. 유명 건축가와 아티스트의 참여로 건물모습이 매우 고풍스럽고 중후하다. 시장 안은 만국기가 주렁주렁 달려 있는데, 가이드가 '브라질이 2014년 월드컵 축구대회 준결승전을 앞둔 시점이라 그렇다'고 한다.

식료품(농수축산물)을 주로 취급하는 상파울루 중앙시장에는 고객센터, ATM기 및 공중전화, 화장실, 인포메이션센터(information center) 등 온갖 편의시설이 구비되어 있다. 또 정문에 들어서면 유달리 넓은 통로가 펼쳐져 있는데, 그 폭이 8m 정도나 되어 통행이 편할 뿐 아니라, 시야가 확 트여 미관상으로도 좋다.

한편 판매원들은 대부분 30~50대 남성들로, 점포마다 다른 모양, 색깔의 유니폼을 입고 있다. 다른 시장에서 잘 찾아 볼 수 없는, 매우 긍정적인 것으로 보인다. 특이한 점은 한 점포 내에서는 간판 색과 유니폼 색, 그리고 모자 색이 같다는 것이다. 그리고 홈페이지, 페이스북, 트위터, 유튜브 등을 통해 시장 내의 온갖 정보를 제공한다.

1층에는 과일, 채소, 와인, 소시지, 햄, 치즈, 과일, 향신료 등이 있으며 입구에는 고객정보센터와 ATM기가 자리 잡고 있다. 색종이로 포장하여 탑처럼 쌓아올린 과일, 투명 아크릴통에 담겨진 브라질 전통 과자, 주렁주렁 매달아 놓은 향신료, 멀리 이스라엘에서 왔다는 사막대추 등이 시선을 끈다. 그리고

2층에는 식당, 카페, 화장실, 고객쉼터 등이 있고 농부의 농작물 수확모습을 담은 스테인드글라스가 한 눈에 들어온다. 분명 예사롭지 않은, 훌륭한 볼거리다.

아무튼 상파울루 중앙시장은 시장건물과 제반시설은 물론 상품진열, 상인 복장·고객응대, 요리대회 개최, 광고·홍보 등 어느 한 가지도 흠 잡을 수 없는 최고 수준으로 평가된다. 특히 예술적인 감각과 전문성을 바탕으로 한 컬러마케팅(color marketing)은 방문객들의 시선을 사로잡거나 관심을 끌고도 남을 정도다.

## 3.4. 일본·터키 전통시장

### 3.4.1. 일본 아메요코 시장·츠키지 수산시장

도쿄 유일의 전통시장인 아메요코 시장은 JR아마노테센 고가철도 서쪽과 고가 밑 거리에 위치해 있으며 500여 개 점포, 7개의 상인조합, 그리고 상인연합회로 이루어진다. 평일 하루 방문객이 15만 명이나 되며 외국 관광객도 많이 찾는다. 시장 간판 '중상(中上)'이 있는 지점에서 나누어지는 2개의 길에는 수많은 사람들로 시끌벅적하다. 일본 서민들의 생활상을 엿볼 수 있는 곳이다.

수박을 8등분해 놓은 과일점에는 2명의 판매원이 바쁘게 움직이고 있고, 그 앞에 20여 명이 줄지어 서 있다. 또 터키인의 아이스크림 판매점 앞에도 10여 명이 아이스크림을 담아 구매자에게 전달하는 상인의 모습을 보며 무척 즐거워한다.

아메요코 시장은 상인들 간의 유대관계 및 조직력이 뛰어나며 건어물에서부터 의류, 귀금속, 잡화까지 '없는 것이 없다'고 말할 정도로 취급 품목이 매우 다양하다. 특색 있는 중국 제품, 아프리카 토산품 등 희귀 물품들이 거래된다. 외제품, 모조품이 많기로 소문나 있고 일본에서 보기 드문 호객 행위와 흥정하는 모습도 볼 수 있다.

사실 아메요코 시장은 "비가림 시설이 없고 소음까지 많은 야외시장이지만 상인들의 적극적인 노력(50엔 이벤트, 1일 상인체험, 시장홍보)과 긴 '역사'와 '전통'을 무기 삼아 지속적으로 발전해 왔다. 여기에는 상인들 간의 단합·상호협력이 일등 공신이고, 청년 상인의 날에 열리는 노래자랑대회와 여성 상인의 날에 갖는 단체 여행, 단합 대회 등도 큰 도움이 되었다"고 이곳 상인회장이 말해준다. 그리고 100엔 샵과 같은 할인점과 대량 판매점이 많은 점, 가격 흥정이 가능하고 각종 이벤트가 지속적으로 이루어진다는 점도 이곳의 특징이라 하겠다.

한편 일본 최대 수산시장인 츠키지 수산시장(Tsukiji Market, 築地市場)은 일본인들의 생활 현장을 볼 수 있어 외국인들이 많이 찾는 관광명소다. 장내시장과 장외시장으로 구분되어 있다. 장내시장은 수산물·청과물 경매가 이루어지는 생선 도매 시장으로 1,000여 명의 중개인들이 참여한다. 또 450여 개의 점포가 있는 장외시장에는 생선·돈부리덮밥·계란무침·초밥집, 식재료점, 조리기구점이 즐비하다.

츠키지 수산시장의 특징을 보면 매일 새벽 3시에 도쿄도 위생국 공무원들이 나와 판매상품에 대해 위생검사를 실시하며, 2~3대에 걸쳐 영업하는 명인이 많고, '시장의 문화를 담당하는 상인'이라는 긍지를 갖고 있다. 뿐만 아니라 참치 경매·해체 작업을 참관할 수 있고, 신선한 수산물로 만든 스시를 먹을 수 있는 유명 맛집이 많다. 홈페이지는 기본이고 페이스북과 인스타그램도 운영한다.

요컨대 '도쿄의 부엌', '거대한 별천지'라고도 부르며 400년이란 긴 역사를 가진 츠키지 수산시장은 도쿄 시내 식당업자와 식품 도·소매업자들이 많이 이용하는 곳이면서 수많은 외국 관광객들이 찾는 관광명소이다. 무엇보다 긍지와 패기를 갖고, 역사와 전통을 중시하며 맛과 서비스를 최우선시 하는 상인들의 장인정신이야말로 지금의 츠키지 수산 시장을 만들어낸 일등공신이라 하겠다.

### 3.4.2. 터키 그랜드 바자르

그랜드 바자르(Grand Bazar)는 세계 최대의 규모(30,700m²)와 세계 최고의 역사(1461년 개장)를 가진 석조건물 형태의 시장이다. 종사자가 2,500여 명에 달하며, 금, 은 세공품을 포함한 각종 보석류, 피혁류, 카펫, 향신료, 수공예품, 그리고 도자기 등이 많다. 이곳에는 5,000여 개의 점포가 있는데 그 중 보석점이 1,100여 개로 가장 많고, 카펫점 500여 개, 가죽제품점 400여 개 순으로 많다. 현지인들은 '지붕 있는 시장'이란 뜻으로 '카파르차르쉬(Kapalicarsi)'라 부른다.

그랜드 바자르는 20여 개의 입구와 65개의 골목으로 이루어져 있어 구조적으로 매우 복잡하며 하루 최소 25만여 명에서 최대 40만여 명이 찾아 항상 시끌벅적하고 요란스럽다. 이스탄불 방문객 모두가 들린다고 할 정도로 많은 사람들이 찾는 시장이며 타임지가 '2013년 세계 50대 관광지'로 선정한 유명 관광지다.

그랜드 바자르를 둘러보면 다음과 같은 사실을 발견할 수 있다.

첫째, 대부분의 상점에서 신용카드 사용이 가능할 뿐만 아니라 리라, 달러, 유로화도 결제 가능해 쇼핑이 편리하다.

둘째, 이스탄불을 찾는 관광객들이 터키 특산품을 이곳에서 많이 구입해 간다고 한다. 이곳이 비잔틴 시대부터 동서양의 교역 중심지 역할을 했던 지역이라는 사실과 무관하시 않은 것 같다.

셋째, 점포 접근성이 높다. 구조가 매우 복잡하고 많은 사람들로 붐비지만 판매구역이 품목별로 구분되어 있고 점포마다 고유번호가 부여되어 있어 누구나 원하는 점포를 쉽게 찾아갈 수 있다.

넷째, 총기를 소지한 경비원들이 곳곳에 서 있고, 또 악마를 내쫓고, 재앙을 막아준다는 '나자르 본 주우(Nazar Boncuguo, Evil eye, 악마의 눈)'가 코너 마다 있다. 방문객의 안전을 도모하고 볼거리도 있다는 것이다.

아무튼 그랜드 바자르가 세계적으로 알아주는 명품 시장이고, 지붕 있는 시장의 모델이 되었음은 누구도 부인하지 못하는 사실이다. 그러나 바가지를 씌우려는 상인과 소매치기가 있다는 점, 간혹 시장 입구에서 가방 검사를 받아야 하는 점, 그리고 시장 내에 화장실이 없어 시장 밖 유료 화장실을 이용해야 하는 점 등이 문제다.

이상에서 보았듯이 지역·시장특성, 정체성, 전통, 역사, 장신정신, 특이함, 문화예술, 차별화, 재미, 가치 등이 해외 선진 전통시장들이 공통적으로 갖는 활성화 성공 요인임을 알 수 있다. 여기서 지금까지 본 해외 선진시장들의 특징을 요약·제시하면 〈표 2〉와 같다.

### 〈표 2〉 해외 유명 전통시장의 활성화 요인(강점)

| 시장명<br>(국가·도시명) | 활성화 요인(강점) |
| --- | --- |
| 첼시 시장<br>(미국 뉴욕) | 과자 공장을 개조하여 갤러리 같은 분위기가 나는 시장. 엔티크, 클래식, 빈티지한 분위기, 실내 댄스·영화 상영·전시, 실내 폭포, 유명(핵)점포 입점, 투어 프로그램, 문화 체험, 다양한 매체를 통한 광고 홍보 |
| 캠든 시장<br>(영국 런던) | 의류 패션 소품 위주의 시장. 개성 있는 간판, 고풍스런 건물, 감각적인 디스플레이, 세계 각국의 요리, 다양한 채널을 통한 광고·홍보, 시각적 효과 활용, 색다른 즐거움 |
| 빅투알리엔 시장<br>(독일 뮌헨) | 건축물 없이 멋과 특색이 있는 노천시장. 200년 역사, 소통·교류·만남의 장, 1,000여 명 수용 가능한 야외 쉼터, 역사·전통·삶의 교육장, 다양한 행사, 다수의 가업 승계 점포, 주인이 바뀌어도 동일 상품 유지, 뮌헨시의 사려 깊은 배려, 국제화된 시장 안내, 건축물 전무, 공정한 임대료, 주민과 관광객의 쉼터 역할, 전통과 문화 중시, 상인회의 적극적인 노력 |
| 보케리아 시장<br>(스페인<br>바로셀로나) | 많은 지역주민과 관광객들로 붐비는 세계적인 시장. 가업 승계 점포, 수준 높은 점포 장식, 상품진열, 판매 물품의 다양성, 인포메이션센터, 시장방문 기념품 판매, 연주회, 사진전시회, 높은 접근성(역세권), 철저한 가격 표시, 높은 신선도(농수산물), 홈페이지·휴대폰 등을 이용한 광고·홍보, 지역민 연계 활동, 요리교실, 이동성 높은 소포장 음식, 적극적인 커뮤니케이션, 시각적 효과 (보색 포장) 극대화 |

| 시장명<br>(국가·도시명) | 활성화 요인(강점) |
|---|---|
| 퀸 빅토리아 시장<br>(호주 멜버른) | 과거와 현재가 공존하는 호주 최대 전통시장. 세계 최대 규모의 유기농산물 매장, 각종 전시·이벤트가 있는 야시장, 요리학교 개설, 시장 문화유산 투어 등 다양한 프로그램 운영, 어린이·가족단위 방문객 배려, 어린이용 자동차 구비, 다수의 가업 승계 점포, 대고객 커뮤니케이션, 지역사회 활동(환경), 재래식 매대 사용, 매대의 주기적 재배치, 역사·전통·삶의 교육장 |
| 상파울루 중앙시장<br>(브라질 상파울루) | 가공 식료품 위주의 시장. 유명 건축가·아티스트가 만든 고풍스러운 건축물, 젊은(30~50대) 판매원, 특색 있는 상인 복장·고객응대, 적절한 점포 배치, 다양한 편의시설, 고객정보센터, ATM기, 색깔 살린 상품 디스플레이, 컬러마케팅, 멋진 스테인드글라스(볼거리) |
| 아메요코 시장<br>(일본 도쿄) | 아케이드가 없는 야외 시장. 취급 품목의 다양성, 흥정·호객 행위, 장인정신, 결속력 높은 상인회, 현대적 머천다이징·마케팅 활동, 다양한 공동 마케팅, 적극적인 커뮤니케이션, 소량 분할 판매, 재미, 긴 역사, 전통시장 정체성, 각종 이벤트, 1일 상인 체험, 100엔샵, 경제교육 현장, 지역주민과의 협의체, 다수의 유명(핵)점포, 신선도 높은 먹을거리 |
| 츠키지 수산시장<br>(일본 도쿄) | 장내시장과 장외시장으로 이루어진 일본 최대 수산 시장. 참치 경매, 여성 상인의 날, 청년 상인의 날, 단체여행, 도쿄시 공무원의 위생검사, 가업 승계 점포, 상인의 풍부한 상품 지식, 상인의 높은 긍지·패기·유대감, 400년의 긴 역사, 전통 중시, 맛·서비스 최우선, 장인 정신, 유명 점포 맛집, 신선도 높은 생선, 100년 넘게 전통과 품질을 지켜온 식당 |
| 그랜드 바자르<br>(터키 이스탄불) | 세계 최대 규모와 세계 최고 역사를 가진 시장. 타임지 선정 세계50대 관광지, 많은 살거리, 다양한 보석·카펫·가죽 제품, 신용카드 및 다수 화폐 사용 가능, 경비원(안전성), 이상적 품목별·판매 구역 배치, 점포별 고유번호 부여, 접근성 용이, 전통 및 시장 정체성 유지 |

*자료: 필자가 현지 방문 및 문헌조사를 통해 얻은 자료를 정리한 것임.

노르웨이 스트토에르바 시장 꽃 판매점

호주 프라란 시장 조형물

러시아 이즈말롭스키 시장 그림 판매점

영국 캠던 시장 조형물

스웨덴 회트리에트 시장 간이도서관

태국 담던 사두억 수상시장 조형물

해외 유명 전통시장에는 꽃·그림판매점, 간이도서관, 재미있는 조형물이 있다.

# 4. 한국 전통시장의 여러 가지 문제

우리나라 전통시장은 왜 활성화가 되지 않는가? 많은 소비자들이 "시장에 가면 살 것이 없고 불편하다"고 하고 상인들은 "장사가 안 돼도 너무 안 된다"고 불평하고 있다. 여기서 이러한 불평을 낳거나 전통시장 활성화에 걸림돌이 되는 요소(문제)들을 알아보고자 한다.

## 4.1. 상인 관련 문제

### 4.1.1. 상인 의식

오늘날의 소비 트렌드는 과거 소비 트렌드와는 다르다. 전통시장 상인들이 과거의 것을 버리고 지금의 소비 트렌드에 맞춰야 하는데, 그러하지 못해 문제다. 이는 곧 소비자들이 전통시장보다는 대형마트 등을 찾는 이유라 하겠다. 근시안적인 안목을 갖고 개인적 이익만을 추구하는 상인들이 많은 전통시장일수록 더욱 문제가 크다. 따라서 전통시장 활성화에는 상인 의식의 현대화가 무엇보다 중요하고 시급한 일이라 할 수 있다.

### 4.1.2. 상인 노령화

소상공인시장진흥공단에 의하면 2015년 전국 전통시장 점포 상인의 평균 연령은 56.1세이나 노점상인을 포함하면 60세 이상이라 본다. 고령 상인은 젊은 층의 시장 방문을 어렵게 하고, 각종 시장 활성화 사업의 효과를 반감시키는 요인이다. 뿐만 아니라 그들은 경영 현대화, 고객 관리 등에 있어 청·장년 상인에 비해 역량이 떨어질 뿐만 아니라 소극적으로 사고·행동하는 성향이 있다. 하루 빨리 해결해야 할 과제이다.

### 4.1.3. 상인회(조직)

상인회 관련 문제로는 훌륭한 리더의 부재, 리더의 시장 경영 능력 및 리더십 부족 등을 들 수 있다. 현실적으로 희생정신과 리더십을 가진 상인 리더가 부족해 전통시장 활성화에 큰 걸림돌이 되고 있다. 이는 정부의 전통시장 지원 사업들이 원만하고 신속하게 진행되지 못하는 주요 이유이기도 하다. 전통시장의 발전 여부·정도는 상인 리더의 리더십과 상인들의 공동 의식에 달려 있다 해도 과언이 아니라 본다.

## 4.2. 정부 관련 문제

### 4.2.1. 시설 현대화 위주의 지원(정책)

그간의 전통시장 활성화 지원자금을 살펴보면 시장 재개발, 재건축 등 물리적인 부분이 대부분이고 전통시장 운영, 경영 현대화 등의 비 물리적 부분은 극히 일부에 지나지 않는다. 시설 현대화는 많은 시장 활성화 방법들 중 한 가지에 불과하다. 또 시설 위주의 시장 활성화는 막강한 자본력과 조직력을 가진 신유통업체와의 경쟁에서 이길 수 있는 방법이 아니다. 더구나 지금의 전통시장은 가시적인 외적 요소에 대한 치유보다 시장 내적 요소의 치유가 훨씬 더 시급한 실정이다.

### 4.2.2 따라하는 방식의 시장 활성화

전통시장에서 아무리 시설 현대화·경영 현대화 노력을 하더라도 대형유통업체와 같은 수준의 쇼핑 편의성과 서비스를 제공하기는 어렵다. 그런데 많은 활성화 사업들이 그들을 따라하는 방식을 취하고 있다. 이처럼 정체성과 차별성이 없는 방식은 '잘해야 2등에 그친다.'는 점에서 문제시 된다. 전통시장으로서의 정체성과 개성이 없거나, 대형유통업체와 차별화되지 않는 시장은 유지·발전할 수 없다고 보기 때문이다.

### 4.2.3. 획일적인 시설 현대화

많은 전통시장들이 시장 및 지역 특성을 고려하지 않은 채 같거나 비슷한 형태의 건축·시설물을 구축하고 있다. 이는 전통시장 고유의 가치와 정체성을 훼손시키는 일이라 본다. 지역의 랜드마크가 될 만큼 개성과 정체성이 담긴 스페인 전통시장(산타 메테리나 시장 등)을 둘러보면 익히 알 수 있을 사실이다.

## 4.3. 그 외의 문제

### 4.3.1. 5가지 不(부·불)

전통시장의 기본적, 본질적 문제로 불결·불편·불친절·불가능·부재를 내용으로 하는 5가지 不(부·불)을 들 수 있다. 살거리는 물론 먹을거리, 볼거리, 재밌거리와 각종 편의시설이 있어야 함에도 불구하고 많은 전통시장들이 그러하지 못해 문제라는 것이다. 즉, 시장에 가면 불결·불편하며 불친절하고, 카드결제·현금영수증 발급이 불가능할 뿐만 아니라 살 것조차 없다는 뜻이다. 아무튼 이들이 해결되지 않는 한 어떠한 전통시장 활성화 사업도 소용이 없을 것으로 본다.

### 4.3.2. 경영 현대화 미진

전통시장에는 과일, 채소, 어패류, 육류, 미곡류 등의 1차 상품들을 주로 취급하는데, 이들 대부분에 원산지·가격 표시가 되어 있지 않을 뿐 아니라 카드 사용과 현금영수증 발급도 잘 되지 않고 있는 실정이다. 이는 소비자의 불편·불만 요인으로 전통시장 기피 현상으로 이어지고 있다.

### 4.3.3. 시설물 및 기자재 관리 소홀

정부가 많은 전통시장 육성사업을 통해 고객지원센터 및 ICT카페 등을 마련해 왔지만, (사업완료 후) 기자재 관리·운용이 제대로 되지 않아 무용지물이 되는 경우가 적지 않다. 이 또한 정부 전통시장 활성화 지원 사업에 대해 '투자 대비 효과가 미미하다'는 말이 나오게 하는 요인이라 하겠다.

지금까지 살펴본 것 외에도 대도로변 노점 방치, 기능 상실 시장 처리, 시장 전문가 부족, 그리고 지방자치단체 및 지역 민간단체상의 관심 부족 등의 문제들이 산적해 있다.

### 4.3.4. 상대적 유리성의 소멸

오늘날 전통시장은 현대 소비자들에게 특별히 매력적인 것이 되지 못한다. 전통시장의 경쟁우위 요소인 저가격, 상품 다양성 등의 가치가 대형유통업체의 등장으로 그 빛을 잃었기 때문이다. 전통시장이 그간 제공해 왔던 가치가 더 이상 전통시장만의 가치(요소)가 아니게 됨으로써 소비자들이 전통시장을 찾아야 할 특별한 이유가 없다는 것이다.

# 5. 한국 전통시장의 활성화 방안

## 5.1. 상인 관련 방안

### 5.1.1. 고객·시장·지역 중심적 경영

전통시장 상인들도 신뢰라는 가치를 최우선시하고, 자신의 이익보다는 고객(만족)을 먼저 생각하면서, 이익을 얻는 것이 진정한 상도(商道)임을 인식해야 한다. 그리고 고객을 가족같이 여기고, 이웃 동업종 상인을 경쟁 상대가 아닌 공생적 파트너로 생각해야 한다. 즉, 상인들이 나 중심이 아닌 우리 중심으로, 더 나아가 지역사회 중심으로 사고, 행동해야 전통시장이 유지·발전할 수 있다는 말이다. 지속 가능한 미래지향적 시장·점포가 되기 위한 필수 요건이라 하겠다.

### 5.1.2. 상인 교육의 확대 및 지속화

전통시장 활성화를 위해서는 고객 만족도 향상과 시장 브랜드 파워 구축이 요구되는데 여기에는 상인의 경영마인드 혁신 및 업종별 전문성 제고를 위한 상인 교육의 확대가 필요하다. 또 획일적이고 단기적인 교육 방식을 지양하고, 업종별 교육프로그램을 개발해야 한다. 물론 여기에는 상인들의 적극적인 교육 참여(의지)가 있어야 할 것이다.

### 5.1.3. 시장 및 (개별) 점포의 정체성 강화

해외 선진 전통시장들의 공통점 중의 하나가 그 시장만의 정체성(identity)을 가지고 있다는 사실이다. 스페인 산타 카테리나 시장의 '최고의 시장건물'과

일본 츠키지 수산시장의 '최고의 식재료 공급처'가 좋은 예라 하겠다. 이제 우리 전통시장에도 정체성 형성·강화를 위한 전략 수립이 무엇보다도 중요하고 시급하다 본다.

## 5.2. 정부 관련 방안

### 5.2.1. 전통시장 지원정책의 전환

정부에서는 그간의 획일적인 전통시장 지원정책에서 지역별·시장별 맞춤형 지원정책으로 전환해야 한다. 즉, 시장별로 시장 및 지역 특성이 반영되도록 하는 정책적 노력이 필요하다는 것이다. 지금과 같은 천편일률적인 건축물, 비가리개 시설에서는 시장 고유의 특성이나 정체성을 찾아볼 수 없다. 이는 고객이 꼭 (특정)시장을 찾아가야 할 이유가 없도록 하고, 또 궁극적으로는 시장 활성화 사업의 효과를 반감시키는 것이라 하겠다.

### 5.2.2. 도시재생 사업과의 연계

관광지와 인접해 있거나 도심에 있는 시장일 경우, 도시재생 사업과 병행해서 시장 현대화 사업을 추진하고, 또 지역상권 차원에서 시장 활성화 방안을 모색할 필요가 있다. 일본이나 미국처럼 지역상권 활성화라는 보다 거시적 접근을 통해 전통시장을 개발해야 한다는 것이다.

## 5.3. 그 외의 방안

### 5.3.1. 차별화 전략 수립

전통시장 차별화를 위한 노력이 절실한 실정이다. 전통시장이 다른 유통업태와 차별화시키는 전략적 접근이 없는, 지금과 같은 활성화 노력으로는 그 효과가 없거나 적기 때문이다. 따라서 다른 유통 업태가 따라하지 못하거나 전통시장만이 가질 수 있는 가치를 찾아내, 이를 시장에 담아 활성화시키는 전략이 필요하다는 것이다. 물론 개별 점포의 경우도 마찬가지다.

### 5.3.2. 여성 및 젊은 소비자 유치

여성 및 젊은 소비자 유치가 시급하다. 여성 및 젊은 소비자는 남성·노년 소비자에 비해 소비생활을 많이 할 뿐 아니라 시장 수명을 연장시켜 주기 때문이다. 물론 그러기 위해서는 다양한 문화적인 요소들이 시장에 담겨 있어야 한다. 젊은 세대들이 현대적이고 쾌적한 쇼핑환경을 선호하는 것이 사실이지만, 새로운 볼거리와 즐거움이 있는 곳이면 다소 불편함이 있더라도 그곳은 찾는다는 것도 사실이다. 시장상인들이 유념해야 할 사항이다.

### 5.3.3. 지역민의 커뮤니티 공간 조성

전통시장 이용객 대부분이 시장 반경 1km 이내에 거주하는 지역주민들이다. 이들에게 커뮤니티 공간을 제공하고, 그 공간에 축제·공연 등의 문화적 요소를 담아 놓으면 지역 시장상인과 주민이 공존·공생하는 관계를 구축할 수 있을 것이다. 물론 여기에는 명실공히 덤·정·흥을 낳는 다양한 놀이와 문화콘텐츠의 개발이 요구된다. 지역주민과의 연계활동을 통해 시장 이미지 개선, 단골 확보의 효과를 거둔 스페인 보케리아 시장과 독일 빅투알리엔 시장 사례를 참고하면 좋을 것이다.

### 5.3.4. 교류, 힐링 기능의 강화

전통시장 활성화의 방향성을 상인 (편리성) 위주에서 이용객 (이용도 향상) 위주로 전환하고, 그들이 시장에서 쉬거나 즐길 수 있도록 교류·힐링의 기능을 보완·강화해야 한다. 그러기 위해서는 불결·불편한 것을 개선하는 것은 물론 지역민을 위한 재미있고 유익한 프로그램의 개발·운영이 필수적이다.

### 5.3.5. 지역사회 및 문화·관광자원과의 연계

청소년 교육의 장, 벼룩시장 설치·운영 등과 같은 지역밀착형 프로그램을 개발, 운영하고, 다양한 지역문화·관광자원들과 연계해 나가야 한다. 이제 전통시장도 상품 매매 기능은 물론 커뮤니케이션 기능, 지역의 전통문화 계승 기능도 해야 하는 사회적 요구에 부응해야 하기 때문이다. 일본의 경우처럼 시장상인과 지역민이 함께하는 '마을 공동체'를 조직, 운영하는 방안을 고려해 볼 필요가 있다.


## 6. 결론

전통시장은 상거래의 중심지, 소박하고 정이 넘치는 삶의 현장 등 경제적·사회적으로 많은 역할을 해 왔다. 그런데 오늘날은 시장으로서의 기본적인 기능마저 하지 못하는 시장들이 점점 많아지고 있어 문제이다. 모든 것이 급변하는 상황에서 시장과 시장상인들만이 변화하지 않았고 또, 전통시장에 대한 체계적인 연구마저 미진했기 때문이라 본다.

이러한 현실에서 실시한 본 연구는 9개 해외 우수 시장에서 그들의 활성화 성공 요인을 찾아내고 우리나라 전통시장의 활성화 방안을 제시하는 데 그 목적이 있다. 연구 결과, 해외 선진 전통시장들은 그 역사와 환경만큼이나 각기 다른 특성을 갖고 있었으며, 또 독특한 개성과 매력, 그리고 정체성을 가진 전통시장은 전 세계 어디서나 많은 지역주민과 관광객을 불러들이고 있었다. 그리고 상품·문화 다양성, 지역·시장 특성, 정체성, 전통, 역사, 장인 정신, 문화예술, 특이함, 차별화, 재미, 가치 등이 그들의 공통적인 활성화(성공) 요인임을 알았다.

한편, 무엇보다 젊은 여성 고객을 많이 유치해야 전통시장이 장기적으로 유지, 발전할 수 있다고 본다. 그러기 위해서는 먼저 빈 점포를 그들의 문화공간이나 동아리 공간으로 활용하고, 그들이 선호하는 콘텐츠를 시장에 담아야 한다. 그리고 신유통업체와 차별화되는 감성적 가치를 부각시키고 전통시장을 도시 생활자들의 휴식처, 지역성과 전통성을 간직한 커뮤니케이션 장소로 만들어야 할 것이다. 오늘날의 전통시장은 단순한 상품 판매공간에 그칠 것이 아니라 옛날처럼 지역주민들이 정을 주고받는 지역커뮤니티 역할을 해야 하기 때문이다.

또 전통시장은 시설이 열악하고 편의시설이 부족하여 일정 수준의 시설 현대화가 필요하지만 신유통업체들과 차별화되는 가치를 부각시키지 않고는 전통시장의 미래가 밝지 않다. 따라서 단순하고 천편일률적인 시설 현대화를 지양하고, 거리공연, 먹거리와 볼거리로 넘쳐나는 문화·휴식·만남의 공간을 만드는 데 역점을 둬야 할 것이다.

아무튼, 전통시장만이 갖는 요소들로써 문화적·감성적 접근에 의한 시장 차별화 전략을 하루 빨리 수립해야 하고, 또 상인 의식 수준 향상, 적극적인 마케팅 및 홍보활동, 상인(회) 결속력 강화, 상인 리더 육성, 상인교육 강화, 정부 및 지방자치단체(장)의 적극적인 활성화 의지 등도 뒤따라야 할 것이다.

끝으로 '전통시장 활성화(지원·정책)는 상인 의식의 현대화, 점포·시장 경영의 현대화, 시설 현대화 순으로 이루어져야 한다', '전통시장 문제는 지역사회·경제·문화적 차원에서 풀어야 한다', '전통시장 활성화는 상인 의식 현대화에 역점을 둬야 하고 상인 의식 현대화는 상인 교육을 통해 이룰 수 있다', '단기적 이익만 추구하는 상인과 시장은 미래가 없고, 스스로 변하지 않으면 살아남을 수 없다' 등의 메시지를 남긴다.

시장 건(축)물도 주요 전통시장 차별화 요인이다. (상: 스페인 바로셀로나 컨셉시오 시장·엘칸츠 벼룩시장, 하: 러시아 모스크바 다닐로비스키 시장)

# 제3장 상인 최고경영자 과정 교육서비스 품질 및 참여 동기가 교육 만족과 긍정적 행동 의도에 미치는 영향*

## 1. 서론

2004년 10월 '전통시장육성을 위한 특별법' 제정 이후 정부와 지방자치단체는 전통시장 활성화를 위해 많은 노력을 해 왔다. 하드웨어적인 것으로는 낙후된 시장의 외관을 현대화하고 소비자 편의성을 높이기 위한 기반시설 정비 사업과 시설 현대화 사업을 실시하였다. 또 소프트웨어적인 것으로는 시장상인들의 의식개혁·경영개선을 위한 상인교육, 판매촉진 및 홍보지원, 상거래현대화 촉진 등을 포함한 경영 현대화 사업을 실시했다.

일시적인 개·보수작업만으로도 가시적인 성과가 나타나는 시설 현대화 사업과는 달리, 경영 현대화 사업이 성과를 거두기 위해서는 체계적인 관리

---

*길하나·심성민 경북대학교 경영학부 대학원생과 저자의 공동연구 결과물이며, 2011년 8월 한국경영교육학회의 『경영교육연구』 제20권 제4호에 게재된 논문임.

와 지속적인 노력이 필요하다. 대표적인 예로 상인교육을 들 수 있는데 시장 경영진흥원에서는 맞춤형교육, 상인대학, 상인 대학원(최고경영자) 과정 등을 운영하고 있다.

그 중 상인 최고경영자 과정은 전통시장의 선진화를 앞장서 이끌 상인지도자를 육성하기 위해 2009년부터 개설·운영하고 있다. 상인 최고경영자 과정 생들은 상인회 간부나 상인대학을 졸업한 상인들인데, 대부분 시장 내의 의사결정, 분위기 형성, 그리고 시장 활성화 사업 등에 주도적인 역할을 하는 사람들이다.

아무튼 상인 최고경영자 과정 교육은 시장 내의 제반 문제를 적절히 해결할 수 있는 능력과 시장 활성화 사업을 적극적으로 수행할 수 있는 역량을 배양하는 데 목적을 두고 있다. 그런데 상인교육 관련 선행 연구를 살펴보면 '전통시장 상인교육 서비스 품질과 상인의 교육 만족, 고객지향성의 관계'(이경희 외, 2007), '전통시장 상인교육 개선 방안에 관한 연구'(김성수, 2007), '농산물 전자경매제도의 활성화 방안과 상인교육에 관한 연구'(김수욱 외, 2002) 등 극소수에 불과하다. 더욱이 상인 최고경영자 과정(교육)에 대한 연구는 전무한 실정이다.

이에 상인 최고경영자 과정의 교육 체제 확립 및 교육 효과 증진을 위하여 교육서비스 품질 요소와 참여 동기가 교육 만족에 미치는 영향을 파악하고, 교육 만족이 긍정적 행동 의도에 미치는 영향을 실증적으로 연구하고자 한다. 따라서 본 연구의 목적은 향후 상인 최고경영자 과정의 실효성과 질적 향상에 기여하고, 궁극적으로는 상인 최고경영자 과정의 교육 성과 극대화 및 상인들의 시장 활성화 의지 강화를 통해 전통시장 활성화를 도모하는 데 있다.

## 2. 이론적 배경

### 2.1. 상인 최고경영자 과정

상인 최고경영자 과정은 전통시장 선진화를 이끌 상인지도자를 육성하고 전통시장이 지속적으로 성장할 수 있는 기회를 제공하기 위해 2009년 개설되었다. 2011년 동 과정은 서울 및 수도권 2곳(국민대, 숭실대), 영남지방 2곳(경북대, 동의대), 호남지방 1곳(전북대)에서 개설·운영되고 있으며, 상반기(1학기), 하반기(2학기)로 나누어 총 60~80시간에 걸쳐 진행된다.

교육대상은 상인대학 졸업자, 상인회 간부, 지자체 담당 공무원이며, 교육은 리더십 강화, 경영기획 능력 배양, 인적 네트워크 구축 등에 중점을 두고 있다. 즉 상인지도자로서 갖춰야 할 요소별 역량에 맞게 정책을 이해하고, 환경 변화에 대응하며 리더십과 비전을 키워 시장 활성화에 공헌하는 것을 목표로 한다. 주요 교육내용은 정부정책의 이해, 유통환경 변화에 대한 대책, 리더십 개발과 비전제시, 상권 활성화 및 경영 활성화 방안 등이다(중소기업청·시장경영진흥원, 2011).

〈표 1〉 상인대학 과정과 상인 최고경영자 과정 비교

| 구분 | 목적 | 중점 사항 | 주요 내용 | 대상 | 시간 |
|------|------|-----------|-----------|------|------|
| 상인 대학 | ・점포 관리<br>・역량 강화 | ・공동사업 참여<br>・점포경영 능력 향상 | ・상인 의식 변화<br>・상인 조직 활성화<br>・시장 활성화 방안 | ・일반 상인 | 20~23일<br>40~46시간 |
| 상인 최고경영자 과정 | ・상인지도자 양성<br>・성장기회 제공 | ・리더십 강화<br>・경영 능력 배양<br>・인적 네트워크 구축 | ・관련 정책 이해<br>・환경 변화<br>・리너십과 비선<br>・시장 활성화 방안 | ・상인회 간부<br>・상인대학 수료자 | 20일<br>60~80시간 |

*자료: 중소기업청·시장경영진흥원(2011), "2011년도 상인교육연수사업 운영 매뉴얼", 21쪽.

## 2.2. 교육서비스 품질

서비스 품질은 '고객에 의해 지각된 서비스 품질'로 정의할 수 있으며, 일반적으로 주관적 품질의 개념을 가르킨다. Parasuraman 등(1988)은 '지각된 서비스 품질'을 고객의 기대와 지각 간의 불일치에 대한 방향과 정도라고 했으며 서비스 품질을 측정하기 위해 유형성·신뢰성·반응성·확신성·공감성으로 구성된 SERVQUAL 척도를 개발했다. SERVQUAL 모형은 많은 연구에서 사용되어 왔다.

그리고 교육서비스 품질은 학생에 의해 지각된 서비스 품질로 정의할 수 있고, 교육서비스에 대한 학생의 주관적인 기대와 경험을 비교한 결과이다(박선용, 2011). 교육서비스 품질 관련 많은 선행 연구들은 SERVQUAL 모형을 그대로 적용했으나, 일부 연구에서는 자신들의 연구에 맞는 새로운 구성 차원을 도출하기도 했다.

이경희 등(2008)은 상인 교육서비스 품질을 측정하기 위해 5개 차원의 28개 설문 문항을 추출하였고 강의 품질을 측정하는 확신성 차원의 설문 문항을 강사의 언행, 친절함과 같은 외적인 요소에 대한 질문을 위주로 구성하였다. 그러나 본 연구에서는 상인 최고경영자 과정생의 의식 수준이 다른 상인교육생에 비해 상대적으로 높은 것을 고려하여 강의 내적인 품질 요소를 평가하는 질문 위주로 설문 문항을 구성하였다.

**〈표 2〉 교육서비스 품질 구성 차원별 설문 문항**

| 구성 차원 | 설문 문항 | 이문호 (2000) | 김월엽 (2002) | 박주성 (2003) | 이경철 (2004) | 이경희 (2008) | 본 연구 |
|---|---|---|---|---|---|---|---|
| 유형성 | 최신 교육 장비 활용 | ○ | ○ | | ○ | ○ | ○ |
| | 교육장의 쾌적한 분위기 | ○ | ○ | ○ | ○ | ○ | ○ |
| | 교육장의 편리한 시설 | ○ | | ○ | | ○ | ○ |
| | 다양한 교육자료 준비 | ○ | | ○ | | ○ | ○ |

| 구성<br>차원 | 설문 문항 | 이문호<br>(2000) | 김월엽<br>(2002) | 박주성<br>(2003) | 이경철<br>(2004) | 이경희<br>(2008) | 본 연구 |
|---|---|---|---|---|---|---|---|
| 신뢰성 | 강사의 강의시간 준수 | ○ | ○ | ○ | ○ | ○ | ○ |
| | 강사의 충분한 지식 보유 | ○ | ○ | ○ | ○ | ○ | ○ |
| | 강사의 관심과 성의 | ○ | ○ | | ○ | ○ | ○ |
| | 일정에 따른 강의 진행 | ○ | | | | ○ | ○ |
| | 강사의 강의 전달 능력 | ○ | | | ○ | | ○ |
| 반응성 | 교육생 욕구 파악 | ○ | ○ | ○ | | | ○ |
| | 교육생 요구에 대한 부응 | ○ | ○ | | | ○ | ○ |
| | 교육생 어려움 해결 | ○ | ○ | | | ○ | ○ |
| | 상세한 교육 일정 통지 | | ○ | | | ○ | ○ |
| 확신성 | 강의 내용의 다양성 | ○ | ○ | ○ | | | ○ |
| | 교육 내용의 체계적 구성 | | ○ | ○ | ○ | | ○ |
| | 이해하기 쉬운 강의 | | | | | | ○ |
| | 적절하고 유용한 강의 | ○ | ○ | | | ○ | ○ |
| 공감성 | 교육생에 대한 개별적인 관심 | ○ | ○ | | | | ○ |
| | 교육생을 고려한 교육 일정 | ○ | ○ | ○ | ○ | ○ | ○ |
| | 교육생 이해 노력 | ○ | ○ | | ○ | ○ | ○ |
| | 교육생 수준에의 부응 | | | ○ | | | ○ |

## 2.3. 교육 참여 동기

Houle(1961)은 성인 학습의 동기를 3가지 유형, 즉 목표지향형, 활동지향형, 학습지향형으로 구분하였다. 목표지향형 동기는 학습 참여 동기가 명백하게 외부에 노출되는 유형으로서, 구체적이고 명백한 목표가 있을 때 나타난다. 이러한 유형의 학습자는 현실적인 필요나 이익, 이해관계를 충족시키려는 욕구가 강하다.

또 활동지향형 동기를 지닌 학습자는 학습에 목적이 있는 것이 아니라 참여한다는 행위나 활동 그 자체에 의미와 만족을 구한다. 즉 사회적 접촉이나 사회활동에의 참여, 대인관계 증진 등에 참여 목적을 둔다는 것이다. 마지막으로 학습지향형의 학습자는 배운다는 그 자체를 즐기기 위해서 또는 알고자 하는 욕구나 지적 호기심을 충족시키기 위해 학습에 참여한다(홍종선, 1999; 정상택, 2005에서 재인용).

이러한 맥락에서 본 연구는 상인 최고경영자 과정생의 참여 동기를 목표지향형, 활동지향형, 학습지향형으로 나누고, 선행 연구를 통해 측정문항을 도출하였다.

**〈표 3〉 교육 참여 동기 구성 차원별 설문 문항**

| 구성 차원 | 설문 문항 | 신소영 (1998) | 하영자 (2005) | 정상택 (2005) | 김정훈 (2007) | 본 연구 |
|---|---|---|---|---|---|---|
| 활동 지향 | 좋은 인간관계를 위해서 | ○ | | ○ | ○ | ○ |
| | 새로운 환경을 접해 보기 위해서 | ○ | ○ | ○ | | ○ |
| | 사람들과 함께하는 활동에 참여하기 위해서 | ○ | ○ | | | ○ |
| | 비슷한 상황의 사람들과 관계를 맺기 위해서 | | ○ | | | ○ |
| | 관심 분야에 대해 대화하기 위해서 | ○ | | | ○ | ○ |
| 목표 지향 | 학위(수료증)나 자격증을 취득하기 위해서 | ○ | | ○ | | ○ |
| | 개인 능력과 자질을 향상시키기 위해서 | ○ | | | | ○ |
| | 일을 보다 전문적으로 수행하고 싶어서 | ○ | ○ | ○ | | ○ |
| | 타인과의 경쟁에서 뒤지지 않기 위해서 | ○ | ○ | ○ | | ○ |
| 학습 지향 | 무엇인가 '배운다'는 그 자체가 즐거워서 | ○ | ○ | ○ | ○ | ○ |
| | 학습 욕구를 충족하기 위해서 | ○ | | ○ | | ○ |
| | 죽을 때까지 배워야 한다는 생각에서 | | | ○ | | ○ |
| | 다양한 지식과 교양을 습득하기 위해서 | ○ | | ○ | ○ | ○ |
| | 배운 것을 좀 더 확실히 하기 위해서 | | | | ○ | ○ |

## 2.4. 교육 만족 및 긍정적 행동 의도

교육 만족에 대해 최규환(2005)은 '교육서비스에 대한 전반적인 평가 및 정서적 반응'으로, 또 박주성 등(2002)은 '학교가 제공하는 교육서비스의 제반 특성에 대한 학생의 기대와 인식의 차이'라고 정의하였다. 본 연구에서는 과정생을 교육서비스를 향유하는 고객으로 인식하고, 고객 만족의 개념을 고객의 인지적 판단과 정서적 반응의 결합으로 보는 관점에 근거하여 '과정생들이 제공 받은 교육서비스에 대해 얼마나 만족하느냐'에 관한 의미로 사용하였다.

긍정적 행동 의도는 연구 영역과 대상에 따라 다양한 해석이 가능한데, 마케팅 분야에서는 행동 의도를 재구매 의도, 재이용·재방문 의도의 개념으로 해석한다. 소비자 의사결정 과정에 있어 긍정적 행동 의도는 소비자가 최종 구매 행동을 취하기 앞 단계에 있는 개념으로, 서비스평가-만족-긍정적 행동 의도-행동이라는 관계로 설명할 수 있다(최규환, 2005).

만족도와 긍정적 행동 의도 간의 관계를 연구한 Boulding 등(1993)은 소비자의 특정 제품·서비스에 대한 만족도가 긍정적 행동 의도를 높인다고 말하면서 만족도와 긍정적 행동 의도의 인과관계를 증명했다. 구매와 같은 특정 행동 의도와 만족도의 관련성을 탐색한 다른 연구 결과에서도, 만족은 긍정적 행동 의도에 유의미한 영향을 미친다는 결과가 나타났다(Fornell, 1992; 허균, 2009).

그러나 교육서비스의 경우 실제 긍정적 행동 의도를 측정하기 위한 재선택, 재이용 등의 변수를 그대로 도입하는 데에는 한계점이 있다. 대학교육에 만족하고 졸업하였다 하더라도 그 대학을 재이용, 즉 재입학하는 것은 불가능하기 때문에 교육에 적합한 긍정적 행동 의도 변수를 도입할 필요가 있다.

Zeithmal 등(1996)은 교육서비스평가와 관련한 긍정적 행동 의도를 측정하는 변수로 동창회 참가, 기부금, 타인 추천 등의 변수 도입을 권유하고 있다. 본 연구에서는 Zeithmal 등(1996)의 연구결과를 토대로 상인회 참가, 타인 추천, 기부금 등의 변수를 도입하고, 상인 최고경영자 과정에 맞는 변수를 추가해 긍정적 행동 의도를 측정하였다.

<표 4> 교육 만족 설문 문항

| 구성 차원 | 설문 문항 | 가연희 (2008) | 이경희 (2008) | 김정훈 (2007) | 본 연구 |
|---|---|---|---|---|---|
| 교육 만족 | 교육 전체의 질적 수준이 우수하였다. | | | ○ | ○ |
| | 교육이 매우 유용하였다. | ○ | | | ○ |
| | 교육에 시간과 노력을 투자할 가치가 있었다. | ○ | | | ○ |
| | 교육에 대하여 전반적으로 만족적이었다. | | ○ | | ○ |

<표 5> 긍정적 행동 의도 설문 문항

| 구성 차원 | 설문 문항 | Zeithmal (1996) | 이경철 (2004) | 본 연구 |
|---|---|---|---|---|
| 긍정적 행동 의도 | 시장상인들과의 교류를 더욱 활발히 할 것이다. | | | ○ |
| | 가능하면 상인 최고경영자 과정에 기부금을 낼 것이다. | ○ | ○ | ○ |
| | 시장 내 문제 해결을 위해 힘쓸 것이다. | | | ○ |
| | 상인회 활동에 적극 참여할 것이다. | ○ | ○ | ○ |
| | 시장 활성화를 위해 힘쓸 것이다. | | | ○ |
| | 상인 최고경영자 과정을 다른 사람에게도 추천하고 싶다. | ○ | ○ | ○ |

# 3. 연구모형 및 가설 설정

## 3.1. 연구모형

본 연구는 Houle(1961)의 연구를 기반으로 한 교육 참여 동기(목표지향, 활동지향, 학습지향)와 SERVQUAL 모형을 기반으로 한 교육서비스 품질(유형성, 신뢰성, 반응성, 확신성, 공감성)이 교육 만족에 미치는 영향과 교육 만족이 교육생의 긍정적 행동 의도에 미치는 영향에 대해 연구한 것이다. 여기서 본 연구의 모형을 제시하면 <그림 1>에서와 같다.

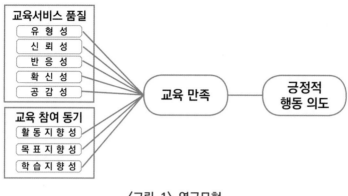

〈그림 1〉 연구모형

## 3.2. 가설 설정

### 3.2.1. 상인 최고경영자 과정 교육서비스 품질이 교육 만족에 미치는 영향

이경철(2006)은 대학교육의 서비스 품질이 학생만족에 긍정적인 영향을 미친다고 하였다. 또 박주성 등(2002)은 교육서비스 질은 학생만족의 선행 변수로서 학생만족에 매우 크게 영향을 미치는데, 이는 Cronin과 Taylor(1992), Rust와 Oliver(1994), 이학식과 김영(1999)의 연구결과와 일치한다고 하였다. 이러한 기존 연구를 토대로 다음과 같은 가설을 설정하였다.

가설1. 상인 최고경영자 과정 교육서비스 품질은 교육 만족에 정의 영향을
　　　미친다.
　가설1-1: 상인 최고경영자 과정의 유형성은 교육 만족에 정의 영향을 미친다.
　가설1-2: 상인 최고경영자 과정의 신뢰성은 교육 만족에 정의 영향을 미친다.
　가설1-3: 상인 최고경영자 과정의 반응성은 교육 만족에 정의 영향을 미친다.
　가설1-4: 상인 최고경영자 과정의 확신성은 교육 만족에 정의 영향을 미친다.
　가설1-5: 상인 최고경영자 과정의 공감성은 교육 만족에 정의 영향을 미친다.

파라과이 시우다드 델 에스테 시장 장난감 장수

모로코 리바트 메디나 시장 물 장수

베트남 후치민 수안간 시장 잡화품 장수

캄보디아 프놈펜 센트럴 시장 생활용품 장수

이탈리아 로마 베로나 시장 시계 장수

베트남 후치민 벤탄 시장 바나나 장수

세계전통시장 행상(行商)들

## 3.2.2. 상인 최고경영자 과정 참여 동기가 교육 만족에 미치는 영향

김정훈(2007)은 평생교육참가자의 목표지향, 활동지향, 학습지향 참여 동기가 만족도에 미치는 영향은 차이가 있다고 했으며 이러한 결과는 민병기(1997)의 연구결과와 일치한다. 이기환(2003)은 평생교육학습자의 참여 동기가 만족도에 영향을 미치며 만족도는 학습자의 참여 동기에 따라 다르다고 하였다. 이 밖에 박미경(2000), 이내빈(2005), 박미령(2005)의 연구에서도 교육 참여 동기는 교육 만족에 영향을 미치는 것으로 나타났다.

본 연구에서는 이와 같은 기존 연구 결과를 근거로 다음과 같은 가설을 설정하였다.

가설2. 상인 최고경영자 과정 참여 동기는 교육 만족에 정의 영향을 미친다.
　　가설2-1: 상인 최고경영자 과정 활동지향형 참여 동기는 교육 만족에 정의 영향
　　　　　　을 미친다.
　　가설2-2: 상인 최고경영자 과정 목표지향형 참여 동기는 교육 만족에 정의 영향
　　　　　　을 미친다.
　　가설2-3: 상인 최고경영자 과정 학습지향형 참여 동기는 교육 만족에 정의 영향
　　　　　　을 미친다.

## 3.2.3. 상인 최고경영자 과정 교육 만족이 긍정적 행동 의도에 미치는 영향

Cronin과 Taylor(1992), Boulding 등(1993), Talyor와 Baker(1994), 그리고 Ross 등(1998)은 제품이나 서비스에 대한 만족이 긍정적 행동 의도에 영향을 미친다고 하였다. Chadwick과 Ward(1987), 이경철(2005), 박선용(2011) 등은 학생 만족 요인이 긍정적 행동 의도에 유의한 영향을 미친다고 한 바 있다. 그리고 최규환(2005)은 관광교육 서비스만족이 긍정적 행동 의도에 영향을 미친다고

했다. 본 연구에서는 이러한 선행 연구 결과를 토대로 다음과 같이 가설 설정 하였다.

가설3. 상인 최고경영자 과정 교육생의 교육 만족은 긍정적 행동 의도에 정의 영향을 미친다.

## 3.3. 변수의 조작적 정의

**〈표 6〉 변수의 조작적 정의**

| 변수 | | 조작적 정의 | 연구자명 |
|---|---|---|---|
| 교육<br>서비스<br>품질 | 유형성 | 서비스의 물리적·외형적 부분 | Parasuraman et. al.(1998)<br>이문호(2000)<br>김종훈(2001)<br>김월엽(2002)<br>장유정(2003) |
| | 신뢰성 | 서비스의 정확한 수행 | |
| | 반응성 | 과정생을 도와주고 신속한 서비스를 제공 | |
| | 확신성 | 과정생에게 지식과 신뢰를 주는 능력 | |
| | 공감성 | 개인별로 관심을 기울이고 돕는 능력 | |
| 교육<br>참여<br>동기 | 활동지향 | 참여 그 자체에 의미를 두는 경우 | Houle(1961)<br>정상택(2005)<br>김정훈(2007) |
| | 목표지향 | 명백한 목표를 지니는 경우 | |
| | 학습지향 | 배운다는 그 자체를 즐기는 경우 | |
| 교육 만족 | | 교육 전반에 대한 평가 및 정서적 반응 | Spreng et. al.(2002)<br>최규환(2005) |
| 긍정적 행동 의도 | | 교육 후 나타나는 호의적 경향성 | Boulding et. al.(1993)<br>이경철(2006) |

## 3.4. 자료수집 및 조사 방법

조사대상은 2011년 현재 3개 대학교, 즉 경북대학교, 숭실대학교, 동의대학교 상인 최고경영자 과정에 참여하고 있는 시장상인들이다. 본 조사는 2011년 6월 30일에서 7월 15일까지 실시하였으며, 총 200부의 설문지를 배포하였고, 174부(유효응답률 87%)의 설문지를 분석대상으로 삼았다.

수집된 자료는 SPSS 18.0과 LISREL 8.70을 이용하여 분석하였다. 즉 인구 통계적 특성 분석은 SPSS 18.0을, 척도의 정제에 필요한 측정모델 검증, 내적 일관성 검증, 가설검정은 LISREL 8.70을 이용하였다.

# 4. 분석 결과

## 4.1. 표본의 특성

표본의 특성을 파악하기 위하여 응답자의 인구 통계적 특성에 대한 빈도분석을 실시하였는데 그 결과는 아래 〈표 7〉에서와 같다.

**〈표 7〉 표본의 특성**

(단위: 명, 개, %)

| 특성 | 구분 | 빈도 | 구성비 | 특성 | 구분 | 빈도 | 구성비 |
|---|---|---|---|---|---|---|---|
| 성별 | 남성 | 106 | 60.9 | 취급물품 | 농산품 | 21 | 12.1 |
| | 여성 | 68 | 39.1 | | 축산품 | 8 | 4.6 |
| 연령 | 30대 이하 | 1 | 0.6 | | 수산품 | 23 | 13.2 |
| | 40대 | 42 | 24.1 | | 가공식품 | 19 | 10.9 |
| | 50대 | 103 | 59.2 | | 의류 및 신발 | 32 | 18.4 |
| | 60대 | 26 | 14.9 | | 가정용품 | 9 | 5.2 |
| | 70대 이상 | 2 | 1.1 | | 음식점 | 20 | 11.5 |
| 결혼 | 미혼 | 13 | 7.5 | | 기타소매업 | 23 | 13.2 |
| | | | | | 근린생활서비스 | 1 | 0.6 |
| | 기혼 | 161 | 92.5 | | 기타 | 18 | 10.3 |

| 특성 | 구분 | 빈도 | 구성비 | 특성 | 구분 | 빈도 | 구성비 |
|---|---|---|---|---|---|---|---|
| 학력 | 중졸 이하 | 19 | 10.9 | 경영상의 문제 | 상품관리 | 34 | 19.5 |
| | 고졸 | 93 | 53.4 | | 고객관리 | 77 | 44.3 |
| | 전문대졸 | 34 | 19.5 | | 점포관리 | 16 | 9.2 |
| | 대졸 이상 | 28 | 16.1 | | 금전문제 | 19 | 10.9 |
| | | | | | 기타 | 28 | 16.1 |
| 월수입 | 100만원 미만 | 4 | 2.3 | 원하는 교육 분야 | 고객 만족 | 51 | 29.3 |
| | 100~300만원 | 49 | 28.2 | | 시장 활성화 사례 | 48 | 27.6 |
| | 301~500만원 | 67 | 38.5 | | 점포관리 | 22 | 12.6 |
| | 501만원 이상 | 54 | 31.0 | | 정보화교육 | 40 | 23.0 |
| | | | | | 기타 | 13 | 7.5 |

## 4.2. 확인 요인 분석

### 4.2.1. 상인 최고경영자 과정 교육서비스 품질 및 참여 동기의 확인 요인 분석

연구모형의 가설을 검증하기 전에 관련 변수들의 특성을 알아보기 위하여 확인 요인 분석을 실시하였다.

〈표 8〉은 상인 최고경영자 과정 교육서비스 품질 및 참여 동기의 확인 요인 분석 결과를 나타낸 것이다. 신뢰성 및 타당성 분석결과를 근거로 유형성4 항목, 신뢰성1, 3 항목, 반응성4 항목과 확신성4 항목, 공감성4 항목, 활동 지향형동기1, 2 항목, 목표 지향형동기1 항목, 학습지향형 동기1, 5 항목을 제외하였다. 그 결과 크론바 알파값의 기준 값이 0.60 이상, 항목 대 개념 평균값 상관계수 모두 기준 값인 0.60 이상인 것으로 나타나 같은 요인 내의 변수들 간 내적 일관성이 높았다. 또 구성개념의 수렴타당성 역시 높게 나타났다.

| 척도 | | 내적 일관성 | | 수렴타당성 | | | |
| --- | --- | --- | --- | --- | --- | --- | --- |
| | | 크론바 알파 | 항목 대 개념평균값 상관계수 | 표준 적재치 | 측정오차 | 신뢰성 계수 | 분산 추출값 |
| 유형성 | SS1 | | .752 | .79 | .36 | | |
| | SS2 | .900 | .841 | .93 | .14 | .909 | .780 |
| | SS3 | | .819 | .89 | .18 | | |
| 신뢰성 | TS2 | | .849 | .90 | .16 | | |
| | TS4 | .910 | .795 | .84 | .28 | .915 | .783 |
| | TS5 | | .814 | .89 | .20 | | |
| 반응성 | AS1 | | .880 | .92 | .24 | | |
| | AS2 | .946 | .894 | .93 | .19 | .921 | .796 |
| | AS3 | | .888 | .92 | .22 | | |
| 확신성 | QS1 | | .861 | .92 | .15 | | |
| | QS2 | .931 | .888 | .93 | .14 | .939 | .837 |
| | QS3 | | .837 | .87 | .19 | | |
| 공감성 | KS1 | | .875 | .90 | .26 | | |
| | KS2 | .948 | .917 | .96 | .10 | .931 | .819 |
| | KS3 | | .883 | .92 | .21 | | |
| 활동지향 | HD3 | | .833 | .88 | .19 | | |
| | HD4 | .919 | .842 | .89 | .17 | .930 | .816 |
| | HD5 | | .835 | .89 | .17 | | |
| 목표지향 | MD2 | | .868 | .90 | .27 | | |
| | MD3 | .942 | .887 | .93 | .19 | .915 | .783 |
| | MD4 | | .882 | .92 | .24 | | |
| 학습지향 | SD1 | | .841 | .89 | .22 | | |
| | SD2 | .925 | .869 | .93 | .15 | .921 | .796 |
| | SD4 | | .830 | .88 | .25 | | |

*Fit Statistics: Chi Square (d.f=224)=282.59 (P=0.00), RMR=0.032, SRMR=0.030, GFI=0.88, AGFI=0.84, PGFI=0.66, NFI=0.97, NNFI=0.99, CFI=0.99

## 4.2.2. 상인 최고경영자 과정 교육 만족과 긍정적 행동 의도의 확인 요인 분석

〈표 9〉는 상인 최고경영자 과정 교육 만족 및 긍정적 행동 의도에 대한 확인 요인 분석 결과이다. 크론바 알파값의 기준값이 0.60 이상으로, 항목 대 개념평균값 상관계수 모두 기준값인 0.60 이상으로 같은 요인 내의 변수들 간 내적 일관성이 높은 것으로 나타났다. 그리고 구성개념의 수렴타당성 역시 높았다.

### 〈표 9〉 상인 최고경영자 과정 교육 만족과 긍정적 행동 의도의 확인 요인 분석

| 척도 | | 내적 일관성 | | 수렴타당성 | | | |
|---|---|---|---|---|---|---|---|
| | | 크론바 알파 | 항목 대 개념평균값 상관계수 | 표준 적재치 | 측정오차 | 신뢰성 계수 | 분산 추출값 |
| 교육 만족 | ST1 | .940 | .847 | .88 | .25 | .946 | .813 |
| | ST2 | | .869 | .90 | .15 | | |
| | ST3 | | .857 | .90 | .17 | | |
| | ST4 | | .869 | .91 | .17 | | |
| 긍정적 행동 의도 | AI1 | .950 | .838 | .86 | .20 | .963 | .814 |
| | AI2 | | .841 | .86 | .17 | | |
| | AI3 | | .883 | .91 | .15 | | |
| | AI4 | | .868 | .89 | .17 | | |
| | AI5 | | .866 | .89 | .16 | | |
| | AI6 | | .792 | .83 | .20 | | |

*Fit Statistics: Chi Square (d.f=34)=116.97 (P=0.00), RMR=0.030, SRMR=0.038, GFI=0.88, AGFI=0.81, PGFI=0.54, NFI=0.97, NNFI=0.97, CFI=0.98

## 4.3. 개념 간의 판별타당성 분석

판별타당성이란 서로 다른 개념을 측정하였을 때 얻어진 측정치 간의 상관관계를 의미한다. 이론 개념 상관계수의 제곱 값이 분산추출 값보다 적을 때 판별타당성이 존재한다고 본다. 본 연구의 판별타당성을 보기 위한 LISREL 8.70 분석결과를 보면 〈표 10〉에서와 같다. 동 표에서 보듯이 대부분의 상관계수 제곱 값이 분산추출 값보다 작기 때문에 본 연구의 가설은 판별타당성이 있다고 할 수 있다.

〈표 10〉 개념 간의 판별타당성 분석 결과

|  | 유형성 | 신뢰성 | 공감성 | 확신성 | 반응성 | 활동지향 | 목표지향 | 학습지향 | 교육만족 | 긍정적 행동 의도 |
|---|---|---|---|---|---|---|---|---|---|---|
| 유형성 | .780 |  |  |  |  |  |  |  |  |  |
| 신뢰성 | .539 (.291) | .783 |  |  |  |  |  |  |  |  |
| 공감성 | .522 (.272) | .510 (.260) | .796 |  |  |  |  |  |  |  |
| 확신성 | .469 (.220) | .739 (.546) | .593 (.352) | .837 |  |  |  |  |  |  |
| 반응성 | .476 (.227) | .547 (.299) | .652 (.425) | .534 (.285) | .819 |  |  |  |  |  |
| 활동지향 | .449 (.202) | .676 (.457) | .396 (.157) | .574 (.330) | .496 (.246) | .816 |  |  |  |  |
| 목표지향 | .204 (.042) | .176 (.031) | .209 (.044) | .188 (.035) | .280 (.078) | .197 (.039) | .783 |  |  |  |
| 학습지향 | .559 (.312) | .582 (.339) | .417 (.174) | .506 (.256) | .494 (.244) | .527 (.278) | .184 (.034) | .796 |  |  |
| 교육 만족 | .606 (.367) | .774 (.599) | .529 (.280) | .754 (.569) | .630 (.397) | .761 (.579) | .190 (.036) | .672 (.452) | .813 |  |
| 긍정적 행동 의도 | .538 (.289) | .678 (.460) | .527 (.278) | .675 (.456) | .545 (.297) | .615 (.378) | .250 (.063) | .548 (.300) | .779 (.607) | .814 |

*대각선은 분산추출값, 표 안의 값은 상관계수, ( ) 안의 값은 상관계수의 제곱값

## 4.4. 가설검증

가설 검증을 위해 LISREL 8.70의 구조방정식모델을 이용하였다. 구조방정식모델은 변수 간의 인과관계를 검증하기에 가장 적합한 모델이며, 이론변수와 측정변수간의 관계를 파악하는 것도 가능하다. 여기에서 상인 최고경영자 과정 교육서비스 품질 및 참여 동기가 교육 만족에 미치는 영향을 파악하고, 교육 만족이 긍정적 행동 의도에 미치는 영향을 검증하고자 한다.

### 4.4.1. 모형 적합도

모형 적합도 검증결과 카이 스퀘어값이 685.38, 자유도는 490, P값이 0.00으로 나타났다. 또한 GFI가 0.81, AGFI가 0.77, RMR이 0.03로 나타나 AGFI 값을 제외한 나머지는 권장 수준에 부합한다. NFI는 0.97, NNFI가 0.99, CFI가 0.99로 나타나 모든 값이 권장 수준에 부합한다. 적합도 지수를 근거로 본 연구의 전체 모형이 적합한 것으로 판단하여 가설검증을 하는 데 이용하고자 한다. 〈그림 2〉는 모형의 적합도를 나타낸 것이다.

*Fit Statistics: Chi Square (d.f=490)=685.38 (P=0.00), RMR=0.039, SRMR=0.039, GFI=0.81, AGFI=0.77, PGFI=0.67, NFI=0.97, NNFI=0.99, CFI=0.99

〈그림 2〉 모형 적합도

## 4.4.2. 가설 검증

〈표 11〉은 본 연구의 가설 1, 2, 3에 대한 검증결과이다. 먼저 가설 1-1은 경로계수 0.13, t값 1.96으로, 또 가설 1-2는 경로계수 0.21, t값 2.41로 채택되었다. 그러나 가설 1-3은 경로계수 -0.04, t값 -0.75로 기각되었다. 그리고 가설 1-4의 경로계수는 0.31, t값은 4.23으로 채택되었으며, 가설 1-5의 경로계수는 0.10, t값은 2.18로 역시 채택되었다. 여기서 교육의 유형성, 신뢰성, 확신성, 공감성은 만족도에 영향을 미치나 반응성은 영향을 미치지 않는 것으로 해석할 수 있다. 이는 과정생의 욕구파악과 관련된 행정적 요소는 교육 만족과 직결되지 않음을 의미한다. 즉 교육서비스의 특성상 행정적 처리보다는 제공되는 교육의 우수성이나 강사의 자질을 중요시 한다는 것이다.

**〈표 11〉 연구가설의 검증결과**

| 가설 | 경로 | 경로계수(t값) | 표준경로계수 | 가설검증결과 |
|------|------|--------------|--------------|--------------|
| 가설1-1 | 유형성 → 교육 만족 | 0.13( 1.96) | 0.11 | 채택 |
| 가설1-2 | 신뢰성 → 교육 만족 | 0.21( 2.41) | 0.19 | 채택 |
| 가설1-3 | 반응성 → 교육 만족 | -0.04(-0.75) | -0.05 | 기각 |
| 가설1-4 | 확신성 → 교육 만족 | 0.31( 4.23) | 0.31 | 채택 |
| 가설1-5 | 공감성 → 교육 만족 | 0.10( 2.18) | 0.12 | 채택 |
| 가설2-1 | 활동지향 → 교육 만족 | 0.33( 5.05) | 0.29 | 채택 |
| 가설2-2 | 목표지향 → 교육 만족 | -0.01(-0.35) | -0.01 | 기각 |
| 가설2-3 | 학습지향 → 교육 만족 | 0.16( 2.87) | 0.16 | 채택 |
| 가설3 | 교육 만족 → 긍정적 행동 의도 | 0.69(12.06) | 0.82 | 채택 |

또 가설 2-1은 경로계수의 값이 0.33, t값이 5.05로 나타나 채택되었다. 가설 2-2는 경로계수의 값이 -0.01, t값이 -0.35로 나타나 기각된 반면 가설 2-3은 경로계수의 값이 0.16, t값이 2.87로 나타나 채택되었다. 상인 최고경영자 과정생들의 참여 동기가 인간관계의 확장이나 배움 자체에 있으며 특별히

어떤 목적이 있는 것이 아닌 것으로 해석할 수 있다.

이러한 결과는 상인 최고경영자 과정생들이 이미 어느 정도 자신의 위치를 확립한 상인들이며, 그들의 목적은 개인적인 목표를 달성하는 것 보다 전체 상인들의 단합을 통한 시장 활성화를 추구하기 때문인 것으로 보인다. 그리고 마지막 가설 3은 경로계수 0.69, t값 12.06으로 나타나 채택되었다.

## 5. 결론

### 5.1. 요약 및 시사점

본 연구는 상인 최고경영자 과정의 교육서비스 품질 및 교육 참여 동기가 교육 만족에 어떠한 영향을 미치는지를 파악하고, 교육 만족이 긍정적 행동 의도에 미치는 영향을 알아보려는 것으로, 그 주요 내용은 다음과 같다.

먼저 교육서비스 품질 요소 중 반응성을 제외한 나머지 요소들은 교육 만족에 유의한 정(+)의 영향을 미치며 영향력은 확신성, 신뢰성, 공감성, 유형성의 순으로 크게 나타났다.

이에 반해 이경희 등(2008)의 연구에 의하면 반응성을 포함한 모든 요소가 교육 만족에 유의한 정의 영향을 미치고, 상대적 영향력의 크기는 공감성, 유형성, 확신성, 신뢰성, 반응성의 순으로 나타났다. 또 교육 참여 동기 중 활동지향과 학습지향만이 교육 만족에 유의한 정(+)의 영향을 미치며, 교육 만족은 긍정적 행동 의도에 유의한 정(+)의 영향을 미치는 것으로 분석되었다.

한편 본 연구의 시사점으로는 다음 세 가지를 들 수 있다.

첫째, 상인 최고경영자 과정 교육서비스 품질 요소 중 확신성, 신뢰성, 공감성이 상대적으로 영향력이 크게 미치는 것으로 나타났다. 이는 확신성, 신뢰성, 공감성 요소의 강화를 통해 상인 최고경영자 과정의 교육성과를 높일 수 있음을 의미한다. 과정생들이 가장 중요하게 생각하는 교육서비스 품질 요소인 확신성을 높이기 위해서는 강사의 폭넓고 깊이 있는 지식과 교육 능력향상이 필요하다고 할 수 있다. 그리고 신뢰성 향상을 위해서는 과정생들이 만족을 느낄 수 있도록 교육 서비스를 정확하고 책임감 있게 제공해야 하며, 또 과정생 개개인에게 보다 많은 관심을 가짐으로써 공감성을 향상시켜야 할 것이다.

둘째, 본 연구에서는 여타의 상인교육 연구에서 찾아볼 수 없는 참여 동기 변수를 사용하였는데 상인 최고경영자 과정 참여 동기 중 활동지향과 학습지향이 교육 만족에 영향을 미친다는 결과가 나왔다. 이는 상인 최고경영자 과정생들이 참여나 배움 자체에 의미를 둘 때 교육 만족도가 높아짐을 의미한다. 여기서 향후 상인 최고경영자 과정 교육생 선발 시 활동지향성이나 학습지향성이 높은 상인들을 우선시하는, 소위 교육생 선발의 방향성을 알 수 있다.

셋째, 상인 최고경영자 과정 교육서비스 만족도가 교육생의 긍정적 행동 의도에 유의한 정의 영향을 미치는 것으로 분석되었다. 이는 상인 최고경영자 과정 참여를 통해 상인들이 적극적으로 시장 활성화에 동참한다는 의미로 해석할 수 있다. 이러한 결과는 시장 활성화 사업을 추진하는 정부나 지방자치단체에게 시사하는 점이 크다고 본다.

## 5.2. 한계점과 향후 연구

본 연구는 다음과 같은 두 가지 한계점을 갖는다.

첫째, 본 연구는 2011년 현재 상인 최고경영자 과정을 진행하고 있는 5개 대학(경북대, 국민대, 동의대, 숭실대, 전북대) 중 3개 대학(경북대, 동의대, 숭실대)을 조사대상으로 하였기 때문에 인구통계학적 다양성을 완전히 반영하지는 못했다는 점이다.

　둘째, 본 연구를 위한 설문조사가 상인 최고경영자 과정의 중간인 1학기 종료시점에 이루어졌다는 점이다. 과정생의 교육 만족과 긍정적 행동 의도는 시간이 경과함에 따라 변할 수도 있다는 사실을 감안하면 본 연구에서의 교육 만족과 긍정적 행동 의도 측정은 다소 무리가 있다고 본다.

　따라서 지속적이고 정기적인 조사를 통해 보다 일반적인 결과를 얻을 수 있는 연구가 이루어져야 할 것이다.

상인 최고경영자(상인대학원) 과정의 수료식·세미나 모습(경북대학교 제5기)

# PART 5
## 대구 10대 전통시장 탐방기

# 제1장 서문시장·칠성시장·서남신시장·관문시장

## 1. 서문시장*

과거 '큰 장', '대구장'으로 불렸던 서문시장은 긴 역사를 가진 대형시장이며, 없는 것이 없는 만물시장이다. 6개 지구(시장)로 구성되며 3500여 개의 점포와 630여 개의 노점이 있다. 무려 1만여 명의 상인들이 살아가고 하루 평균 2만 명(상인연합회 추산)이 다녀간다고 한다. 항상 와자지껄하고 시끌벅적하다.

연잎 모양의 비 가림 시설과 더위와 추위를 피할 수 있는 냉난방 시설이 이용객들의 편의를 도모한다. 또 800여 대나 주차할 수 있는 대형주차장과 여성휴게실, 물품보관소, 수유실, 스낵코너, 인터넷방, 현금인출기 등이 있는 '만남의 광장'을 갖추고 있다. 상인연합회 사무국장에 의하면 "근래 서문시장을 찾는 사람들이 크게 증가했고, 이용객 연령층도 다양해졌다"고 한다. 서문

---

*2010년 10월 10일자 영남일보 30면(65 창간특집)에 게재된 글임.

시장의 밝은 미래를 말하는 것 같다.

이제 서문시장을 둘러보자. 먼저 서문시장 1지구에는 이불, 한복, 직물, 주단, 커튼지 등을 판매하는 540여 개 점포들이 있다. 판매상품 모두 현란할 정도로 색깔이 다양하다. 혼수품 마련을 위해 찾은 예비 신랑, 신부와 그들의 어머니 모습이 보이는가 하면 "얼굴이 희고, 예뻐서 너무 잘 어울리네"라는 말이 들린다.

그리고 제4지구에서는 주로 양복지, 양장지, 수예품, 단체복지, 메리야스, 아동복, 캐주얼복을 취급한다. 수의(壽衣) 가게를 3대째 이어 본인이 40여

지상철이 들리는 서문시장은 없는 것이 없고, 하루 평균 2만여 명이 찾는 대형시장이다.

년간 운영하고 있는 김이관 씨(76세, 남)는 "요즘같이 중국산이 판 치는 세상에 자연분해 되지 않는 (중국산) 수의는 시신을 감는 것이라 망자에 대한 도리가 아니다"라고 일러준다.

지하와 3개 층으로 이루어진 동산상가는 동산병원 앞 인도와 육교로 연결되어 있고, 시장 입구에 위치해 있어 다른 지구에 비해 사람들이 많다. 1, 2, 3층을 둘러보면 아동복, 남성복, 숙녀복, 출산복 등을 취급하는 점포들이 빼곡히 들어서 있다. 서로 비켜 가야 할 만큼 좁은 골목인데도 사람들이 잘도 오간다.

그리고 지하에는 주방기기, 도자기, 청소용품, 요리기구들로 가득 차 있으며, 의류부자재, 모자, 옷걸이, 액세서리 등을 취급하는 아진상가에는 재봉틀 소리가 요란하다. 색깔과 모양이 다양한 단추, 수많은 종류의 액세서리가 널려져 있다.

전통시장에서 빼놓을 수 없는 것이 먹을거리다. 서문시장에는 70여 개의 노점을 포함해 100여 개의 식당이 있다. 칼국수를 위시해 묵, 돼지고기 수육, 암뽕, 수제비, 칼제비(칼국수+수제비) 등 이루 다 헤아릴 수 없이 다양하다. 동산상가 뒷골목에서 칼국수 장사를 하는 김숙연(66세, 여) 씨는 "36년간 서문시장에서 안 해 본 일이 없다. 하루에 200여 그릇을 파는데, 장사 재미가 쏠쏠하다"고 한다.

서문시장의 개선 사항을 보면, 우선 주차(대기)하는 데 너무 많은 시간이 걸린다. 주말에는 30분 이상 소요된다. 뿐만 아니라 노점의 먹을거리가 불결해 보이며, 아직 친절 서비스 수준이 낮고 교환·환불도 어렵다. 신용카드 사용 및 현금영수증 발급 또한 쉽지 않다. 하루 빨리 개선되어야 할 사항들이나.

## 2. 칠성시장*

　흔히 말하는 칠성시장은 7개 시장, 즉 칠성원시장, 경명시장, (유)칠성시장, 대구청과시장, 대구사과시장, 삼성시장, 대성시장으로 이루어진다. 여기에 주변의 가구상가, 중고 전자제품 상가, 꽃시장 등이 함께 어우러져 큰 상권을 이룬다.

　칠성시장은 1300여 명의 상인들에게는 귀중한 '삶의 터전'이고, 일반 시민과 소상인에게는 '싱싱한 채소, 과일, 어물 등을 구할 수 있는 식자재 조달처'다. 신선하고, 값이 싼 식자재들이 많고 도심에 위치하며, 지하철 칠성시장역이 있어 대구 시내에서는 물론 경산, 하양, 왜관 등에서도 많은 사람들이 찾는다.

　지하철 칠성시장역 3번 출구와 시장삼거리 버스정류장 사이에는 매일 새벽 4시경에 열리고 8시경에 파하는 '촌장'이 선다. 칠성시장에서 가장 먼저 서는 장으로, 100여 명의 아마추어 노점상(?)들이 있다. 대추와 밤을 가져온 50대 중반의 남자, 파 2단, 호박 3개를 팔려고 나온 60대 초반 할머니, 하양 청천에서 도토리와 헛개나무 열매를 갖고 온 80대 중반의 할아버지도 있다. 모두 지나는 사람들과 눈 맞춤하며 새 주인을 찾으려고 애쓴다.

　긴 고무줄을 끌고 다니면서 "고무줄~"을 외치는 행상(인)도 보인다. 오래 전 시골 오일장에서 보았던 모습이다. 막 도착한 401번 시내버스에서 10여 명의 장꾼들이 나온다. 볼거리가 많아 좋고, 잊었던 계절마저 가르쳐줘 더욱 좋다. 도심에서 보기 드문, 그리고 무척 재미있는 장터인 것 같다. 오전 5시 10분이다.

　(유)칠성시장에는 생선, 채소류, 어패류, 건어물, 젓갈류가 주를 이룬다. 칠성식당에서는 콩나물, 시금치나물 등 15가지 나물이 줄지어 (비빔밥)손님을

---

*2010년 10월 23일자 영남일보 11면(65 창간특집)에 게재된 글임.

기다린다. 또 맛집으로 알려진 '동신식당'에는 막걸리 한 통을 앞에 둔 손수레꾼과 음료와 소주를 섞어 마시는 노점상이 정담을 나누고 있다.

한편 대구청과시장은 이미 시설 현대화 사업이 이루어져 대체로 깨끗하고 질서정연하다. 빨간 사과, 노란 참외, 검푸른 포도 등 각양각색의 과일들이 먹음직스럽다. 신선한 배추, 무 등의 채소류도 산더미처럼 쌓여 있다. 전광판에는 '환영합니다', (지금 시각이) '7 : 00'라는 글귀가 반짝거린다.

칠성원시장은 식품, 건어물, 의류 등이 주를 이루며 여성의류, 한복점도 있다. 칠성원시장과 경명시장 사잇길에는 김밥골목, 만두골목, 족발골목이

칠성시장은 하루 24시간 풀(Full)가동되는 식자재 전문시장이다.

이어져 있다. 주말이면 야유회, 체육대회용 김밥과 결혼식, 장례식용 돼지고기를 구입하는 사람들로 크게 북적거리는 곳이다. 만두골목에는 '없는 만두가 없다'고 할 정도로 그 종류가 많다. 납작만두, 찐만두, 야채만두, 고기만두 등.

칠성원시장과 마주보고 있는 경명시장은 생선, 건어물(취급)점이 주를 이룬다. 시장 모퉁이에는 돼지불고기로 유명한 '단골집'과 '한남집'이 있고, 맛좋다고 소문난 곰탕집도 있다. 건축물이 낡고 빈 점포가 많다. 하루 빨리 개선되어야 할 사항이다.

칠성원시장도 마찬가지다. 칠성원시장상인회 회장 박재청 씨(남, 56세)는 "2015년경에는 이곳에 지하 5층, 지상 13층 현대식 마트가 들어서게 되어 칠성시장 발전에 크게 도움 될 것이다"고 한다. 칠성시장을 마지막으로 지키는 것은 포장마차(야시장)다. 노점상이 떠나는 오후 6시쯤이면 대구 청과시장 앞에 30여 개의 대형 포장마차가 자리를 메운다. 주당들이 2차로 들리는 곳이라 한다. "아름다운 포차, 사랑스런 친구, 소중한 당신" 등의 포장마차 상호들이 재미있다. 어디에선가 '찹쌀떡~' 하는 소리가 들려온다. 새벽 1시 10분이다.

대구 제일의 식자재 시장인 칠성시장의 활성화 방안을 보자. 먼저 교통혼잡이 심각한 상태다. 운반용 손수레, 오토바이, 노점, 주정차 차량 등이 뒤섞여 차도의 반 이상을 메우고 있다. 칠성시장발전위원회(회장: 장경훈)와 경찰의 관리·지도가 시급한 실정이다.

또 칠성시장은 규모가 크고 구조가 매우 복잡하다. 그런데도 시장안내(표시)물 하나 없다. 지하철 역 입구, 주차장, 버스정류장만이라도 '시장종합안내도' 시설을 하루 빨리 설치해야 할 것이다.

뿐만 아니라 휴게실, 물품보관함 등의 편의시설이 없고 신용카드 사용 및 현금영수증 발급도 어렵다. 가격 및 원산지 표시 또한 제대로 되어 있지 않다. 소비자들이 많은 물건을 구입하지 못하는, 또 시장 이용을 꺼리는 이유들이다.

아무튼 누가 뭐라 해도 칠성시장은 대구 시민 식생활의 보고(寶庫)다. 상기 사항들이 하루빨리 개선되어 칠성시장이 크게 활성화되었으면 한다. 그러기 위해서는 상인들의 강한 시장 활성화 의지와 공동체의식이 필요하다. "칠성 시장 활성화는 상인들의 개선 의지 및 노력에 달려 있다."는 말이다.


## 3. 서남신시장*

지하철 감삼역에서 성서 방향 160m 거리에 유달리 많은 사람들이 보인다. 다름 아닌 서남신시장 입구다. 이곳에는 200여 개의 점포가 있고 300여 명의 상인들이 손님맞이를 한다. 과일, 채소, 식육, 닭, 족발집이 주를 이루며, 떡집, 방앗간도 있다.

먼저 개별 점포들을 둘러보면 상품진열, 점포 관리, 친절서비스 등이 잘 되어 있다. 상품과 점포가 깨끗할 뿐만 아니라 상인들의 표정도 하나같이 밝다. 반찬, 채소, 과일을 사러 왔다는 김경숙(여, 55세) 씨는 "다른 곳에 비해 상인들이 친절하며 상품과 점포가 깨끗해 자주 찾는다."고 말한다.

또 재미있는 상호들이 많다. 웰컴투 천냥(잡화), 왼발 오른발(신발점), 리틀 방(아동복), 러브아트(액세서리), 아리따움(화장품), 섹시한 떡볶이(분식점), 찌찌 마스크(속옷) 등이다. 모두 통통 튀는 것이라 눈길이 갈 뿐 아니라 재미까지 느낀다.

다음으로 시장 운영면을 보자. 서남신시장은 공동마케팅 활동을 끊임없이 해 왔다. 정월 대보름 시장 방문객 떡국 대접하기, 초·중·고생 시장 그림그리기 대회, 시장상인 및 이용객 씨름대회, 매월 마지막 금요일 특가 판매행사 등이 대표적인 것이다. 그리고 천장(현수막)에는 '선 선 선 고객선을 지킵시

---

*2010년 11월 6일자 영남일보 11면(65 창간특집)에 게재된 글임.

다', 또 바닥에는 '항상 고객을 생각합니다'라는 문구가 있다.

무엇보다 수상경력이 서남신시장 상인들의 노력을 잘 말해준다. 허동구 전 서남신시장상인회 회장은 "2010년에 국무총리상, 황색선 지키기 우수상, 공동마케팅 사례 공모전 최우수상을 받았다"고 자랑한다. 여기에 "녹색시장 육성 지원사업 대상시장으로 선정되어 올 연말이면 우리 시장이 확 달라질 것입니다"라고 덧붙인다.

한편 서남신시장에는 유명 먹을거리 집들이 많다. 대표적인 것으로 5개방 송사에서 방송된, 소문난 맛집인 '김주연 왕족발집', 그 바로 옆에 손님들이

서남신시장은 상인들의 투철한 공동체의식이 기반이 되어 일찍 우수시장으로 우뚝 서 있다.

줄지어 기다리고 있는 '옥돌 양념 바비큐집', 점포 3개에서 80여 가지의 반찬을 만들어 파는 '서남반찬집', 그리고 맛있고 양 많은 것으로 소문난 묵집 '공주식당' 등을 들 수 있다. 모두 기다려야 사거나 먹을 수 있는 곳이다. 특히 김주연 왕족발집은 이곳의 대표적인 핵 점포로 많은 사람들을 불러들인다고 한다.

영천과일 박성심 사장(여, 50세)은 "홈플러스, 이마트가 생기기 전에는 이 골목이 발 디딜 틈 없이 많은 사람들로 붐볐다. 그간 많이 어려웠는데 시설 현대화 사업이 있은 후부터 많이 나아졌다. 내 마음이 변하니까 점포가 바뀌고, 점포가 바뀌니 손님도 많아지는 것 같다"고 힘주어 말한다. 꽤 의미 있는 말이다.

아내가 흥정해서 사면 얼른 받아 챙겨드는 남편, 화기애애하게 정담을 나누는 어머니와 딸, 뭐가 그리 좋은지 싱글벙글 웃는 젊은이들 모두 무척 즐거운 표정이다. 시장 어디를 가나 소비자와 상인이 신이 나 있다.

서남신시장이야말로 현대적·이상적 전통시장 모델이고, 바람직한 시장의 표본이라 할 수 있다. 뿐만 아니라 정부로부터 받은 시장 활성화 자금이 헛되지 않았음을 보여주는 곳이며, 벤치마킹하기 위해 많은 상인들이 찾는 곳이다.

그렇다고 풀어야 할 문제가 없는 것이 아니다. 먼저 서남시장과 서남신시장 간의 통합이 이루어져야 할 것이다. 시장명칭도, 상인회도 마찬가지다. 시장 주요 통로가 소방도로, 일방통행의 차도라는 점도 문제다. 자동차가 지나갈 때는 이용객들이 무척 당황스러워하는 것은 물론 사고의 위험까지 있어서다. 하루빨리 개선되어야 할 사항들이다.

## 4. 관문시장*

　지하철 1호선 성당못역 3번 출구로 나오면 바로 관문시장이다. '관문시장 짱이야!', '관문시장 최고야!'라고 전광판이 반짝인다. 이곳은 대구 남서부의 관문 역할을 하는, 비교적 규모가 큰 시장이다. 300여 개의 점포들이 있으며, 늘 많은 사람들로 붐빈다.

　관문시장에는 의류, 분식, 신발, 액세서리, 건어물, 떡, 반찬집, 주방용품 등 없는 것이 없다. 특히 생선, 채소, 건어물, 과일이 유명하다. 모두 산지에서 직접 가져와 신선도가 높고 가격도 싸다. 시장 입구에서 무와 배추를 파는 노점상 제갈일현(56세, 남) 씨는 "10여 년 전만 해도 인근 주민(남구 대명동, 달서구 송현동)은 물론 가창, 성서, 월배, 고령, 합천 등지의 사람들까지 찾아왔었다."고 한다.

　근래에 와서는 구제의류점(舊製衣類店)들이 많이 들어와 그 수가 100여 개에 이른다. 이곳에는 만 원짜리 한 장이면 3~6가지 옷을 가질 수 있을 정도로 값이 매우 싸다. 젊은이들과 외국인 근로자들이 많이 찾고, 또 대구 지역 소매상은 물론 마산, 경주 등지의 소매상도 이곳에서 물건을 구매해 간다고 한다. 소매와 도매가 함께 이루어진다는 말이다. 관문시장이 구제의류 유통의 중심지가 될 것 같다.

　그리고 관문시장에는 돼지국밥집(화원식당, 할매집, 동남식당, 똘똘이)이 유명하다. 서부시외버스터미널을 오가는 사람들이 많아서일까? 그리고 두부, 손두부, 연두부를 그 자리에서 만들어 파는 즉석 두부집(엄마손두부집, 옛날 손두부집, 전두부집)도 꽤나 알아준다. 재미있는 상호 또한 많다. 해 뜨는 집, 아리따움, 팥쥐네, 버꼬입고, 다모아 등의 구제의류점 등이 그러하다. 그 밖에 동구밖 과수원(과일), 똘똘이 식당(돼지국밥), 먹고갈래(어묵), 떡 둘 갈비 하나(떡갈

---

*2010년 11월 27일자 영남일보 11면(65 창간특집)에 게재된 글임.

비), 미씨 걸(여성의류), 숟가락 집(분식), 서문중학교(국화빵)도 재미있다.

　이제 시설면을 보자. 시장 전체가 비가림시설이 되어 있고, 70여 대가 주차할 수 있는 주차공간도 확보되어 있으며 현대식 화장실과 상인회 사무실도 갖춰 있다. 상인회에서 많은 노력을 기울인 결과라 하겠다.

　옛날 손두부집 서광묵 사장(남, 43세)은 "시설 현대화 사업이 이루어진 후로는 장사가 나아졌고, 고객들도 편하게 쇼핑하는 것 같다"고 말한다. 또 대명 11동에 사는 김상희(여, 51세) 씨는 "가격이 싸고 품질이 좋아 근 20년간 이곳만 이용해 왔다. 이젠 시장시설까지 좋아져 앞으로도 계속 찾을 것이다"고

경영 및 시설 현대화가 일찍 이루어진 관문시장은 항상 많은 사람들로 붐빈다.

한다.

한편 관문시장이 더욱 활성화되기 위해서는 다음과 같은 몇 가지 과제를 해결해야 할 것이다. 우선 차량통행 문제다. 구 월성상가아파트 쪽 2지구 입구가 교통 혼잡과 차량정체가 심각한 상태다. 왕복 2차선 도로상에 불법 주정차한 차량들이 많아 시내버스(420번, 750번, 달성2번)의 통행을 어렵게 하고 있다. 상인회와 남구청에서 하루 빨리 해결책을 강구해야 할 것이다.

또 시장 규모에 비해 화장실이 부족한 것도 문제다. 현재 4지구 상인회 사무실 밑에 화장실이 있지만 500여 명의 상인과 수많은 시장이용객들이 이용하기에는 부족한 상태다.

지역 전통시장 연구서 『대구 전통시장』·『경북 전통시장』 표지

# 제2장 팔달신시장·교동시장·동서시장

## 1. 팔달신시장*

팔달신시장은 대구시 북구 노원3동 750번지, 즉 대구의 관문인 만평로타리 200m 전방, 팔달로와 노원로 사이에 위치해 있다. 700여 개의 점포와 3000여 명의 상인들이 있는 이곳은, 대구에서 서문시장, 칠성시장 다음으로 큰, 채소 전문시장이다. 대구시내에서는 물론 경북 일원에서도 많은 상인들이 찾는다. 대체로 오전 3시부터 10시까지는 도매거래가, 그 이후부터 저녁까지는 소매 거래가 이루어진다.

팔달신시장의 특징을 보자. 무엇보다 채소 전문시장으로서 명성이 높다는 점이다. 점포 대부분이 채소 전문점이고, 단일 품목(파, 마늘, 무 등) 취급점이다. 점포 중에는 채소점이 349개로 가장 많으며, 고춧가루, 젓갈 등의 취급점이 71개로 그 뒤를 따른다. 그리고 음식점 53개, 잡화점 34개, 수산물점 26개

*2010년 12월 25일자 영남일보 11면(65 창간특집)에 게재된 글임.

이다. 채소점은 만평로타리와 노원로 쪽에 밀집해 있고, 식품·잡화점들은 팔달로와 주 통로(370m)에 위치하고 있다.

또 팔달신시장에는 지역명과 농산이나 상회 등이 들어간 상호(점포명)가 유별나게 많다. 즉, 청송, 동해, 구미, 경북 농산이나 성주, 약목, 김천, 의성, 장천 상회와 같은 상호들이 주를 이룬다. 다른 시장에서는 좀처럼 볼 수 없는 현상이다.

채소만 25년간 취급해 온 김성환(남, 59세) 씨는 "20여 년 전에는 이곳이 발 디딜 틈이 없을 정도로 많은 사람들로 붐볐다. 지금은 그에 비교할 수 없을 정도로 많이 쇠퇴하여 수입이 예전 같지 않다."며 과거를 그리워하는 것 같다.

이제 이곳 이용객의 특징을 살펴보자. 우선 낮 시간 이용객과 새벽·아침시간 이용객이 다르다. 즉, 낮에는 40~50대 여성들이, 새벽에는 40대, 50대 남성들이 많이 찾는다. 또 이용객 거주지를 보면 낮 시간에는 시장 인근 주민들(일반 소비자)이, 또 새벽과 아침에는 대구 전역 및 경북 지역(소매)상인들이 주를 이룬다.

뿐만 아니라 시장분위기도 새벽·아침과 낮이 사뭇 다르다. 낮에는 다른 시장과 마찬가지로 인근 주민들이 쇼핑하는 모습을 볼 수 있다. 팔달로 쪽 중앙 통로에 사람들이 크게 붐비는 데 반해, 노원로 쪽 입구와 통로 양측은 한적하다. 새벽과 아침은 이와 반대로 노원로 쪽 채소(도매)점 밀집지역이 붐비나 팔달로 쪽은 한산하다.

오토바이, 자전거, 손수레, 리어카들이 수없이 오고 간다. 고객이 사놓은 물품을 차량이 있는 곳까지 옮겨주는 배달꾼들이 바쁘게 움직인다는 말이다. '배달머슴'과 전화번호가 적힌 표지판을 달고 있는 오토바이가 지나간다. 여기저기에 수북이 쌓였던 채소들이 사라지는 데에는 이들이 있기 때문이다.

아무튼 이른 새벽 팔달신시장에 가면 요즘에 보기 드문 시장의 활기를 볼 수 있다. 산지에서 온 농산물을 대량 구입하려는 도매상에서부터 다양한 품목을 소량 구매하는 소매상에 이르기까지 수많은 사람들로 북적거린다. 12월이라 영하 4~5도의 추운 날씨이지만 상인들의 열정과 이용객들의 열기가 추위를 달래고 시장 분위기를 달아오르게 하는 것 같다. 여기저기서 불을 지펴 꽁꽁 얼어붙은 손을 녹이고 있다. 새벽 4시 30분이다.

그간 팔달신시장에서 수행한 주요 현대화 사업(내용)을 보자. 아케이드 설치, 전선 지중화 사업, 공영 주차장 마련, 공중화장실 확충, 지역주민과 화합의 장 마련, 그리고 위생관리 사업 시행 등이다. 뿐만 아니라 소매 기능을 강화하는 데에도 많은 노력을 기울여 왔다. 한마음 대축제, 어린이 시장그림

3000여 명의 상인들과 700여 개의 점포가 있는 팔달신시장은 채소전문시장으로 널리 알려져 있다.

그리기 대회, 채소 100원 폭탄 세일 등이 그 대표적 예다.

더 나아가 무료급식처 부식 지원, 불우이웃돕기 경로잔치, 어머니 경찰단 조직·운영 등 지역사회에 대한 봉사활동도 많이 한다. 강력한 리더십을 가진 상인회장과 상인회원들 간의 적극적인 협조가 만들어낸 것이라 본다.

또 팔달신시장이 갖는 최고의 강점은 상인들 간의 친밀도가 높고, 상호 협력이 잘 된다는 점이다. 이는 팔달신시장이 유통환경 변화에 부응하는데 큰 힘이 될 뿐 아니라 이곳의 미래를 밝게 하는 요인이라 본다. 지하철 3호선 의 경유 또한 큰 강점이다.

물론 팔달신시장에도 풀어야 할 과제가 있다. 시장안내도 및 휴게 공간 부재, 공영주차장 안내 표지판 부족, 오토바이 사고 위험, 쓰레기 집하장 악취, 무질서한 주정차 등이다.

한편 경북대 지역시장연구소에서 2010년 11월 팔달시장 이용객 110명을 대상으로 한 설문조사 결과에 의하면, 이곳 이용객들은 상품의 다양성 정도 와 바닥, 도로 등의 기초시설, 대중교통의 편리성에는 만족했지만 통행의 편의성, 주차시설 및 공간, 편의시설 등에 대해서는 불만족하였다. 그리고 대다수 응답자들이 신용카드 사용이 불가능하며, 가격 및 원산지 표시가 제 대로 되어 있지 않다고 응답했다. 팔달신시장은 24시간 활기차고 정·흥·덤마 저 있어 좋다.

## 2. 교동시장*

1971년 개장된 교동시장은 한 때 미국제품이 많은 곳이라 해서 '양키시장', 또 도깨비방망이처럼 원하는 물품이 다 있다고 해서 '도깨비시장'이라고 했다. 동아백화점, 동성로와 접하고 대구역, 롯데백화점과 가깝게 있어 유동인구가 많다.

원래 교동시장은 외제품 취급점이 대부분인 교동시장 1·2층과 의류점이 많은 교동1길을 말한다. 하지만 보통 교동시장이라 하면 교동시장 1·2층, 교동1·2길, 전자거리, 그리고 귀금속 골목 전체를 일컫는다. 780여 점포들이 있는 이곳에는, '없는 것이 없다'고 할 정도로 웬만한 물품은 다 있다. 그 중에는 의류가 제일 많고 주얼리와 전자제품이 그 뒤를 잇는다. 보기 드문 군용품 취급점(성광사·대광사·신창사)과 오래전에 사라진 편물점(아티나·한올 손뜨개)도 보인다.

또 교동시장에는 재미있는 상호들이 많다. 뚱순네(홀복·무대복), 옥이네(옷수선), 때깔(의류), 기쁜 소리사(음향기기), 유씨 아줌마(수입 잡화), 123상회(작업복) 등이 그러하다. 수입 구제 의류점인 '빨강풍선' '야시집' '야시공주'와 가발집 '유리궁전', 그리고 수입 전문 쇼핑몰 '신보부상' 등도 재미있다. 앞의 것(상호)이 옛날 것이라면 뒤의 것은 근래 것이다. 교동시장의 긴 역사를 짐작할 수 있는 대목이다.

먼저 교동(시장) 1~2층을 보면 140여 개의 점포가 있으며, 외제잡화, 의류, 가방, 화장품 등이 주를 이룬다. 특이한 점은 상호가 숫자로 되어 있다는 것이다. 103호, 201호처럼. 그런데 빈 점포가 많이 보인다. 아마 장사가 잘되지 않아 문을 닫은 것 같다. 이곳을 즐겨 찾았던 부잣집 사모님들은 다 어디 가버렸는지. 분명 이곳은 한때 많은 사람들에게 좋은 추억을 선사했을

*2011년 1월 26일자 영남일보 20면(65 창간특집)에 게재된 글임.

텐데. 28년 동안 이곳을 지켜온 삼미횟집 허인숙(여·57) 사장은 "옛날 이곳은 복잡해 다니기 어려울 정도로 크게 붐볐심더. 요즘은 3일 동안 마수(개시)도 못한 집이 새삐까리입니더"라며 요즘의 장세를 일러준다.

한편 귀금속 골목은 지식경제부로부터 '(대구)패션주얼리특구'로 지정받은 바 있으며, 주로 혼수 예물에서부터 돌반지, 커플링 반지 등을 사려는 사람들이 찾는다. 전선지중화사업, 바닥정비사업 등을 완료했고 상인대학 과정도 이수했다. 그래서인지 골목입구, 거리, 점포는 물론이고 상인들까지 여타의 시장·구역과는 다른 모습이다.

교동시장은 오랜 역사와 전통, 그리고 많은 유동인구를 갖고 있어 활성화 가능성이 높은 시장이다.

교통시장에서 **빼놓을** 수 없는 것이 바로 먹자골목이다. 골목 입구에 들어서면 '먹자골목－동성로 70-1~28'이라는 표지판이 먼저 손님을 맞는다. 양쪽으로 분식집(서울순대 등)이 도열해 있고, 집집마다 호객 행위를 한다. 이곳에는 양념어묵, 납작만두 전문의 '교동할매 양념오뎅집'과 방송에 나온 집이라고 자랑하는 '빨간집'이 유명하다. 교동할매 양념오뎅집을 들렀는데 '새콤달콤 맛있는 소라. 소 5천냥, 대 1만냥' '오뎅, 만두 전국 배달 가능'이란 문구가 시선을 끈다.

교동시장은 분명 활성화될 수 있다고 본다. 유동인구가 많아 성장 잠재력을 갖고 있기 때문이다. 교동시장(활성화 구역)상인회가 노후 건축물의 개선, 젊은 층 선호 품목 추가, 가격·원산지 표시제의 실천, 먹을거리에 대한 철저한 위생관리 등에 노력하는 만큼 활성화 가능성은 높아질 것이다.


## 3. 동서시장*

전통시장이라고 하면 많은 사람들이 "지저분한 곳이다", "나이 많은 사람들이나 간다", "경쟁력이 없어 머지않아 사라질 거다" 등을 연상한다. 하지만 이러한 고정관념을 불식시키는 곳이 있다. 바로 대구 동구소재 동서시장이다. 이곳은 일찍이 상인 의식 및 시설 현대화를 통해 활성화를 이끌어낸, 그리고 '작지만 강한 시장'이란 캐치프레이즈로 106명의 상인들이 똘똘 뭉친 시장이다.

이제 동서시장의 특징을 보자. 먼저 주민들의 생활용품, 먹을거리 구입처로서 그 역할을 충실히 하고 있다는 점이다. 즉, 고객의 욕구와 필요를 충족시키기 위해 많은 노력을 기울였다는 것이다. 일찍이 아케이드 설치와 리모델

---

*2010년 12월 11일자 영남일보 11면(65 창간특집)에 게재된 글임.

링 사업(2008)을 통해 고객들이 보다 편리하게 쇼핑할 수 있도록 했다.

또 하나의 특징은 시장 입구 대도로변에 노점이 없다는 사실이다. 이는 시장(입구) 미관을 해치지 않을 뿐 아니라, 통행에 불편을 주지 않는다는 점에서 매우 긍정적인 것으로 평가된다. 동서시장만이 갖는 강점인 동시에 큰 자랑거리라 할 수 있다. 아무튼 동서시장은 점포 상인과 노점상이 공존·공생하는 모범적 시장이라 하겠다.

시장 안을 둘러보면 깨끗하고 밝으며 활기차다. 무엇보다 상인들의 표정이 매우 밝아 고객들의 발걸음이 무척 가벼워 보인다. 시장 중앙 상단에 달려 있는 전광판이 '오늘의 세일 점포·품목'을 알려준다.

동서시장은 106명의 상인들이 똘똘 뭉쳐 있는, '작지만 강한시장'이다.

이곳에는 학생과 동구청 공무원들이 많이 찾는 분식집과 국밥집(아지메, 동서, 묘미)이 많다. 40여 종의 떡을 직접 만드는 장수 떡집, 스마일, 친절, 덤으로 승부를 건다는 스마일 베이커리 빵집, 그리고 좋은 재료, 좋은 맛을 모토로 하는 대발이 분식집 등이 유명하다. 연지 찍고 분 바르고(화장품), 대박 한우(식육점), 눈에 띄네 헤어아트(미용실), 꼴딱꼴딱(햄구이) 등의 상호가 재미있다.

한편 동서시장 이용객(유형)은 일반인(인근 주민)과 학생, 그리고 직장인으로 구분된다. 인근 주민들은 과일·채소·생선집을, 또 학생들은 떡볶이, 만두 등 분식집을 주로 찾는다. 또 인근 직장인들은 점심식사를 위해 식당을 찾거나 집으로부터 긴급오더(order)를 받아 식자재를 사가곤 한다. '대발이 분식'에 들린 관광고등학교 2학년 강윤성(여, 18세) 양이 "떡볶이와 국수가 맛있어 2일에 한 번 정도 들린다."고 말한다.

지금의 동서시장이 있기까지는 일꾼들의 남다른 열정이 있었다. 먼저 일본(교토, 고베, 나라) 전통시장들을 둘러보고 온 상인회 부회장 박종승(남, 56세) 씨다. 그는 일본 상인으로부터 친절 서비스, 상품진열 등 많은 것을 배워와 우리 시장에 접목시키고 있다. "상인들이 시장 경쟁력을 키워야 한다"고 힘주며 말한다. 고객지원센터 정종숙(여, 61세) 실장도 다년간의 공직 생활경험을 바탕으로 제반 행정업무를 도맡아해 왔다. '시장경영의 혁신자'라고 할 정도다.

동서시장의 가장 큰 과제는 주차공간의 확보다. 이의 해결을 위해서는 우선 주변 공공기관(동구청, 학교)의 주차장을 연계 활용하는 방안을 적극 검토해야 한다. 아울러 카드 사용 및 현금영수증 발급 점포 확대, 원산지, 가격표시제 전면 실시, 주민배달시스템제 도입 등도 이루어져야 할 것이다.

# 제3장 방천시장·달성공원 새벽시장·수성시장

## 1. 방천시장*

방천시장은 대구 중구 대봉1동, 동부교회 건너편에 위치해 있다. 지하철 2호선 경대병원역 3번 출구로 나오면 보인다. 1945년 광복 후 일본·만주 등에서 온 사람들이 장사를 시작하면서 형성되었으며 신천 제방을 따라 장이 선다고 해서 방천시장이라 부른다. 한때는 점포수가 1천여 개에 이를 정도로 규모가 컸다. 경산과 고산, 청도 사람들까지 찾았고, 곡물이 나주, 익산 등에서 올라왔을 정도다. 현재는 70여 개의 점포가 시장을 지키고 있다.

주요 취급 품목은 양곡, 떡, 생선, 건어물, 꽃, 식당, 채소, 과일 등이며, 오랜 역사와 전통을 갖고 있는 쌀집(대흥, 오곡, 태양, 보성)과 떡집(보성, 대성)이 유명하다.

방천시장에 예술가들이 들어오면서 그림, 액세서리, 소품, 공연 등의 문화

---

*2011년 2월 9일자 영남일보 20면(65 창간특집)에 게재된 글임.

예술품이 가세해 살거리, 볼거리는 물론이고 예쁜 간판과 재미있는 상호들이 많아졌다. 나루, 생각 열기, 별 따 공방, 생강 공작소, 사다의 손 느낌, 오다(oda) 등이 그렇다. 또 상회(유창, 선산, 일진, 은혜, 의성 천화, 대성, 성주)와 아트(아트 위드 유, 아트 앤 플레이, 아트 스페이스 방천, 밥 아트)가 들어간 상호도 많이 있다.

방천시장을 둘러보면 그 분위기가 다른 시장과는 사뭇 다르다. 천장 곳곳에는 시장상인들의 사연을 담은 현수막이 걸려 있고 길바닥에는 여러 가지 그림이 그려져 있다. 아기자기한 소품, 개성 넘치는 간판, 200여m나 되는 긴 벽화 등은 다른 시장에서 볼 수 없는 것이다.

그리고 상인이 일반 상인과 예술가 상인으로 이루어져 있다는 점과 옛날 것(오래된 쌀집, 뻥튀기집)과 지금의 것(현대적인 문화예술품)이 함께 있다는 점도 또 하나의 특징이라 하겠다.

그간 방천시장은 시장 활성화를 위해 많은 노력을 해 왔는데 '방천시장 문전성시 프로젝트'가 대표적인 것이다. 이는 상인, 예술가, 시민이 공동 참여하는 다양한 프로그램을 통해 지역상권을 살리려는 시도라고 할 수 있다.

주요 프로그램으로는 매주 토요일 오후 5시부터 5시간 동안 열리는 '토요일 오! 오 시장', '김광석 다시그리기 길 걷기', '문화 예술 체험자를 위한 스탬프 투어'를 비롯해 '방천시장 라디오 방송', '속닥속닥 수다방' 등이 있다. 500원으로 노래 2곡을 부를 수 있는 속닥속닥 수다방은 이곳에서만 볼 수 있는 공간이다.

신범식 방천시장상인회 회장은 "앞으로 대구시민의 사랑을 가득 받는 시장이 되도록 최선을 다할 것"이라고 말한다. 이어서 최기원 사무국장은 "올 3월부터는 상인회가 모든 일을 이끌어갈 것이며, 김광석 길은 대백플라자 노상주차장 건너편까지 연장할 계획"이라고 전한다.

그러나 방천시장은 주차 공간이 없고, 화장실이 낙후되어 있으며, 안내 표시 시설도 미흡하다. 뿐만 아니라 '문전성시' 사업이 시장 활성화, 특히 기존 상점의 매출(증가)에 크게 기여하지 못하고 있다는 점이 문제다. 점포 일부가 주거용, 창고용으로 사용되고 있는 것 또한 문제라 하겠다.

방천시장 이용객은 크게 두 가지 유형, 즉 기존 시장 이용객과 문화예술 소비자로 구분된다. 기존 이용객은 대부분 60세 안팎의 인근 주민들로 오랜 단골인 반면, 예술 소비자들은 문화 예술품을 보고 즐기려는 20~30대의 젊은 층이다. 따라서 이곳은 다른 시장에 비해 연령대가 다양하고 젊은 편이라고 말할 수 있다.

'김광석 길'이 조성되어 있는 방천시장은 많은 관광객들이 찾는다.

경북대 지역시장연구소 자료에 의하면 이용객의 만족도는 가격 수준, 친절 서비스, 품질 수준 순으로, 불만족도는 주차 편의성과 편의 시설, 시설물 상태 순으로 높았다. 방천시장이라 할 때 가장 먼저 생각나는 것으로 '인정'과 '볼거리'를, 또 개선해야 할 사항으로는 '주차 공간 부족'과 '신용카드 사용불가'를 가장 많이 들었다.

아무튼 방천시장이 활성화되기 위해서는 무엇보다 살거리, 먹을거리, 볼거리를 충분히 갖춰야 하며, 상인들이 맡은 바 역할을 충실히 해야 한다. 즉, 일반 상인은 고객 만족경영을 통해 고객의 욕구나 필요에 부응해야 하며, 예술가 상인은 시민들의 문화적 욕구와 학생들의 학습체험 욕구를 충족시켜야 할 것이다.

나아가 방천시장이 문화예술장터로서 성공하려면 대중적인 성격의 문화예술콘텐츠를 많이 개발해야 하고, 시민을 불러 모으는 홍보활동도 수반되어야 한다. 아무튼 이번 문전성시 사업은 문화적 가치의 부여를 통해 시장을 활성화시키려는 새로운 모델이다. '문화 도시' 대구에서 모처럼 시도한 '문화를 통한 시장 활성화' 노력이 큰 성과를 거두었으면 한다.


## 2. 달성공원 새벽시장*

달성공원 새벽시장은 달성공원 정문에서부터 태평로(적십자혈액원)까지 약 600m의 복개도로상에 위치해 있으며 번개시장이라고도 부른다. 이곳은 다른 시장들과는 확연히 다른, 다음과 같은 특징을 갖는다. 먼저 이른 새벽(5시 경)에 열려서 아침(오전 9시 경)에 파하는 새벽시장이다. 그리고 500여 개의 노점(상)들로 이루어진 시장이다. 즉 20여 개의 식당을 제외하고는, 좌판마저

*2011년 1월 12일자 영남일보 18면(65 창간특집)에 게재된 글임.

없는 노점들이다. 마치 장옥 없는 옛날 시골 오일장터 같다.

또 다른 특징은 가격이 저렴하다는 것이다. '1000원샵'을 방불케 할 정도로 1000원짜리 상품이 많다. 동태 1마리, 파 1단, 두부 1모, 막걸리 1잔 등 웬만한 물품은 1000원짜리 1장이면 해결된다. 비싼 것이라면 바지 5000원, 잠바 9000원 정도다. 게다가 8시가 넘어 파장시간이 가까이 오면 떨이타령과 함께 더욱 싸진다. 이처럼 저가 상품들이 많은 이곳이야말로 '서민들의 장터'가 아닌가 싶다.

여기에 취급 상품이 헤아릴 수 없을 정도로 많다는 점도 특징이다. 무, 배추, 콩나물, 파 등 채소류가 주를 이루나 해산물과 축산물, 그리고 공구, 가방, 장갑, 모자, 의류와 같은 공산품들도 있다.

일요일 오전 6시 달성공원 정문 앞 모습이다. 헛개나무 열매를 파는 상인은 소형 마이크로 사용법과 약효를 설명하느라 분주하다. 20여 명의 사람들이 경청하고 있어서인지 꽤 신이 나있다. 불현듯 1960년대 왜관장터에서 본 약장수가 생각난다. 이와 함께 40대 후반으로 보이는 노점상이 "양말 10켤레 1000원~ 거저다, 거저"라며 외치고 있다. 그 앞의 노점에도 많은 사람들이 둘러앉아 열심히 뭔가를 고른다. 바로 옆에 있는 테이프 장수의 뽕짝 음악이 영하의 추위를 잊게 할 뿐 아니라 오가는 사람들의 발걸음마저 가볍게 한다.

10여 년간 옷 장사를 했다는 상인에게 '요즘 장사 재미가 어떻냐'고 물어보았다. "장터엔 사람 사는 맛이 있다 아입니꺼. 우리같이 장사하는 사람들도 그 재미로 살지예. 돈, 마이벌믄 좋지만 그래도 어데 사람만나는 재미만 하겠심니꺼."라고 답한다. 또 새벽 5시경 범어 3동에서 온 60대 여성은 "채소가 신선하고 싸서 한 보따리나 샀다. 어린 시절의 장 구경을 하는 것 같아서 너무 좋다."고 말한다.

아무튼 달성공원 새벽시장은 거래의 장(場)으로는 물론 친구 간, 이웃 간의 만남의 장(場)으로도 역할을 잘 하는 것 같다. 20년 가까이 달구벌의 새벽을 열 수 있었던 원동력이라 본다. 사라져 가는 옛 오일장의 진풍경을, 지역문화가 녹아 있는 전통시장의 참 모습을, 그리고 서민들의 진정한 삶의 현장을 보려면 이곳을 들려보라고 말하고 싶다. 살 것·볼 것·먹을 것이 많아 '인정은 있어도 불황은 없다'는 말이 이곳을 두고 한 것 같다. 일요일 오전 7시 30분경에 가면 많은 사람들로 북적거리고 시끌벅적한 모습을 볼 수 있다.

요컨대 달성공원 새벽시장은 대구의 명물로서 그 가치가 충분히 있다고

일요일 07시경 달성공원 새벽시장에 가면 수많은 사람들로 시끌벅적한 옛 5일장의 모습을 볼 수 있다.

본다. 대구시민에게는 물론 외지인, 외국인들에게도 보여줄 만한, 대구의 자랑거리가 될 수 있다는 것이다. 달성공원 새벽시장의 활성화·명품화를 위해 대구시, 중구청, 그리고 서구청이 함께 고민해 보기를 바란다.


## 3. 수성시장*

수성동 2가 39-3번지에 위치한 수성시장은 수성구 일대의 중심상권에 속한다. 시장 맞은편에는 다수의 아파트 단지(수성 코오롱 하늘채, 롯데 캐슬, 쌍용 예가, 화성 파크드림 1차 등)가 있고, 뒤편으로는 주택들이 있다. 그리고 동일 초등학교, 동중학교, 대구시 교육청, 대구은행 본점, 교보생명 등이 인접해 있으며, 도보로 15분 정도의 거리에 대백플라자와 롯데슈퍼가 위치해 있다. 많은 시내버스들과 지하철 3호선이 이곳을 경유하고 있어 접근성이 매우 좋다.

흔히들 한 개의 시장만으로 알고 있는 이곳은 4개 시장, 즉 태백시장, 새수성시장, 수성시장, 동성시장으로 이루어져 있다. 1971년에 문을 연 이곳에는 20년 이상 장사해 온 상인들과 그 세월로 맺어진 오래된 단골(고객)이 많다. 하지만 상인들의 연령대가 높아 소비자, 특히 젊은 소비자들의 입맛을 잘 맞추지 못하고 있는 것이 문제다. 그나마 부모님 대를 이어 찾아오는 2세 고객들과 30년 이상의 내공을 가진 상인들이 많아 지금까지 명맥을 유지해 온 것 같다.

수성시장은 106개 점포와 10여 개 노점으로 구성된 상가형 시장이다. 추어탕, 떡, 족발, 과일, 강정 등이 많다. 추어탕집이 5곳 있는데 '청도할매추어탕'집이 제일 유명하다. 좋은 재료만을 고집하는 여주인의 넉넉한 인심 때문

---

*2011년 2월 23일자 영남일보 18면(65 창간특집)에 게재된 글임.

에 늘 손님들이 줄을 잇는다고 한다. 또 왕족발과 돼지고기 수육이 맛있기로 소문난 '형진식당'과 명절이 다가오면 사람들이 몇 겹으로 줄 설 정도로 많은 사람들이 찾는 '우성떡집'과 '서울떡집'이야말로 수성시장의 핵 점포라 하겠다.

하지만 이곳에는 해결해야 할 문제들이 적지 않다. 먼저 대부분의 시설물들이 크게 낙후된 상태라 미관상 좋지 않을 뿐 아니라 사고의 위험까지 있다. 시설 현대화 사업은 이곳 상인과 고객의 숙원(宿願)이었으나 사업주와 점포주 간의 마찰로 인해 진전을 보지 못하고 있다. 고작 2010년에 시장 앞

수성시장은 환경개선 등 활성화 노력이 크게 요구되는 시장이다.

도로가 정비되고 시장 및 점포 간판 정비 사업이 이루어졌을 뿐이다.

수성시장은 개선되어야 할 것들이 많아 시장 활성화 사업이 크게 요구되는 곳이라 하겠다.

무엇보다 주차장, 화장실 등의 편의시설이 부족하고, 빈 점포가 60여 개에 이른다. 이는 시장 미관 및 이미지를 손상시키면서 시장 활성화에 걸림돌이 되고 있다. 뿐만 아니라 시장 내부가 너무 어둡고 불결하다. 모두 하루빨리 개선되어야 할 사항이다.

수성시장의 활성화 방안을 알아보면, 먼저 4개 시장번영회를 하나로 묶은 통합 상인회를 조직해야 한다. 상인회 조직의 존재 여부와 결속력 정도가 시장 활성화의 관건이 되기 때문이다. 또 노후화된 곳을 정비하고, 배수 시설과 화재 예방 시설도 갖춰야 할 것이다. 물론 화장실 보수와 주차 공간 마련도 필수적이다.

이와 함께 인기 품목을 중심으로 서울 공덕동 '족발 골목', 전주 중앙시장 '떡 골목', 대구 평화시장 '닭똥집 골목'처럼 특화된 시장의 이미지를 만드는 마케팅 전략(수립)도 따라야 할 것이다.

'다이소'와 '로컬푸드점'을 찾는 소비자들이 많아지고 있다.

# 제4장 대구전통시장진흥재단*

　지난 1월 12일 전통시장 전문가들로 구성된 '대구전통시장진흥재단'이 출범했다. 지역 맞춤형시장 활성화 전문기관이 전국 처음으로 대구에 들어선 것이다. 분명 우리나라 전통시장 역사상 매우 의미 있는 일이다.

　우리 정부는 2002년 이후 3조 원 이상의 예산을 전통시장에 지원했다. 이에 대해 '지원금에 비해 효과가 없거나 미미하다', '왜 국민의 세금을 특정 직종에 지원하는가?' 등의 부정적 견해를 갖는 사람들이 적지 않다. 지금까지의 전통시장 지원 사업들이 지나치게 하드웨어 위주로 이루어졌고, 대부분의 활성화 사업과 노력들이 단발적·단편적·획일적으로 실시되었으며, 사업 후 관리가 제대로 이루어지지 않았기 때문이라 본다.

　한편 대구 지역 선동시장을 살펴보면, C등급 이하의 시장 비율과 빈 점포 비율이 각각 75.7%, 17.6%로서 전국에서 가장 높다. 뿐만 아니라 영세한 시장

---

*2016년 2월 17일자 영남일보 30면(기고)에 게재된 글임. 신문지상의 제목은 "전통시장, 지역경제 중심되야"였으나 기고 시 필자가 제시한 원래 제목(대구전통시장진흥재단)으로 수정하였음.

(소형시장 67.9%, 근린생활형시장 77.4%)과 인구 대비 전통시장 수도 많은 편이다. 인구 10만 명당 전통시장 수가 전국 평균 2.8개인 데 비해 대구는 5.5개나 된다.

더욱이 대구 전통시장의 57.2%(79개 시장)가 반경 500m 내 대형점포와 경쟁하고 있으며, 대형마트와 같은 신유통 업태들이 지역상권 대부분을 차지하고 있다. 이러한 여건에서 대구전통시장진흥재단의 설립은 다행스러운 일이 아닐 수 없다.

이제 동 재단이 앞장서서 중·장기 시장 활성화 종합계획을 수립하고 통합상권관리시스템을 구축하여 시장 관련 사업들을 보다 효율적·합리적으로 수행해 나가야 할 것이다. 이와 함께 거점시장 및 선도시장 육성, 기능 상실 시장의 재활 및 기능 전환 모델시장 개발, 통합관리에 의한 영세시장 경쟁력 강화, 예비 특화 시장 육성, 상인 역량 강화 등의 사업을 성실히 해야 할 것이다.

그리고 대구전통시장진흥재단이 본격적으로 가동되면 사업(지원예산)의 효율성·투명성·연속성 제고, 시장 활성화 이해자 집단 간의 신뢰성·공정성 향상, 철저한 사후관리로 인한 사업 성과 증대, 그리고 정부 공모사업에의 적극적 참여 등의 효과를 가져 올 것으로 본다.

오랫동안 전통시장 연구를 해 온 필자에게 2가지 바람이 있다. 그 중 하나는 글로벌 명품시장 육성사업이 잘 이루어져 서문시장이 터키 이스탄불의 그랜드 바자르, 스페인 바르셀로나의 보케리아 시장처럼 세계적인 명품시장으로 변했으면 하는 것이다. 이어서 교동시장, 대명시장, 동서시장, 서남신시장, 동구시장에서 추진 중인 골목형 시장 사업이 성공적으로 이루어졌으면 한다.

다른 하나는 대구전통시장진흥재단이 지역 전통시장 활성화에 괄목할 만한 효과를 거두고, 동 재단과 같은 기관이 전국적으로 확산되었으면 하는 바람이다.

이제 많은 이들의 희망과 기대를 실은 '대구전통시장진흥재단'이 지역 전통시장 활성화를 향해 힘차게 출범했다. 필자의 바람이 이루어지기 위해서는, 또 대구 전통시장이 활성화되기 위해서는 시장전문가들의 열정과 노력은 물론, 지역상인들의 강한 시장 활성화 의지와 대구시의 적극적인 지원이 따라야 할 것이다. 전통시장이 지역경제 생태계 및 커뮤니티의 중심이 되는 날이 하루 빨리 왔으면 한다.

지역맞춤형 전통시장 활성화를 위해 전국에서 처음 설립된 '대구전통시장진흥재단' 외관과 브로슈어

# PART 6
## 지역 전통시장의 과제와 활성화 방안

# 제1장 대구 전통시장 및 서문야시장의 과제

## 1. 대구 전통시장의 과제*

'전통시장이 많이 변했다', '전통시장 오래 가지 않을 거다', '정부의 전통 시장 지원, 왜 하나'. 모두 전통시장(활성화)에 대한 주요 반응이다. 2012년 새해를 맞아 대구 지역 전통시장의 문제점과 그 해결 방안을 제시하고자 한다.

대구에는 132개의 전통시장이 있다. 지역적으로는 달서구(29개)와 북구(24개)에 가장 많이 있고, 100개 미만의 점포를 가진 소형시장이 대부분(60%)이다. 필자가 70여 개의 시장을 돌아본 바로는 30여 개의 시장이 제 구실을 다 하지 못하고 있었다. 이러한 사실은 시장경영진흥원의 시장 활성화 수준 평가 자료(2010.11)에서 쉽게 알 수 있다. 동 자료에 의하면 대구 지역 103개 조사 대상 시장 중 A등급 시장이 1곳, B등급 시장 12곳, C등급 시장 35곳,

*2012년 1월 6일자 영남일보 23면(경제칼럼)에 게재된 글임.

D등급 시장 32곳, 그리고 최하위 E등급 시장이 23곳으로 나타나있다.

시장경영진흥원에 의하면 A등급, B등급 시장은 활성화 수준이 양호한 곳이며 C등급 시장은 보통인 곳, 또 D등급·E등급 시장은 취약한 곳이라 한다. 따라서 대구에는 양호한 시장이 13개(12.7%)에 불과한 데 반해 취약한 시장은 55개(53.6%)나 된다. 우리나라 16개 광역시·도별 시장 활성화 수준(점수)에서 대구가 13위다.

이제 대구 전통시장의 내부를 들여다보자. 전체 14,775개 점포 가운데 2,749개가 빈 점포이다. 이는 전체 점포수의 18.6%에 해당하는 것으로 전국 빈 점포비율 10.8%에 비하면 매우 높은 수준이다. 그리고 대구 전통시장에는 19,848명의 상인이 있는데, 50세 이상 고령자가 70%를 차지한다. 또 상인회 조직이 없는 시장이 10.7%나 된다. 이들은 시장 활성화 사업을 추진할 수 없는 곳으로, 상인 대부분이 장사 의욕마저 없다. 이렇듯 대구 지역 전통시장은 취약시장 및 빈 점포의 과다, 상인 노령화, 상인회 조직 부재 등의 문제가 있음을 알 수 있다.

그럼 대구 지역 전통시장들이 가장 시급히 해결해야 할 과제는 무엇일까.

첫째, 빈 점포 문제 해결이 무엇보다도 시급하다. 빈 점포는 미관상으로나 시장 이미지상 좋지 않기 때문이다. 빈 점포 문제는 지역민과 상인의 동아리 방·쉼터로 활용하거나 청년 창업 공간으로 제공함으로써 해결할 수 있다고 본다.

둘째, 시설 현대화 사업보다는 경영 현대화 사업(추진)이 시급하다. 특히 시장 내 모든 점포에서 신용카드 사용 및 현금영수증 발급이 가능하도록 하는 등 소비자가 시장을 이용하는 데 불편함이 없도록 해야 한다.

셋째, 먼 훗날 시장을 지켜 줄 젊은(여성) 고객을 시장으로 불러 모아야 한다. 이는 지금의 전통시장은 물론 미래의 전통시장까지 활성화시킬 수 있는, 미래지향적인 활성화 방안이다. 전통시장 주 이용객의 연령층이 60대 전후임을 감안하면 무엇보다 시급히 해결해야 할 과제라 하겠다.

넷째, 미래의 시장 리더를 육성해야 하며 세대교체가 이루어져야 한다. 이는 시장 경영 현대화와 젊은 소비자의 시장유인을 촉진시킬 수 있는 방안이기도 하다.

상기 방안들을 하루 빨리, 그리고 보다 적극적으로 실천함으로써 전통시장에 대한 우려의 소리를 잠재워야 할 것이다. 아무튼 새해에는 전통시장들이 성시를 이루어 상인들이 신명나하는 모습을 볼 수 있었으면 한다.

스님 용품 시장인 승시(재연)가 매년 10월 팔공산 동화사에서 열린다.

## 2. 개장 100일 맞은 서문 야시장의 과제*

서문시장에 야시장이 개장된 지 100일이 됐다. 대구시와 서문시장이 글로벌 명품시장 사업으로 오랫동안 준비했던 야시장이다. 아치형 간판이 있는 시장 입구에서 큰장 삼거리까지의 길이 350m 도로에서 오후 7시 30분부터 12시까지 열린다. 80개의 예쁜 노란색 매대들이 줄지어 있고, 매대마다 2~3명의 젊은 상인들이 분주하다. 하루 방문객이 평일 3만여 명, 주말 5만여 명 정도라 한다.

이러한 서문 야시장이 대구의 새로운 밤 문화를 만들고 전국적인 관광명소로 자리 잡아가고 있다. 개장 100일이 된 현시점에서 서문 야시장이 안고 있는 문제들을 짚어보고 그 해결 방안을 찾아보고자 한다.

무엇보다 많은 사람들이 '휴식·주차공간이 부족하고 가격이 비싸다'고 한다. 대구시의 야시장 이용객 의식조사(결과)에서 응답자들이 개선해야 할 사항으로 가격 인하, 휴게 공간 확보, 주차 시설 확충 순으로 많이 지적한 데서 알 수 있는 사실이다. 또 하나의 문제는 기존 상인들의 불만이 크다는 점이다. 일부 상인들이 "야시장은 고객층의 특성 및 방문 목적이 기존 서문시장 고객과 달라 매출 증대에 도움 되지 않음은 물론 주차시간 단축으로 매출이 감소됐다"며 불평한다.

또 11월이 되면 기온이 내려갈 것이고, 12월에는 동대구역사 옆에 신세계백화점이 대대적으로 개장하게 된다. 따뜻함이 그리울 때 난방이 전혀 안 되는 서문 야시장은 이용객이 감소하고, 초현대적인 시설을 갖춘 신세계백화점은 인산인해를 이룰 것이다. 과연 그때 서문 야시장 방문객이 지금의 수준으로 유지될까 걱정이다. 안지랑 곱창 골목·교동 도깨비 야시장 상인들이 서문 야시장 개장으로 인해 매출과 이익이 감소되었다고 불평한 바 있다.

---

*2016년 9월 13일자 매일신문 34면(기고)에 게재된 글임.

아무튼 내년 1월경 서문 야시장 상인들에게 그러한 불평이 나오지 않기를 바랄 뿐이다. 이제 서문 야시장의 발전 방안을 보자.

먼저 방문객의 불편을 해소시켜야 한다. 야시장 안내도를 설치하고 매대별로 고유번호를 부착하여 방문객이 쉽게 찾을 수 있도록 해야 하며, 장애우와 갓난아이를 위해 휠체어와 유모차도 제공해야 한다. 판매 품목의 재구성도 필요하다. 살거리, 먹을거리가 다양해야 하는데 65개 매대 음식(구성)이 그렇지 못하다. 즉 대부분의 음식들이 젊은 층의 입맛에 맞춘 퓨전형일 뿐 아니라, 그들 간의 차별성이 낮아 문제라는 것이다.

그리고 상인들 간의 갈등도 해소시켜야 한다. 일부 상인의 매출·이익 감소, 야시장 이용객의 노상방뇨 등으로 인해 기존 상인들의 불만이 커지고 있고, 또 기존 상인과 야시장 상인 간의 갈등이 심화되고 있기 때문이다. 이러한 불만과 갈등 문제는 분명히 서문 야시장 및 서문시장 활성화의 최대 걸림돌이 됨으로 하루빨리 해결해야 할 것이다.

글로벌 명품시장 사업의 일환으로 2016년 6월 개장한 서문 야시장 모습

# 제2장 대구 전통시장의 문제점과 활성화 방안*

## 1. 대구 전통시장의 문제점

## 1.1. 외적 문제점

### 1.1.1. 소비트렌드의 변화

오늘날의 주요 소비트렌드로 다음과 같은 4가지를 들 수 있다.

첫째, 극심한 경기 침체로 인한 소비심리의 위축이다. 이는 저렴한 가격을 무기로 하는 신규 업태에 유리하게 작용한 반면, 지금까지 가격경쟁력을 무기로 삼아왔던 전통시장에는 불리하게 작용했다.

둘째, 젊은 세대들이 주요 구매(소비)계층으로 부상한 점이다. 기성세대와는 다른 가치관과 감성적 욕구를 지닌 젊은 층이 소비시장에서 차지하는

---

*필자의 저서 『대구 전통시장』(경북대학교 출판부, 2010), 260~282쪽을 수정·보완한 글임.

비중이 높아지면서, 일상 생활용품에는 저가격 선호 성향이, 또 기호성 상품에는 개성화·고급화·다양화 성향이 나타났다. 전통시장이 이러한 젊은 층의 소비성향에 부응하기에는 다소 어려운 점이 있다.

셋째, 편의성 추구 현상이 두드러지게 나타나고 있다. 즉 현대인들은 바쁜 일상과 자동차의 대중화로 인해 점포 선택 시 주차 및 쇼핑의 편리성을 중시한다는 것이다. 그 예로, 소비자들이 상품비교를 위해 여러 점포를 돌아다니는 것을 원치 않는다는 사실, 즉 한 곳에서 여러 제품(브랜드)을 비교하며 일괄구매하려는 원스톱쇼핑(one stop shopping) 성향이 강하다는 것을 들 수 있다. 그리고 맞벌이 부부가 늘어나면서 주부들이 매일 가까운 시장에서 장을 보던 행태에서 2주 또는 1달에 한 번 자동차로 대형마트를 방문해 물품을 구매하는 행태로 변화되었다.

뿐만 아니라 유통업계에는 취급 상품(종류)이 다양화되거나 이와는 반대로 하나 또는 소수의 상품(품목)으로 국한시켜 전문화되는, 소위 양극화 현상이 나타나고 있다. 이와 함께 대형소매점이나 전문상가까지 규모 및 집적 정도에 있어 대형화·고도화를 추구하는 현상도 있다.

사실 이러한 소비트렌드의 변화는 개인의 욕구가 다양화되고, 개성 중시 사회가 도래되면서 뚜렷하게 나타났다. 결과적으로 볼 때 소비자들이 점차 까다로워지고 있다고 말할 수 있다. 이러한 현실은 전통시장으로서는 부응하기 힘든, 매우 위협적인 요소라 하겠다.

## 1.1.2. 신유통 업태의 급격한 성장

고급화를 지향하는 백화점, 접근 편의성과 입지상의 우위를 가진 슈퍼마켓, 가격을 최고의 경쟁력으로 삼는 전통시장으로 이루어진 전통적인 유통구조는 대형마트, 편의점, 홈쇼핑 등과 같은 신유통 업태들로부터 변화와 위협을 크게 받고 있다. 특히 낮은 가격과 일괄구매 기회, 그리고 고품질 서비스를 제공하는 대형마트의 등장과 무점포 방식으로 강력한 가격 경쟁력을 가진 홈쇼핑 및 인터넷 쇼핑의 발달은, 가격경쟁력만을 무기로 삼아왔던 전통시장에게 매우 큰 위협 요인이다.

오늘날은 낮은 가격으로 제품을 제공하는 것만으로는 경쟁력 유지가 어려운 시대다. 이는 소비자들이 저가격·저품질의 상품을 낮은 서비스 수준으로 제공하는 전통시장을 선호하지 않는다는 사실에서 알 수 있다. 저가격·고품질의 상품을 전통시장보다 훨씬 나은 서비스로 제공하는 대형마트가 도심 곳곳에 산재해 있기 때문이다. 이들은 전통시장과 비교가 되지 않을 정도로 취급 상품이 다양하다. 대구 지역에는 2010년 1월 현재 17개의 대형마트가 있는데, 초기에 도심 외곽에 들어섰던 대형마트들이 신도시의 중심지로 확산되고 있다.

여기에 홈쇼핑과 인터넷 판매 같은 무점포 판매 방식도 빠르게 성장하고 있다. 이들은 집안에서 원하는 시간에 컴퓨터나 전화로 손쉽게 쇼핑을 할 수 있다는 강력한 장점이 있다. 또한 배송 후 일정 기한까지는 반품이 가능하도록 하는 제도가 구축됨으로써 상품을 보지 않고 구매하는 데에 따른 불안감마저 어느 정도 해소시켰다. 이제 클릭 한 번, 전화 한 통 만으로 집에서 상품을 받을 수 있는 세상이 도래한 것이다.

아무튼 이러한 신유통 업태의 등장 및 성장은 기존의 전통적 유통구조를 파괴하는 것은 물론, 전통시장에게는 매우 큰 위협 요인이 되고 있다.

### 1.1.3. 구시가지의 쇠퇴

그간 대구의 도심에도 많은 변화가 있었다. 즉 신시가지가 형성됨으로써 구시가지는 인구 감소 및 상권약화 현상이 나타나게 되었다. 전통시장은 대부분 1970년대 이전에 설립되었으며 구시가지에 위치해 있다.

신도시 개발 등으로 유발된 시민들의 구시가지 이탈 현상은 전통시장(상권)

을 크게 약화시키는 요인이 되었다. 더욱이 새롭게 형성된 신도시에는 어김없이 대형 쇼핑시설이 들어섬으로써 중산층과 전통시장의 거리가 더욱 멀어지게 된 것이다. 그 결과 구시가지에 위치한 전통시장에는 빈 점포가 늘어나고 있으며, 시장으로서의 기능을 상실한, 소위 말하는 기능상실 시장들이 속출하고 있는 실정이다.

그리고 본연의 기능을 제대로 못하는 전통시장의 경우 빈 점포 등으로 인해 매우 흉물스러운 모습으로 도시 미관을 훼손함은 물론, 관리 및 안전상의 문제까지 유발하고 있다. 따라서 전통시장의 빈 점포 문제와 기능 상실 시장의 처리문제는 하루 빨리 해결해야 할 문제라 하겠다.

### 1.1.4. 정부의 하드웨어 중심적 전통시장 지원(정책)

정부의 시장 활성화 지원(정책)은 시설 등 가시적인 요소에 중심을 둔 단기적 성과위주로 이루어졌다고 할 수 있다. 물론 정부지원으로 인해 많은 전통시장의 아케이드, 점포 간판, 보행통로, 건물 외관 등이 크게 개선된 것은 사실이다.

하지만 대구에는 다른 지역에 비해 백화점, 대형마트, 카테고리 킬러 등의 유통 업태가 많이 있고, 또 시설 위주의 전통시장 활성화 노력으로는 경쟁력 확보에 한계가 있다고 본다.

전통시장 활성화에 대한 기존의 접근 방법은 대형마트 때문에 전통시장이 경쟁력을 잃어간다고 보고, 그들의 장점인 시설 편의성과 깨끗한 쇼핑환경을 모방하는 방식이다. 대형마트의 등장이 전통시장의 쇠퇴를 초래한 가장 직접적인 원인이었고, 소비자들 또한 대형마트의 쇼핑환경에 길들어져 있기 때문에 그들을 모방하는 방식은 어쩌면 당연한 것이라고 볼 수 있다.

그러나 시설이 조금 개선되었다고 해서 과거처럼 소비자들이 전통시장을 방문할지에 대해서는 의문이다. 전통시장이 아무리 현대화하더라도 대형마트만큼 쇼핑 편의성과 서비스를 제공하는 데에는 한계가 있기 때문이다.

더욱이 천편일률적인 하드웨어 중심의 전통시장 지원이 오히려 시장의 특성화와 차별화를 저해할 뿐 아니라 전통시장 자체의 정체성마저 잃게 하지 않았을까 하는 염려마저 된다.

여기서 분명한 것은 대형마트와 같은 방식의 시설 현대화로는 경쟁력을 확보하는 데에는 한계가 있다는 사실이다. 일부 전통시장들이 시설 현대화 사업을 통해 외관상의 변화는 있지만 그 알맹이인 살거리, 볼거리, 즐길거리가 부족하고 제반 쇼핑환경이 보잘것없다. 하여간 정부와 지방자치단체는 하드웨어 중심적 지원에서 벗어나 문화콘텐츠 개발 등 소프트웨어 중심의 지원으로 그 방향을 바꿔야 할 것이다.

## 2.2. 내적 문제점

### 2.2.1. 점포의 영세성

대구 지역 전통시장 내 점포들은 자본의 영세성으로 인해 규모가 매우 작고, 생업 위주의 자영업 방식으로 경영되고 있으며, 시설이나 환경개선 등에 대한 투자가 어려운 실정이다. 자본 구성을 보면 자기자본과 타인자본 비율이 비슷한 수준이고, 대부분의 점포들이 자본금 5,000만 원 미만이다. 또 전체 점포의 50% 이상이 임대점포다. 이러한 이유로 인해 새로운 경쟁업체가 출현하여 매출액이 줄어들고, 수익성이 저하되어도 재투자를 고려하지 못하는 실정이다.

또한 개인 차원의 경영으로 인해 상품기획 능력은 물론 현대적 점포경영 및 판매기법을 갖지 못하고 있다. 대구 지역 전통시장의 경우 외관은 시설 현대화 사업을 통해 많이 개선되었으나 개별 점포·시장 운영 차원에서는 여전히 매우 낮은 수준에 머물고 있다. 전통시장을 흔히 '구멍가게의 집합'이라고 부르는 것도 바로 이런 이유 때문이라 하겠다.

한편 임대점포 상인들은 판매액에 비해 과중한 임대료를 납부하고 있는데, 이는 상인들이 고객에 따라 다른 가격, 소위 말하는 '고무줄 식 가격'으로 거래하거나 가격표시제의 실시를 어렵게 하는 요인이 된다. 점포당 면적 또한 극히 좁아 점포 과밀현상을 초래할 뿐 아니라 점포당 매출이 적고, 강매나 호객 행위 등이 발생하는 원인이 되고 있다. 더욱이 임대점포 상인들보다 영세한 노점상까지 포함한다면 전통시장 상인의 영세성은 더욱 심각한 상황이다.

### 2.2.2. 편의시설 부족

대형마트는 가격이 저렴하면서도 깨끗한 공중시설과 편리한 주차시설, 다양한 음식을 맛볼 수 있는 푸드코트, 영화관 등을 갖추고 있어 쇼핑과 여가를 함께 할 수 있는 장소로 자리잡고 있다.

대구 동구시장 및 서문시장의 경우 고객지원센터, 휴게실, 급수대, 유아놀이방, 모유수유실, 쇼핑카트, 물품보관함 등의 고객편의시설을 갖추고 있으나, 이는 극히 일부 시장의 경우다. 대부분의 대구 지역 전통시장은 시장 활성화 사업 수준이 기반시설 정비 정도에 그치고 있다. 환언하면 시장 내부에 기본적인 편의시설조차 갖추지 못하거나 차량을 이용한 쇼핑이 불가능한 곳이 많다는 것이다.

한편 전통시장에 다양한 먹을거리들이 있지만, 대형마트의 푸드코트만큼 편하거나 안락하지 않다. 심지어 화장실과 같은 기본적인 공중시설마저 없는 시장이 있는가 하면, 화장실이 있더라도 매우 비위생적이라 소비자들이 이용을 기피하고 있다. 이는 신세대 주부들과 젊은 소비자들의 시장 방문을 가로막는 주요 요인이 된다. 아무튼 편의시설 부족문제는 대구 전통시장 상인들이 하루빨리 해결해야 할 사항이다.

### 2.2.3. 상인(조직) 결속력 부족

전통시장 대부분은 소규모 점포들이 밀집하여 각자의 방식으로 영업을 하는 형태로 운영된다. 상인들 간에 이해가 상충될 경우 시장 전체적으로 하는 공동마케팅, 시설 현대화 사업 등을 추진하는 데 적지 않은 어려움이 따른다. 물론 시설 현대화 사업을 추진하는 과정에서 구성원들 간의 갈등으로 인해 사업 자체가 중단되는 경우도 적지 않게 있다. 점포 소유주와의 의견 불일치, 권리금, 점포위치에 대한 기득권 문제 등이 주된 원인이라 한다. 여기에 시설 현대화 사업 추진 후에도 임차상인들의 기득권 보호 및 생계대책 문제까지 야기되곤 한다.

이러한 문제를 해결하기 위해서는 무엇보다도 훌륭한 상인리더와 강력한 상인조직이 필요하다. 현실적으로 오늘날의 상인조직은 상인들 간의 친목도모 역할은 물론 시장 변화에 적극적으로 부응하는 역할까지 할 수 있어야 하기 때문이다.

또 상인회가 스스로 지자체 시장담당공무원, 시장관련전문가 등과 협력해 시장 차원의 중·장기 발전계획 수립, 시장 특성화 전략 개발, 차별화된 마케팅 활동 전개, 상거래 질서 확립 등을 능동적으로 해나갈 수 있어야 하기 때문이기도 하다.

그리고 중앙집중식 관리가 이루어지는 대형마트와 경쟁하기 위해서는 전통시장도 상인 조직을 강화시키고, 상인 간의 신뢰성 확보 및 제반 시설 관리, 공동시설 활용 등을 촉진해야 한다. 아무튼 전통시장 시설 및 경영 현대화에는 무엇보다도 상인회(조직)의 역할이 중요하다고 본다.

### 2.2.4. 점포경영 능력 부족

대구 전통시장 상인의 과반수 이상이 60세 이상의 고령자이며, 그들의 점포 운영 방식 및 경영마인드는 현대 소비자와는 거리가 멀다. 일부 전통시장 이용객의 경우 상품을 보다가 사지 않고 간다고, 상인에게서 험담을 들은 경험이 있다고 한다. 또 구매한 상품을 환불하거나, 교환할 때 상인과 다툼을 하는 경우도 없지 않다.

전통시장에서는 '물품을 팔고 나면 모든 것이 끝'이라는 식으로 생각하는 상인들이 적지 않음은 물론 결함 상품이 많은 것도 사실이다. 그럼에도 불구하고 교환이나 환불이 쉽지 않거나 불가능하다는 것은 문제라 하겠다.

과거 1970년대까지는 전통시장 외에는 큰 대안적 유통 업태가 없었기 때문에 전통시장(상인)이 주도적으로 공급자 역할을 해 왔다. 그러나 오늘날은 소비자의 주권이 '신의 뜻(소비자가 왕)'이 된 시대이다. '고객이 왕'이라고 인식하고 있는 소비자들이 상기와 같은 경험을 한다면 두 번 다시 전통시장을 찾지 않을 것이다.

또 가격표시를 하지 않은 점포들이 많고, 상품 가격이 점포마다 다른 경우도 허다하다. 이처럼 전통시장에서 일물일가의 원칙이 적용되지 않는 것은 상인들의 의식과 관련이 있다고 본다. 아무튼 가격표시 및 정찰제를 실시하지 않는 것은 소비자로 하여금 불신을 갖게 하므로 문제라 하겠다. 많은 전통시장 이용객들이 구매 후 다른 곳에 더 싼 값의 동일 상품이 있음을 알고 쓸쓸함을 경험했다고 한다. 전통시장의 재미와 미덕은 '에누리'에 있다고 말하는 사람들도 있다. 하지만 오늘날의 소비자들은 구매과정에서 가격을 흥정하기보다는 제시된 가격을 보고 구매 여부를 결정하는 것을 선호한다. 가격교섭에 시간과 노력을 빼앗기지 않겠다는 현대인들의 사고와 행동 방식 때문이다.


## 2.2.5. 안전시설 미비

2005년 12월 대구 서문시장 2지구에 대형화재가 발생하여, 많은 재산상의 손해를 입은 경험이 있다. 일반적으로 전통시장은 구시가지에 위치하며 진입로가 매우 좁다. 또 시장 내 통로는 주차 차량과 노점으로 인해 화재 발생 시 소방차 진입이 어려운 구조이다. 시장 건물 대부분이 40년 이상된 노후화된 것이고, 전기배선 또한 매우 위험한 상태로 노출되어 있다. 여기에 포목점, 옷집 등과 같이 인화성이 높은 상품을 취급하는 점포들이 많으며 협소한 점포, 창고시설 부족 등으로 인해 점포 안팎에 상품을 쌓아놓아 상품 훼손 및 화재위험마저 있다.

어떠한 시장 활성화 노력도 안전상의 문제가 해결되지 않는다면 아무런 의미가 없다. 즉 상인이 안심하고 생업에 전념하기 위해, 또 고객이 즐겁게 쇼핑을 하기 위해서는 안전상의 문제를 해결하는 것이 그 무엇보다도 중요하다는 것이다.


## 2. 대구 전통시장의 활성화 방안

### 2.1. 대구 전통시장 활성화의 새로운 접근

대구 전통시장이 과거에 비해 많은 변화를 가져 온 것은 사실이나, 아직 시장 내외부적으로 여러 가지 문제들이 산적해 있다. 기존 전통시장 활성화 방법은 대형마트가 뛰어난 쇼핑환경과 편의시설, 대형주차장 등을 보유하고 있는 것을 감안하여 시장시설을 현대화하고, 대형마트 등의 마케팅 기법을 모방하며, 마케팅 프로모션을 지원하는 것이었다.

사실 새로운 유통 업태들의 등장이 전통시장 쇠퇴의 직접적인 원인이 되었으며, 소비자 또한 그들이 제공하는 쇼핑환경에 길들여져 왔다. 그리고 온라인 기반 무점포 업태들이 성장하고 있는 데 발맞춰 에브리마켓과 같은 온라인 판매망을 구축하는 등 경쟁 업태의 것을 벤치마킹해 왔다.

이처럼 벤치마킹을 통해 전통시장의 어려움을 해결하려는 것은 어쩌면 당연한 일이기도 하다.

하지만 과연 오늘날의 소비자가 시설이 개선되고, 서비스가 조금 나아졌다 한들 과거처럼 전통시장을 찾게 될지는 의문스럽다. 아무리 전통시장이 활성화 노력을 기울인다 할지라도 대자본 유통 업태나 온라인 유통 업태가 가진 자본력과 경영 능력을 감안할 때 전통시장이 그들과 같은 수준의 쇼핑 편의성과 서비스를 제공하는 데는 한계가 있다.

물론 전통시장의 열악한 시설과 편의시설 부족은 소비자의 전통시장 방문을 어렵게 하는 것이기 때문에 일정 수준의 시설 현대화가 당연히 필요하다. 그러나 중요한 것은 전통시장이 미래지향적으로 유지·발전하기 위해서는 새로운 유통 업태와 차별화되는, 전통시장만의 가치를 부각시킬 수 있는 장기적이고 전략적인 접근이 필요하다는 점이다. 여기서 주요 유통 업태들이 제공하는 핵심 가치를 보면 다음과 같다.

**〈표 1〉유통 업태별 핵심 가치**

| 구분 | 핵심 가치 |
|---|---|
| 백화점 | 고품질의 제품을 고품질의 서비스로 제공 |
| 슈퍼마켓, 편의점 | 최고의 접근성 |
| 대형마트 | 저가격·중간 품질의 제품을 중간 품질의 서비스로 제공 |
| TV홈쇼핑, 인터넷 쇼핑몰 | 언제나, 어디에서나 가능한 쇼핑의 편의성 |
| 전통시장 | 저가격, 저품질의 제품을 저품질의 서비스로 제공 |

위의 〈표 1〉에서 보는 바와 같이 전통시장이 제공하는 핵심가치가 오늘날의 소비자들에게 특별히 매력적이지 못하다는 점이 문제다. 따라서 전통시장 활성화를 위해서는 전통시장만이 가지는 가치를 부각시킬 수 있는 장기적인 활성화 전략을 수립하는 일이 매우 중요하다. 여기서 다른 유통 업태가 모방하기 어렵고, 전통시장만이 가진 가치를 찾기 위해 전통시장이 소비자에게 제공

하는 가치와 편익을 이성적 차원과 감성적 차원으로 나누어 살펴보고자 한다.

그간 전통시장의 경쟁우위 요소였던 '저가격'과 '상품 다양성'의 이성적 가치는 대형마트와 IT기반 신유통 업태의 등장으로 빛을 발하지 못하게 되었다. 또 주거지와의 인접성은 구시가지의 쇠퇴로 점차 중산층과의 물리적 거리가 멀어지면서 편의점, 기업형 슈퍼마켓(SSM) 등에게 그 지위를 넘겨주었다. 환언하면 이제 기존의 전통시장이 제공하던 이성적 가치는 더 이상 전통시장만의 가치(요소)가 아님은 물론, 더욱 많은 가치를 제공하는 새로운 업태의 등장으로 전통시장의 상대적 유리성이 사라졌다는 것이다.

기성세대들의 옛 시골 장날에 대한 기억은 북적거리는 사람들과 넘쳐나는 먹을거리, 약장수, 엿장수, 각설이와 같은 구경거리, 흥정하거나 오랜만에 만나 안부를 묻는 사람들의 모습 등 마치 축제 같은 느낌으로 다가온다. 이러한 장날에 대한 향수는 많은 문학과 예술의 소재가 되기도 했다. 이처럼 과거 전통시장은 서민들의 삶을 비춰주는 거울이며 소중한 우리 문화 그 자체라고 하겠다.

오늘날의 전통시장이 일종의 유통 업태로 확고히 자리매김하기 위해서는 이러한 감성적 가치를 부각시키는 일이 무엇보다 중요하다고 본다. 역설적으로 말하면 전통시장 활성화 문제를 가장 효과적으로 해결하는 방법은 바로 '더욱 전통시장다워지는 것'이라 할 수 있다. 여기서 어떻게 해야 전통시장의 감성적·정서적인 가치를 부각시킬 수 있는지를 알아보기 위해 서양의 '광장'에 대해 알아보고자 한다.

유럽 사람들은 분수대, 조형물 등이 있고 다양한 거리 공연과 축제가 열리는 매력적인 문화장소를 광장이라고 부르며, 또 많은 상인과 시민, 예술가들이 모여 문화와 상업이 활성화되는 장소로 생각한다. 일반적으로 광장은 '의사소통을 꾀할 수 있는 공공(公共)의 장소를 비유하여 이르는 말'이며, 크게 도시민들에게 휴식처와 만남의 장을 제공하는 시민광장과 상업 활동이 행해지는 시장광장으로 구분한다.

서양인들에게 광장은 먹을거리와 볼거리가 넘쳐나는 매력적인 장소인 동시에 휴식과 문화와 커뮤니케이션이 있는 공간으로 인식된다. 우리 전통시장도 과거 전통시장이 담당했던 이러한 서양의 광장과 같은 느낌으로 시민들에게 받아들여질 때 비로소 유통 업태 내에서 나름대로의 독자적인 지위를 차지할 수 있을 것으로 사료된다.

요컨대 전통시장이 광장의 개념으로 거듭나기 위해서는 지역민들에게 오프라인 커뮤니티 공간을 제공하고, 축제·공연 등의 문화적인 볼거리가 넘치며, 지역의 상인과 시민들이 함께 호흡할 수 있는 장소로서 역할을 해야 할 것이다. 그리고 외지인들에게는 지역의 특색을 체험할 수 있는 공간이 되면 좋을 것 같다. 아무튼 우리의 전통시장을 상업적 기능은 물론 문화적인 기능도 함께하는 광장으로 만들 필요가 있다고 본다. 여기서 대구 전통시장의 활성화 방안을 구체적으로 제시하고자 한다.

### 2.1.1. 문화콘텐츠·공간 제공

오늘날 주5일 근무제가 실시됨에 따라 도시민들의 여가시간이 크게 늘어났다. 사람들은 여가시간을 알차게 보내기 위해 취미생활, 운동, 여행 등을 한다. 하지만 급격한 산업화 과정을 거치면서 기성세대들은 일에만 몰두한 나머지 여가시간 활용 경험이 거의 없으며, 즐길 만한 장소도 마땅히 없었던 것이 우리의 현실이다.

특별한 볼거리가 없었던 과거에는 엿장수, 약장수, 다양한 먹을거리, 노점 등의 볼거리가 넘치는 장날이 최고의 여가활용 장소로 인식되었고, 아이들은 가슴 설레며 손꼽아 장날을 기다리곤 했다. 하지만 현대인, 특히 도시민에게는 장날의 이러한 것이 굳이 전통시장을 찾아갈 만큼 매력적이지 못하다. 그래서 볼거리와 먹을거리가 넘치는 과거의 장날을 오늘날에 맞게 부활시켜야 하는데, 이를 위해서는 시장을 현대적인 문화공간으로 만들 필요가 있다.

브라질 상파울루 중앙시장 상인

일본 도쿄 아메요꼬 시장 상인

러시아 모스코바 이즈말롭스키 시장 상인

카자흐스탄 젤요니 시장 상인

방글라데시 다카 굴산 No.1 시장 상인

라오스 비엔티엔 나노콤 시장 상인

세계 전통시장 상인들

실제로 대구에는 극장, 오페라하우스, 쇼핑센터, 공원, 박물관, 미술관 등의 문화공간이 있지만, 지역 단위로 사람들끼리 커뮤니케이션하고 교감을 나눌 수 있는 장소는 없다. 또 예술가들이 자신의 작품이나 공연을 보여줄 공간도 없는 실정이다.

영국 런던의 코벤트가든에는 서커스, 음악회, 거리공연, 마술 등이 열리며, 젊은 예술가들의 작품을 감상하거나 구매할 수 있다. 또 이곳은 지역주민과 관광객에게 다양한 볼거리를 제공함으로써 상업과 문화가 공존하고 있다. 우리나라 전통시장이 서양의 광장처럼 거듭나기 위해서는 다양한 놀이와 문화콘텐츠를 담아야 하는데, 이는 전통시장의 감성적 가치를 부각시키는 데 유용하기 때문이다.

다행히 전통시장과 문화를 결합하는 시도가 대구 방천시장에서 전개되고 있어 많은 사람들의 관심을 받고 있다. 즉, 대구 중구청과 대구미술비평연구회가 쇠퇴해 가는 방천시장을 활성화시키기 위한 '2009 방천시장 예술프로젝트'를 전개하고 있다. 사실 이곳은 빈 점포가 많고, 시장 기능을 상실해 가던 대표적인 구시가지 시장이었다. 동 프로젝트는 수십억 원이 드는 시설 현대화를 추구하는 대신 시장 일부를 지역 예술가들에게 내어주는 방식으로 시장 활성화를 도모한 것이다. 그리고 경쟁 업태의 장점을 벤치마킹하는 것이 아니라 전통시장의 절대적인 가치인 감성에 소구한 사례라고 할 수 있다. 앞으로 다른 전통시장들도 이러한 사례를 벤치마킹하여 지역주민(단체)에게 시장의 일부를 내어주면서 주민과 상인이 공생하는 방안을 모색해야 할 것이다.

한편 오늘날 전통시장이 존재해야 하는 이성적인 가치 중의 하나는 바로 '영세 상인들의 생계를 위해서'라는 공공적인 가치이다. 시장 밖의 자영업자들이 세금을 꼬박꼬박 내면서도 정부의 지원은 한 푼도 받지 못하고 몰락해 가는 상황에서 구성원 대부분이 사업자등록증이 없는 전통시장에 국민의 혈세를 지원하는 이유가 바로 여기에 있다. 전통시장 활성화 사업이 경제적인 접근보다는 공익적인 접근을 통해 이루어져야 하는 것은 바로 이 때문이다.

이러한 관점에서 보면 국민의 세금을 지원 받은 전통시장은 상인들의 사유 재산이 아닌 시민의 재산이고, 시민이 주인인 공간을 시민을 위한 문화·휴식 공간으로 활용할 때만이 시민이 '왜 내가 전통시장을 이용하고 살려야 하는지'에 대한 진정한 공감대를 불러일으킬 수 있을 것이다.

## 2.1.2. 지역밀착형 마케팅활동 전개

오늘날 인터넷과 정보통신기술의 발달로 인해 온라인상의 커뮤니케이션이 매우 활발하게 전개되고 있다. 특히 취미가 비슷한 사람들이 온라인상에서 동호회를 만들어 정보를 공유하고 의견을 나누는 활동이 많다.

하지만 익명성이 보장된 온라인상에서 이루어지는 타인과의 커뮤니케이션은 인간적인 따뜻함을 느낄 만큼 교감할 수 없음이 그 과정에서 상대방에게 불쾌감을 주는 경우가 있다. 친구와 인터넷이나 휴대전화로 커뮤니케이션하는 것보다 서로 얼굴을 맞대고 대화를 나누는 것이 더 인간적인 교류가 이루어진다는 것이다.

그리고 인터넷 사용이 어려운 기성세대들에게는 가상의 온라인 공간이 아닌 과거 시골 마을에서 이웃 간의 끈끈한 정이 느껴지는 사람간의 물리적인 커뮤니케이션에 대한 욕구가 강하다는 것도 오늘날의 현실이다. 과거에는 음식도 나눠 먹고, 힘든 일은 서로 돕고, 즐거운 일은 함께 기뻐하던 가까운 이웃사촌이 있었지만, 오늘날은 옆집 사람이 누구인지 모르는 각박한 현실을 살아가고 있다. 이에 대해 사람들은 도시화에 따른 당연한 현상 쯤으로 여기는 것 같다.

그러나 유럽과 일본과 같이 자본주의가 발달한 선진국에서도 이웃 간의 정은 매우 중시되며 지역민들이 함께 교류할 수 있는 행사와 물리적 장소가 많아지고 있다. 사람은 본래 공동체 생활을 영위하도록 되어 있기 때문에 사람들 간에 정을 나눈다는 것은 삶의 질을 결정하는 매우 중요한 일이다.

과거에 이러한 기능을 담당했던 공간이 바로 전통시장이다. 즉 옛날 장날 시장은 사람들의 만남의 장소이자, 사람들과 정을 나눌 수 있고 정보를 얻을 수 있는 곳이었다. 오늘날에도 지역민들이 보다 인간적으로 커뮤니케이션을 할 수 있는 최적지가 바로 전통시장이라 사료된다.

일반적으로 전통시장은 다른 전통시장과는 일정한 거리를 두고 있으며, 또 주거 밀집 지역에 위치해 있다. 따라서 전통시장은 지역커뮤니티를 형성하기에 매우 좋은 공간적인 구조를 가지고 있다고 할 수 있다. 시장 반경 1km 이내에 거주하는 지역주민이 대부분인 시장이용객들에게 교류할 수 있는 장소를 제공하는 것이야말로 새로운 차원의 전통시장 활성화 방식이라 하겠다.

전통시장은 대형마트처럼 넓은 상권 범위를 가지는 것이 아니며, 멀리서 찾아오는 고객은 극소수다. 전통시장이 인근 주민들에게 최고의 커뮤니티 공간으로 인식된다면 시장 활성화에 크게 도움이 될 것이다. 여기에 벼룩시장, 지역행사, 택배 서비스 등의 주민 밀착형 활동이 가미될 경우는 더욱 그러할 것이다.

원래 벼룩시장은 일반인들이 일정 장소에 모여 자신이 쓰지 않는 물건을 팔고, 다른 사람의 물건을 살 수 있는 장소를 의미한다. 지역민들이 입지 않는 옷, 오래된 책, 수집품, 가구류 등을 시장에 갖고 나와 다른 사람에게 판매할 수 있는 장(공간)을 마련할 필요가 있다고 본다. 이는 시장방문객을 늘릴 수 있는 좋은 방안이라 사료된다. 그러나 공간이 협소하여, 벼룩시장을 열 수 있는 마땅한 공간이 없을 수 있다. 따라서 규모가 큰 시장에 설치하거나 토요일이나 일요일을 이용하면 된다.

대구 지역 전통시장의 또 다른 활성화 방안으로 택배 서비스를 들 수 있다. 시장이용객에게 전화주문만으로 집까지 배송되는 택배 서비스가 제공된다면 그들이 굳이 TV홈쇼핑, 대형마트, 편의점 등의 신유통 업태를 이용할 필요가 없을 것이다.

또 지역주민의 행사장으로 전통시장을 사용하도록 하는 방안도 강구할 필요가 있다. 불우이웃돕기, 바자회, 지역축제 등을 상인과 지역민들이 하나가 되어 전개할 때 서로 간의 정도 싹 트고 지역에 대한 그들의 관심과 사랑도 늘어날 것이다. 궁극적으로는 전통시장이 단순한 유통 업태의 일종이 아닌 진정한 동반자로 자리매김할 수 있을 것으로 본다.

### 2.1.3. 고객 신뢰 구축

오늘날 소비트렌드의 핵심은 웰빙(Well-being)이다. 우리 사회에서 건강을 중요시하는 풍조가 크게 두드러지면서 유기농 제품, 자연식품 등으로 불리는 웰빙 음식들이 꾸준히 성장하고 있다. 그러나 이러한 소비트렌드와는 반대로 먹을거리에 대한 소비자들의 불신도 점점 커져 가고 있는 실정이다. 특히 '수입 소고기 파동', '중국산 불량 만두 사건', '과자의 멜라닌 파동', '중국산 불량 먹을거리 사건' 등이 일어나면서부터 먹을거리에 대해 걱정을 많이 한다.

"제 땅에서 난 음식이 최고로 몸에 좋다"는 말처럼, 우리 농산물이 우리의 건강에 가장 좋다는 것은 누구나 잘 알고 있다. 대형마트에서 한 번도 가 본 적도 들어본 적도 없는 페루나 칠레에서 온 '장어구이'를 볼 때 소비자들은 구매 결정을 하는 데 만감이 교차할 것이다. 그리고 오늘날은 '가격이 싼 제품보다는 믿을 수 있는 제품을 판매하는 것'이 중요하다는 말이 유통업계의 화두가 되고 있다.

한편 대구 지역 전통시장에서는 1차 상품(과일, 채소, 어패류, 육류, 미곡류 등)을 주로 취급하고 있는데, 원산지 및 가격 표시를 제대로 하지 않고 있어 문제다. 소비자가 구매 의사결정하는 데 어려움을 주는 것은 물론, 그들로부터 신뢰를 얻지 못하기 때문이다. 궁극적으로는 소비자들이 전통시장 이용을 꺼리는 이유 중의 하나이기도 하다. 그리고 상인들은 '상인이지만 소비자요, 소비자이면서 지역민'이라는 점을 명심해야 하고, 또 신뢰와 양심이라는 가치를 절대로 저버려서는 안 될 것이다. 진정한 상도는 이익만 많이 내는 것이 아니라 '남을 도우며, 나도 이익을 얻는 것'이다. 현실적으로 상도를 어기며 장사를 할 경우 단기적으로는 수익이 많이 날 모르나 장기적으로는 그러하지 못하다.

소비자 신뢰를 얻기 위해서는 상인들 간의 합심·단결이 필요하다. 전통시장에서는 점포주 개개인이 사장이고 점포마다 독자적으로 관리·운영되기 때문에 상호 불간섭의 수평적인 조직구조를 갖는다. 같은 품목을 취급하는 상인들은 서로 협력하기보다는 경쟁자로 인식하거나 서로 반목하는 경향이 있다. 대구 지역 전통시장에서 같은 품목을 취급하는 점포들이 연합회를 구성하고, 이를 통해 산지의 전통시장과 자매결연을 맺어 그 지역 농수산물을 공동구매·판매하는 것도 경쟁력을 확보할 수 있는 좋은 방안이 될 것이다.

이와 더불어 원산지 표시제, 가격정찰제, 신용카드 결제시스템 도입, A/S 강화 등도 반드시 이루어져야 한다. 즉, 오늘날에 있어 이들은 선택적 사항이 아니라 필수적 사항이라는 것이다. 전통시장 상인들은 '우리의 고객은 내 이웃이자 가족'이라는 생각을 가져야 하고, 또 동업종 상인에 대해서는 경쟁자라기보다는 함께 살아가야 할 파트너로 인식해야 할 것이다.

### 2.1.4. 젊은 여성의 시장 유인

여성의 성세활동 참여는 가사노동 시산의 삼소를 가셔 왔나. 여성들이 상보는 시간이 줄게 되자 대량 구매를 선호하면서 쇼핑 횟수는 줄었다. 즉 인근 전통시장에서 매일 필요 물품을 구매하기보다는 자동차를 이용, 대형마트에서 1주일~1달간 사용·소비할 물품을 한꺼번에 조달해 오는 것이 일반화되었기 때문이다.

또 쇼핑 시간대도 낮 시간보다는 업무가 끝난 저녁시간을 선호하고, 다소 비싸지만 가깝고 24시간 영업하는 편의점을 자주 찾는 경향이 있다. 이처럼 전통시장은 주요 고객층인 여성, 특히 젊은 주부들로부터 점차 외면당하고 있는 실정이다.

한편 전통시장 이용객 중에는 50대 이상의 중·장년층이 대부분이며 젊은 층은 보기 힘들 정도다. 젊은 층의 경우 편리하고 쾌적한 대형유통기관을 선호하며, 또 다소 가격이 비싸도 편리함을 추구하는 성향이 있기 때문이다. 시설 현대화 사업이 이루어진 후에도 그들의 전통시장 방문이 좀처럼 늘어나지 않는 이유가 바로 여기에 있다.

그리고 젊은 층이 시장을 이용하지 않는다는 것은 장기적으로 볼 때 전통시장 자체의 존립을 위협하는 심각한 문제라 하겠다. 지금 전통시장을 찾는 중장년층 소비자들이 없을 경우 오늘날의 젊은 층 소비자들은 그때에도 대형마트를 방문할 것이고, 고객이 없는 전통시장은 당연히 존재할 수 없을 것이기 때문이다.

아무튼 대구 지역 전통시장이 활성화되기 위해서는 여성 및 젊은 층을 유입시켜야 하는데, 그러기 위해서는 다양한 문화적 콘텐츠가 구비되어야 한다. 젊은 세대들이 현대적이고 쾌적한 쇼핑환경을 선호하기도 하지만 새로운 볼거리와 즐거움이 있는 곳이면 다소의 불편함은 감수하는 성향이 있다. 투박하고 전통적인 막걸리 전문점에 젊은이들이 많이 찾는 것도 그들이 좋아하는 색다른 볼거리와 분위기가 있기 때문이다.

결론적으로 말해 향후 대구 전통시장의 유지·발전을 위해서는 문화적·인간적 접근이 반드시 필요하다고 본다. 그래야만 대구의 전통시장이 서양의 광장처럼 지역의 많은 사람들이 커뮤니케이션과 문화를 함께 즐길 수 있는 공간이 되고, 또 기존의 경쟁 업태들이 모방할 수 없는 차별화된 유통 업태로 자리매김할 수 있다고 보기 때문이다.

## 2.2. 대구 전통시장 활성화의 주체별 역할

대구 전통시장 활성화의 주체별 역할을 개별 상인, 상인회, 지방자치단체라는 3가지 측면에서 살펴보고자 한다.

### 2.2.1. 개별 상인: 전통시장 활성화는 상인(의지)에 달려 있다.

무엇보다도 상인 의식의 전환이 요구된다. 친절·서비스 정신 함양, 점포 경영 능력 증진, 적극적인 상인교육 참여, 고객 만족 지향적인 태도 구축 등을 위해서다. 특히 상인교육을 통해 상인 의식 및 점포 경영의 현대화를 서둘러야 할 것이다.

마케팅 및 홍보활동을 강화해야 한다. 구체적으로는 깜짝 세일, 산지 직거래(방학동 도깨비시장), 고객사은행사(서남신시장의 사은품증정), 시장 홍보물 제작·배포(인천 신기시장의 시장 소식지), 시장 환경 변화 및 소비자 기호 파악, 먹을거리·볼거리·즐길거리 마련(일본 요코하마 시장의 미관 위주 인도 조성), 편의시설 확충을 통한 고객 불편 사항 해소(구포시장의 고객쉼터, 수유실 등의 설치), 청결·위생 상태 개선 등을 들 수 있다.

### 2.2.2. 상인회: 상인 결속력이 시장 발전을 좌우한다.

첫째, 시장경쟁력 향상을 위해서는 다른 시장과 차별화할 수 있는 장기시장발전계획을 수립하여야 한다. 또 신세대 소비자를 시장으로 유입하는 노력을 기울여야 하는데, 여기에는 그들이 좋아하는 문화콘텐츠 개발, 제공이 요구된다. 그 예로 서남신시장의 초등학생 시장 그림 그리기 대회와 영국 애플시장의 연주회·마술 공연 등을 들 수 있다.

둘째, 시장 및 시장 주변 여건에 맞춰 특성화·전문화해야 한다. 강원도 정선시장의 곤드레 나물, 광주 양동 복개시장의 가구, 영국 보로시장의 빵, 일본 스가모시장의 노인용품 등이 그 예이다.

셋째, 모든 건축·시설물에 지역 및 시장 특성이 반영되도록 해야 한다. 대구 지역 전통시장의 간판은 대부분 단순한 간판 수준에 불과하다. 전남 함평시장의 나비 모양 지붕, 수원 지동시장의 독특한 모양의 아케이드, 전남 장흥시장의 입구 간판 등은 지역 및 시장 특성이 반영되어 나름대로의 정체성을 갖는 것은 물론 볼거리로서의 역할도 한다.

넷째, 지역민의 복합놀이문화공간, 외지인의 문화관광지로서의 전환도 고려해볼 만하다. 대구의 경우 중소형 전통시장들이 대부분이라는 점에서 지역주민과 연계하거나 커뮤니티를 형성할 필요가 있다고 본다. 독거노인 돌보기 프로그램을 운영하고, 유사품목 취급 점포군별로 점포를 배치한 의정부 제일시장의 경우가 좋은 본보기가 될 것이다.

다섯째, 새로운 시장 콘셉트의 구축이 필요하다. 편의성·청결성 등의 면에서 부정적 이미지가 강한 시장 이미지를 개선하기 위해서다.

여섯째, 노점상과의 공생 방안을 강구해야 한다. 사실 노점 때문에 전통시장을 찾는 면이 없지 않다. 울산 중앙시장의 노점임대제, 의정부 제일시장의 노점허가제는 노점상과의 공생 전략으로 시장 활성화에 성공한 사례라 하겠다.

일곱째, 빈 점포(대구 23%, 전국 13%) 활용 방안을 강구해야 한다. 빈 점포를 지역주민의 문화·교육공간(동아리 모임터 등)으로 활용하는 것도 좋은 대안이 될 수 있다. 광주 양동 복개시장과 같이 임대료를 파격적인 수준으로 낮추어 주는 것도 빈 점포 문제를 해결하는 방안이 될 수 있을 것이다. 이와 함께 지역 소비자단체 및 언론기관과의 협력관계 구축도 필요하다.

### 2.2.3. 지방자치단체 등: 지역경제 활성화 차원에서 적극성을 발휘해야 한다.

첫째, 전통시장 문제는 지역경제 활성화 및 지역민 생계보호 차원에서 검토되어야 함은 물론, 지역사회의 주요 경제 문제로 부각시켜야 한다. 그리고 지역 언론기관 및 소비자 단체와 협력 관계를 구축하여야 할 것이다.

둘째, 전통시장별로 여건과 특성이 다소 다르므로 개별 시장 맞춤형 및 시장 유형별 활성화 전략(개발)을 수립해야 한다.

셋째, 발전 가능성이 높은 시장부터 지원·육성해야 한다. 또 구청별 거점시장을 선정하여 이들을 집중적으로 활성화시켜야 할 것이다.

넷째, 지방자치단체장의 많은 관심과 적극적인 노력이 요구된다. 이는 현실적으로 상인 의지와 함께 시장 활성화 여부 및 정도를 결정하는 매우 중요한 요소라 하겠다.

다섯째, 상인교육 시 점포 이탈을 꺼리는 상인들이 많아 특정 장소(상인교육장)에서 이루어지는 상인교육에의 참여도가 저조한 실정이다. 따라서 상인 스스로 학습 가능한 '상인 자율학습서'를 개발할 필요가 있다고 본다.

여섯째, 전통시장의 소방에 관한 사항, 안전 및 위생에 관한 사항, 가격정찰제나 계량에 관한 사항 등은 시장 자율에 맡겨서는 한계가 있다. 따라서 대구광역시에서는 시장관련제도 및 규정을 엄격히 적용해야 함은 물론 상인들의 자기혁신을 유도하는 행정적 장치를 마련해야 할 것이다.

일곱째, 본연의 기능을 상실한 구시가지 전통시장(공간)과 일부 시장의 빈점포를 시민들을 위한 문화 공간으로 활용해야 한다. 무분별한 재개발보다는 상업 기능을 유지하면서 시민들을 위한 공적 기능을 강화하는 방향으로 이루어져야 할 것이다.

방글라데시 굴산 No.1 시장 상인

태국 짝두짝 시장 상인

과테말라 과테말라시티 치치카스 테낭고 시장 상인

필리핀 마닐라 빠끄라란 시장 상인

방글라데시 굴산 No.1 시장 상인

우즈베키스탄 시야브 시장 상인

세계 전통시장 소년·소녀 상인들

# 제3장 대구·경북 전통시장의 유형별 활성화 모델*

## 1. 서론

대구·경북의 전통시장은 2002년부터 현재까지 많은 사업비를 들여 시설 및 경영 현대화 사업을 추진해 왔으나 많은 전통시장이 갈수록 침체되고 있으며, 영세한 시장상인들은 힘들어하고 있다.

이는 기존의 전통시장 활성화 지원정책이 전통시장 고유의 특성을 고려하기보다는 낙후된 기반시설의 확충을 위한 정책이 천편일률적으로 이루어졌고, 또 경쟁 업태에 비해 전통시장이 경쟁력을 갖지 못했기 때문이다. 여기에 정부지원정책의 효율성이 크게 떨어지는 것도 한 이유가 된다.

본 연구에서는 향후 전통시장 지원정책의 효율성을 높이기 위해 대구경북 지역 전통시장의 차별성을 고려한 전통시장 유형 분류 방안을 개발하고, 각

*우영진 경북대 경영학부 박사과정생, 저자, 김재진 경북대 경영학부 교수의 공동연구 결과물이며 한국경영교육학회에서 2010년 2월 발간한 『경영교육연구』 제59집에 게재된 논문임.

시장 유형별 성공 사례를 분석하여 낙후된 전통시장을 리포지션(reposition)할 수 있는 시장 유형별 활성화 모델(로드맵)을 제안하고자 한다.

또한 본 연구는 유형별 활성화 모델을 개발하는 데 목적이 있기 때문에 국내외 성공시장들의 유형별 특징과 성공 요인을 사례조사를 통해 벤치마킹하고, 각 시장별 환경여건을 고려한 유형별 분류와 활성화 모델을 개발하여 전통시장 활성화에 대한 정책적 시사점을 제시하고자 한다.


## 2. 이론적 고찰

상업지역 유형 분류에 관한 해외 연구들(Proudfoot, 1937; Bums, 1959; Carol, 1960; Berry 1967; Northam, 1979; 다나카 미치오, 1995; 아이다 레이지, 1999; Kotler, 2000)은 우리의 전통시장과 같은 형태의 상업지역을 대상으로 한 것이 아니라 대도시 상점가 형태의 상업지역을 연구 대상으로 하였다. 그러므로 이들을 대구경북 지역의 전통시장 유형 분류에 참고는 할 수 있으나 그대로 적용하는 데에는 한계가 있다. 여기서 상업지역 유형 분류에 관한 해외 연구를 요약하면 〈표 1〉과 같다.

"전통시장 및 상점가 육성을 위한 특별법"에는 전통시장의 유형을 시장의 등록 여부, 크기, 소유자, 상권의 크기, 취급 상품에 따라 구분하고 있다. 일반적으로 하나의 전통시장은 구분 유형을 복합적으로 가지고 있어(등록시장, 소형시장, 공설시장, 근린생활, 노점형, 정기, 종합시장) 시장 유형에 대한 조합이 매우 많다.

또한 전통시장 유형 분류에 관한 국내 연구들은 재개발, 재건축 상의 유형 분류나 입지 특성, 상권 규모, 점포수, 고객수 등의 정량적인 요소에 치중하여 유형 분류를 하였다. 따라서 지역에서의 전통시장의 위상과 시장이 가진 문화·역사자원, 전통장터로서의 문화적 가치 등의 정성적인 변수들을 유형 분

**〈표 1〉 상업지역 유형 분류에 관한 해외 연구**

| 연구자명 | 연구 대상 | 분류 유형 |
|---|---|---|
| Produfood(1937) | 미국 주요 5개 도시의 상가 | 중심상업지구, 부도심상가, 간선도로변상가, 근린상가, 독립상점군 |
| Bums(1959) | 영국 대도시의 상업지역 상가 | 도심부상가, 지구중심상점가, 근린주거상점가, 준상점가 |
| Carol(1960) | 스위스 취리히 내 상점가 | CBD상업지구, 지역중심상업지구, 근린주거상업지구 |
| Berry(1967) | 대도시 상업 및 업무 지역 | 핵형중심상가, 간선도로변상가, 특화기능상가 |
| Northam(1979) | 대도시 소매업 구조의 기능별 분류 | 독립상업시설, 커뮤니티상가, 지역상가, 중심업무지구 |
| 다나카 미치오(1995) | 일본의 상점가 분류 | 근린형상점가, 지역형상점가, 광역형상점가, 초광역형상점가 |
| 아이다 레이지(1999) | 슈퍼마켓의 상점가 위치 | 대상권입지, 소상권입지 |
| Kotler(2000) | 점포의 집적에 따른 상점가 구분 | 중심성업지구, 지역쇼핑센터, 지구쇼핑센터, 근린쇼핑센터 |

류에 반영하지 못했다는 단점을 갖는다. 이러한 연구를 본 연구에 그대로 적용하기에는 다소 무리가 있지만, 대구경북 전통시장의 유형별 분류에 매우 중요한 참고자료가 된다고 본다. 전통시장 유형 분류에 관한 국내 연구를 보면 〈표 2〉와 같다.

기존의 소매상업지역 유형 분류에 대한 국내외 연구들은 시장이나 상점가의 유형 구분 자체를 연구목적으로 하였기 때문에 각 유형별로 '어떻게 활성화시킬 것이냐'라는 대안은 분명하게 제시하지 못하고 있다. 전통시장의 입지 특성, 상권 규모, 점포수, 고객층 등의 정량적인 요소를 중심으로 유형 분류하였기 때문이라 본다.

환언하면 우리의 전통시장이 갖는 정성적인 요소인 시장 관계자들(공무원, 상인, 소비자)의 활성화 계획, 지역의 인문자연자원, 지역에서 전통시장이 갖는 위상, 개별 전통시장의 경쟁력 등의 요인을 간과한 측면이 있기 때문에

**〈표 2〉전통시장 유형 분류에 관한 국내 연구**

| 연구자명 | 연구 목적 | 분류 유형 |
|---|---|---|
| 김정태·오덕성(1997) | 전통시장 재개발·재건축 유형 연구 | • 보수형(상업지향, 주거지향, 주상 연계)<br>• 신규형(상업지향형, 주거지향주상 복합, 상업지향주상복합) |
| 김정태·오덕성(1997) | 효율적인 전통시장 재정비 방안 연구 | 지역형, 지구형, 근린형 |
| 박홍석(1998) | 전통시장 활성화 모델 연구 | 광역형, 지역형, 지구형, 근린형 |
| 최주영·양동양(1997) | 전통시장의 다양한 재개발 모델 제시 | 10가지 유형 |
| 이춘근(2003) | 대구경북 전통시장 육성 방안 개발 | 지역대표시장, 전문특화시장, 생활권 중심시장, 구조조정대상시장 |
| 서수정 등(2005) | 전통시장 정비사업 제도개선 및 모델 개발 | 건물형, 골목형, 블록형, 대형시장, 구도심 정기시장 |
| 김용욱·변명식(2006) | 전통시장 특성별 발전전략 모델개발 | 대형시장, 중형시장, 소형시장, 전문 시장 |
| 김종국(2008) | 전통시장 상권유형 개발 | 근린상권, 지역상권, 광역상권 |

유형 분류는 가능하지만 유형별 활성화 대안을 제시하는 데는 한계가 있다는 것이다.

본 연구에서는 대구경북 전통시장 유형을 분류하되 전통시장 활성화 측면에서 시장유형별 구분을 시도하였고, 이를 위해 국내외 성공시장들의 유형별 특징과 성공 요인들을 벤치마킹하였다. 또 많은 시장 관계자들의 활성화 방향에 대한 계획들을 반영하였으며, 각 전통시장 자체가 갖는 상품경쟁력의 차이와 주변환경 여건의 특성들을 충분히 반영한 유형별 구분을 하려고 노력하였다.

# 3. 대구·경북 전통시장의 유형별 분류

## 3.1. 대구·경북 전통시장의 5가지 유형

기존 선행 연구와 전통시장들의 특성을 분석하여 대구 경북 전통시장을 5가지 유형으로 구분하면 〈표 3〉에서와 같다.

**〈표 3〉 대구·경북 전통시장의 5가지 유형**

| 구분 | 정의/예 |
| --- | --- |
| Model 1<br>전문상품시장 | 단일 품목(인삼, 포목, 수산, 화훼, 젓갈 등)으로 특화된 시장<br>ex) 소백쇼핑몰, 풍기인삼시장, 영천한약재시장, 구미공구상가 등 |
| Model 2<br>근린생활시장 | 주거 밀집지역 주변에 형성된 지역밀착형 소규모 시장<br>ex) 대구영선시장, 영주골목시장, 안동중앙신시장, 중곡제일시장 등 |
| Model 3<br>중심상권시장 | 상권 기능이 강하고 유동인구가 많은 시내 중심가, 역 주변, 터미널 등의 중심상권에 형성되어 있는 시장 – 주변에 대형마트나 다른 시장들이 인접해 있어 경쟁이 치열함<br>ex) 영천공설시장, 영주공설시장, 논산화지중앙시장 등 |
| Model 4<br>전통정기시장 | 전통성이 강하고, 정기적으로 장이 열리는 시장(5일장)<br>ex) 장흥시장, 안동풍산시장, 풍기중앙시장, 왜관시장 등 |
| Model 5<br>관광지 주변시장 | 유명 관광지 주변에 형성된 시장 또는 시장 자체가 관광지인 시장<br>ex) 영해시장, 강구시장, 김천황금시장 등 |

여기서 전문상품시장, 근린생활시장, 중심상권시장, 전통정기시장, 관광지 주변시장에 대해 구체적으로 살펴보고자 한다.

### 3.1.1. 전문상품시장

| 전문상품시장(Model 1) | |
|---|---|
| 활성화 목표 | 전국적인 경쟁력을 갖춘 명품특화시장 |
| 정의 | 단일품목(인삼, 포목, 화훼, 젓갈 등)이나 소수의 품목(수산, 한약재, 의류 등)으로 특화된 시장으로 주로 도매시장의 기능을 함 |
| 특징 | 같은 품목을 판매하는 점포들이 밀집해 있는 형태임 |
| 개설주기/방문고객 | 대부분 상설시장 형태 / 주로 소매상인과 대도시 관광객(외지인)이며 차량을 이용하여 방문 |
| 상품 특성 | 소수의 품목으로 특화되어 있고, 대표상품은 약재, 의류, 공구 같은 비교적 객단가가 높은 제품이며 다른 시장 유형에 비해 상품경쟁력이 높음 |
| 시장 규모 | 단일 품목의 전문상품시장은 대부분 점포수가 50~100개 미만으로 작은 편이지만, 소수 품목의 전문상품시장은 의류나 수산의 경우 점포수가 300개 이상으로 그 규모가 크다. |
| 노점상 | 주로 점포형태로 되어 있고 같은 상품을 취급하는 노점상은 거의 없음 |
| 국내 전통시장 예 | 금산인삼시장, 강경젓갈시장, 노량진수산시장 |
| 해외 전통시장 예 | 일본 아카시상점가, 네덜란드 알크마르시장, 네덜란드 꽃시장 |

### 3.1.2. 근린생활시장

| 근린생활시장(Model 2) | |
|---|---|
| 활성화 목표 | 지역주민들의 문화 및 생활공간인 지역밀착형 시장 |
| 정의 | 주거 밀집지역 주변에 형성된 지역밀착형 소규모 시장 |
| 특징 | 찬거리 업종을 중심으로 한 상점들이 밀집되어 있으며, 시장의 규모는 적은 편이고, 상품구색이 부족한 경우도 있음 |
| 개설주기/방문고객 | 대부분 상설시장 형태 / 시장 반경 1Km 내에 거주하는 주민으로 도보나 자전거를 이용해 방문 |
| 상품 특성 | 시장 인근 주민들을 고려하여 찬거리 위주의 청과, 채소, 수산물, 축산물, 기타식품류 위주로 상품 구색을 갖추고 있음 |
| 시장 규모 | 인근 주민들을 대상으로 한 근린생활시장의 특성상 다른 유형의 시장에 비해 규모가 작은 편임 |

| 근린생활시장(Model 2) | |
|---|---|
| 노점상 | 점포와 노점상이 비슷한 비율로 형성되어 있으며, 시장 내외부로 들어서 있고 식자재 위주의 상품을 갖추고 있으며, 주로 방문고객들이 노점상을 이용 하는 형태 |
| 국내 전통시장 예 | 우림시장, 중곡 제일골목시장, 방학동 도깨비시장 |
| 해외 전통시장 예 | 일본 코하마상점가, 일본 쿠로몬상점가, 스페인 보케리아시장 |

## 3.1.3. 중심상권시장

| 중심상권시장(Model 3) | |
|---|---|
| 활성화 목표 | 다양한 상품과 최고의 시설을 갖춘 지역대표시장 |
| 정의 | 상권 기능이 강하고 유동인구가 많은 시내 중심가, 역 주변, 터미널 등의 중심상권에 형성되어 있는 시장(각 시군의 대표시장) |
| 특징 | 주변에 대형마트나 다른 시장들이 인접해 있어 경쟁이 치열함 |
| 개설주기/방문고객 | 정기시장(5일장)을 병행하는 곳이 있으나 주로 상설시장 형태임. 시군 전체의 지역주민을 대상으로 하며, 외지인들도 방문함. 도보, 차량, 버스 등의 교통수단을 활용하여 방문 |
| 상품 특성 | 지역주민은 물론 외지인이 찾는 중심상권시장에는 다양한 상품 구색을 갖추고 있으며, 지역 특산품이나 대표상품을 특화하여 취급하고 있음 |
| 시장 규모 | 지역의 중심 상권에 위치한 중심상권시장은 지역을 대표하는 시장으로 보통 200~500개 점포로 형성된 대규모 시장임 |
| 노점상 | 지역 내 주민을 중심으로 한 노점상이 들어서 있으며, 다양한 상품을 취급하고 있음 |
| 국내 전통시장 예 | 육거리종합시장, 대구 서문시장, 수원 지동시장 |
| 해외 전통시장 예 | 일본 모토마치상점가, 체코 프라하중앙시장, 오스트리아 빈중앙시장 |

### 3.1.4. 전통정기시장

| 전통정기시장(Model 4) | |
|---|---|
| 활성화 목표 | 옛 장터의 향수와 전통의 미를 간직한 전통주말장터 |
| 정의 | 전통성이 강하고, 정기적으로 장이 열리는 시장 |
| 특징 | 대도시민들에게 향수와 볼거리를 제공해 시장 자체를 관광지화할 수 있는 특성을 가지고 있음 |
| 개설주기/방문고객 | 대부분이 5일장이며, 상설시장의 기능을 병행하는 곳도 있음 / 시장 인근 지역주민과 관광목적으로 방문한 대도시민(지역주민은 버스, 도보, 자전거를, 외지인은 차량을 이용하여 방문함)으로 이루어짐 |
| 상품 특성 | 장날에는 다양한 상품들이 나오며, 특히 주변 농민들이 생산한 질 좋은 농산물과 도시에서 보기 어려운 상품들이 많이 나옴 |
| 시장 규모 | 평소 상설로 운영 될 때는 상권의 기능이 약하지만, 장날에는 많은 사람들이 모여 활발하게 운영되고 있음 |
| 노점상 | 장날에 지역 내와 인근 다른 지역에서 많은 노점상들이 참여하며 다양한 상품을 판매하고, 상품의 가격경쟁력이 높음 |
| 국내 전통시장 예 | 구례5일장, 장흥토요시장, 봉평5일장 |
| 해외 전통시장 예 | 일본 월례장, 프랑스 앙시시장, 프랑스 니스시장 |

### 3.1.5. 관광지 주변시장

| 관광지 주변시장(Model 5) | |
|---|---|
| 활성화 목표 | 지역의 뛰어난 관광자원을 최대로 활용한 관광지연계시장 |
| 정의 | 관광객들이 많이 찾는 유명 관광지 주변에 형성된 시장 |
| 특징 | 시장 인근의 관광지와 연계한 프로그램을 개발할 경우 관광객을 시장으로 유입할 수 있는 큰 장점이 있음 |
| 개설주기/방문고객 | 상설시장 또는 정기시장 / 다른 지역민(관광객), 대도시민이 주로 차량을 이용하여 방문 |
| 상품 특성 | 관광지와 연관 있는 기념품이나 지역 특산품, 대표상품 위주로 상품을 갖추고 있음 |
| 시장 규모 | 지역에 따라 시장 규모가 다양함 |
| 노점상 | 주로 지역주민들이며 관광지와 관련된 기념품, 특산품이나 다양한 종류의 상품을 갖추고 있음 |

| 관광지 주변시장(Model 5) | |
|---|---|
| 국내 전통시장 예 | 함평전통시장, 정선5일장, 속초중앙시장 |
| 해외 전통시장 예 | 중국 텐진바시상점가, 터키 그랜드바자르, 프랑스 몽마르뜨그림시장 |

대구 지역 전통시장은 서문시장과 칠성시장 등의 주요 중심상권형 시장을 제외하고는 대부분 근린생활형 시장의 형태를 띠고 있다. 그래서 좀 더 다양한 지역색과 특성을 가진 경상북도 지역의 주요 50개 시장을 본 연구의 유형분류에 따라 구분, 제시하면 〈표 4〉와 같다.

**〈표 4〉 경북 전통시장의 유형별 분류**

| 시군명 | 전문상품형 | 근린생활형 | 중심상권형 | 전통정기형 | 관광지주변형 |
|---|---|---|---|---|---|
| 봉화군 | | | 봉화시장 | 춘양시장 | |
| 영주시 | 소백쇼핑몰 풍기인삼시장 | 영주골목시장 | 영주공설시장 | 풍기중앙시장 | |
| 안동시 | | 안동신시장 | 안동구시장 | 풍산시장 | |
| 문경시 | | | 문경중앙시장 | 신흥시장 | |
| 예천군 | | | 예천상설시장 | 풍양시장 | |
| 영양군 | | | 영양공설시장 | | |
| 청송군 | | | 청송시장 | 진보시장 | |
| 상주군 | | | 상주중앙시장 | 함창시장 | |
| 의성군 | | | 의성공설시장 | 안계시장 | |
| 군위군 | | | 군위시장 | | |
| 김천시 | | | 평화시장 | 황금시장 | |
| 구미시 | | 형곡중앙시장 | 구미중앙시장 | 장천시장 | 선산시장 |
| 성주군 | | | 성주시장 | | |
| 고령군 | | | 고령종합시장 | | |
| 칠곡군 | | | 왜관시장 | | |
| 경산시 | | | 경산시장 | 자인시장 | 하양시장 |

| 시군명 | 전문상품형 | 근린생활형 | 중심상권형 | 전통정기형 | 관광지주변형 |
|---|---|---|---|---|---|
| 영천시 | 영천약재시장 | | 영천공설시장 | | |
| 청도군 | | | 청도시장 | | 풍각시장 |
| 울진군 | | | 울진시장 | | 후포공설시장 |
| 영덕군 | | | 영덕시장 | | 강구,영해시장 |
| 경주시 | | 안강시장 | 중앙시장 | | 성동시장 |
| 포항시 | | 남부종합시장 | 죽도시장 | 오천시장 | 흥해시장 |

# 4. 대구·경북 전통시장의 유형별 활성화 모델

본 연구는 전통시장의 유형에 따른 성공 사례를 현지 및 문헌조사를 통해 살펴보고 시장 유형별 활성화 모델을 제시하고자 한 것이다. 이에 각 전통시장 유형별 활성화 성공 사례와 시설 및 운영 측면의 활성화 성공 모델을 알아보고자 한다.

## 4.1. 전문상품시장의 활성화 성공모델

전문상품시장의 활성화 모델을 도출하기 위해 국내외 전문상품시장의 활성화 성공 사례를 살펴본 결과, 시설 및 운영 측면의 공통적인 성공 요인은 〈표 5〉와 같다. 전문상품시장의 활성화 목표는 '전국적인 경쟁력을 갖춘 명품 특화시장'으로 육성하는 것이고, 이를 위해서는 대표상품의 경쟁력 강화와 브랜드 개발을 통한 전국적인 판매망 확대가 필요하다. 그리고 그에 따른 세부 성공 요인을 보면 시설 측면에서는 대표상품 홍보관 설립, 조형물 설치, 충분한 주차공간 확보, 마트형 시설 현대화, 공동물류창고 설치 등이, 또 운영 측면에서는 상품의 경쟁력 강화, 로고 및 브랜드 개발, 전국적인 홍보, 상인교육, 온라인 판매망 구축 등이 필요한 것으로 나타났다.

**〈표 5〉 국내외 우수 전문상품시장의 성공 사례·요인 분석**

| 성공 요인 | | 시장명 | 내용 |
|---|---|---|---|
| 시설 측면 | 홍보관 설립 | 금산인삼시장 | 지하1층~지상3층(부지 8,786m$^2$) 구조의 현대식 인삼홍보관 설립 |
| | | 자갈치시장 | 지하2층~지상7층의 자갈치시장 3층에 수산물홍보관 설립 |
| | 조형물 설치 | 일본 아카사카상점가 | 시장 안 곳곳에 시장이미지를 나타내는 조형물, 특색 있는 조형물로 포토라인 등의 고객 유인시설로 자리 잡음 |
| | | 독일 빅투알리엔시장 | |
| | | 오스트리아 짤즈부르크시장 | |
| | 충분한 주차장 확보 | 노량진수산시장 | 1,300여 대(9,387평) 차량 수용 |
| | | 금산인삼시장 | 100여 대 차량 수용 (주변 관련시설물에 대형주차장 보유) |
| | | 부산자갈치시장 | 100여 대 차량 수용(건물 지하1, 2층) |
| | 마트형 시설 현대화 | 양동복개상가 | 2002년부터 현대식 마트형으로 리모델링 |
| | | 부산진시장 | 2005년부터 현대식 마트형으로 리모델링 |
| | | 서울평화시장 | 2004년에 냉난방, 전기시설 교체 |
| | 공동물류창고 설치 | 금산인삼시장 | 시장 내에 공동물류창고 보유 |
| 운영 측면 | 로고 및 브랜드 개발 | 일본 아카시상점가 | 로고를 개발, 설치 |
| | | 노량진수산시장 | 브랜드 및 슬로건 개발, 사용 |
| | | 금산인삼시장 | 로고를 개발하여 시장 곳곳에 설치 |
| | 전국 적인 홍보 | 홍보 및 방송 | 강경젓갈시장 | 축제 포스터 제작 배포, 시장 관련 소식 전국방송, 홍보 동영상 제작 |
| | | | 금산인삼시장 | |
| | | | 자갈치시장 | |
| | | 우수상품 전시회 출품 | 지역별 우수상품 전시회, 전국 우수시장 박람회 출품 |
| | | 축제 | 네덜란드 아크마르치즈시장 | 치즈나르기 이벤트 |
| | | | 강경젓갈시장 | 1997년 개최, 매년 정기적 |
| | | | 금산인삼시장 | 1981년 개최, 매년 8월 하순~9월 중순 |
| | | | 자갈치시장 | 1992년 개최, 매년 10월 |
| | 상인교육 (정보화, 상품진열) | 화지중앙시장 | 전국 최초 정보화 시범시장 선정 |
| | | 일본 아카시상점 | 높은 수준의 상품 진열 상태 |
| | | 독일 뮌헨시장 | |
| | 상품경쟁력 강화 | 일본 아카시상점 | 대표상품 문어로 개량된 타코야끼 개발 |
| | | 금산인삼시장 | 인삼튀김 개발 |
| | 온라인 판매 | 금산인삼시장 | 쇼핑몰 홈페이지 |
| | | 부산진시장 | 쇼핑몰 홈페이지 |
| | | 노량진수산시장 | 시장 홈페이지와 연계한 쇼핑몰 |
| | | 자갈치시장 | 시장 홈페이지와 연계한 쇼핑몰 |

여기서 전문상품시장의 활성화 성공 모델을 제시하면 〈그림 1〉과 같다.

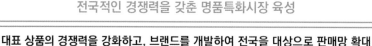

| 전국적인 경쟁력을 갖춘 명품특화시장 육성 |
|---|
| 대표 상품의 경쟁력을 강화하고, 브랜드를 개발하여 전국을 대상으로 판매망 확대 |

| 대표 상품을 홍보하고 관리하는 시설 | 다양한 홍보와 전국적인 판매망 구축 |
|---|---|
| 시설 측면의 단계적 성공 모델 | 운영 측면의 단계적 성공 모델 |
| 1. 대표 상품 홍보관<br>2. 대표 상품 조형물<br>3. 충분한 주차공간<br>4. 마트형으로 시설 현대화<br>5. 공동물류창고 | 1. 상품경쟁력 강화<br>2. 로고 및 브랜드 개발<br>3. 전국적인 홍보<br>4. 상인교육(정보화 & 상품 진열)<br>5. 온라인 판매망 구축 |

〈그림 1〉 전문상품시장의 활성화 성공 모델

## 4.2. 근린생활시장의 활성화 성공모델

근린생활시장의 활성화 모델을 도출하기 위해 국내외 근린생활시장의 활성화 성공 사례와 시설 및 운영 측면의 성공 요인을 찾아보았는데 그 결과는 〈표 6〉과 같다.

근린생활시장의 성공 사례·요인 분석결과 활성화 목표는 '지역주민들의 문화와 생활의 공간인 지역밀착형 시장'으로 육성하는 것이다. 이를 위해서는 다양한 문화 및 편의공간을 제공하고, 고객관계 프로그램을 도입하여 지역주민들의 방문 (이용) 빈도를 높이는 것이 중요하다고 본다.

그리고 이에 따른 세부 성공 요인을 보면 시설 측면에는 불편하지 않을 정도의 시설 현대화, 주민 커뮤니티시설 설치, 주민편의시설, 인근 방문객을 위한 시설, 택배시설, 장바구니 무료대여소 등의 설치가, 또 운영 측면에서는 고객관계관리(CRM)시스템 도입, 상품구색 및 맞춤형 상품 강화, 정기적인 판매촉진 행사, 주민참여 프로그램 개발, 배달서비스 제공, 상인교육 등이 필요한 것으로 나타났다. 여기서 근린생활형 시장의 활성화 모델을 제시하면

**〈표 6〉 국내외 우수 근린생활시장의 성공 사례·요인 분석**

| | 성공 요인 | 시장명 | 내용 |
|---|---|---|---|
| 시설측면 | 불편하지 않을 정도의 시설 현대화 | 대구송라시장 | 채광과 안전을 고려한 저가형 아케이드 시공 |
| | | 방학동도깨비시장 | 지저분한 시장통로 정비 및 아케이드 시공 |
| | | 서울우림시장 | 시장 입구에 전광판을 설치하여 각종 정보제공 |
| | | 일본 쿠로몬상점가 | 기본시설 및 조명 설치로 쾌적한 환경 조성 |
| | 주민 커뮤니티 시설 설치 | 서울우림시장 | 시장 내에 체육실을 만들어 동아리 활동 지원 |
| | | 제주동문시장 | 문화 공간 설치하여 각종 주민 문화강좌 개최 |
| | 주민 편의시설 | 의정부제일시장 | 무인민원발급기 설치 |
| | | 통영중앙시장 | 조형물 및 쉼터 조성 |
| | 인근 방문객을 위한 시설 | 일본 쿠로몬상점가 | 자전거보관대 설치 |
| | | 울산중앙시장 | 시장 입구에 차량 진입 방지시설 설치 |
| | 택배시설 | 제주매일시장 | 공동배송센터 설치 및 택배 차량 구비 |
| | | 신림1동시장 | |
| | 기 타 | 포항죽도시장 | 소형카트 무료대여소 설치·운영 |
| 운영측면 | 고객관계(CRM)시스템 도입 | 인천신기시장 | 시장 자체 적립카드를 이용한 데이터베이스 구축 |
| | | 대구서남신시장 | GB(현금영수증 카드)이용한 시장 마일리지제 운영 상품 구색 및 맞춤형 상품 |
| | 상품구색 및 맞춤형 상품 강화 | 방학동 도깨비시장 | 구색 다양화를 위해 시장 내 중형마트 유치 |
| | | 스페인 보케리아시장 | 주 고객층의 기호에 맞는 고객 맞춤형 상품 개발 |
| | 정기적인 판촉행사 | 방학동도깨비시장 | 정기적 반짝세일 행사 개최 |
| | | 독일 빅투알리엔시장 | 신선식품의 시간대 할인 행사 |
| | 주민 참여프로그램 개발 | 대구서남신시장 | 초등학생을 대상으로 한 시장그림그리기대회 개최 |
| | | 서울중곡제일시장 | 주민참여 시장 행사 및 이벤트 개최 |
| | 배달서비스 제공 | 서울송화골목시장 | 콜센터와 배송 차량을 이용한 배달서비스 운영 |
| | | 군산중앙시장 | 택배도우미를 활용한 택배서비스 운영 |
| | 기타 | 신평골목시장 | 현장맞춤형 교육을 통한 시장환경 개선 |
| | | 일본 쿠로몬상점가 | 위생·청결 개선 |

아래 〈그림 2〉와 같다.

| 지역주민들의 문화와 생활의 공간인 지역밀착형 시장 육성 |
| --- |

| 지역주민 편의공간을 제공하고, 고객관계프로그램을 도입한 지역주민 중심의 근린생활시장 |
| --- |

| 다양한 문화 및 편의공간 제공 |  | 다양한 고객관계관리프로그램 |
| --- | --- | --- |
| **시설 측면의 단계적 성공 모델** | | **운영 측면의 단계적 성공 모델** |
| 1. 불편하지 않을 정도의 시설 현대화<br>2. 주민 커뮤니티 시설 설치<br>3. 주민 편의시설 설치<br>4. 인근 방문객을 위한 시설 설치<br>5. 택배시설 설치<br>6. 기타(장바구니 무료대여소) | | 1. 고객관계관리(CRM)시스템 도입<br>2. 상품구색 및 맞춤형 상품 강화<br>3. 정기적인 판매촉진 행사<br>4. 주민참여프로그램 개발<br>5. 배달서비스 제공<br>6. 기타(단기상인교육) |

〈그림 2〉 근린생활시장의 활성화 성공 모델

## 4.3. 중심상권시장의 활성화 성공모델

국내외 다양한 중심상권시장들의 활성화 성공 사례를 살펴보고, 시설 및 운영 측면의 공통적인 성공 요인을 도출해보았다. 그 결과는 〈표 7〉과 같다. 또 사례분석결과 중심상권시장의 활성화 목표는 "다양한 상품과 최고의 시설을 갖춘 지역대표시장"으로 육성하는 것인데, 이를 위해서는 최고 수준의 쾌적한 쇼핑환경 조성, 다양한 상품 구비, 각종 편의시설 설치 등이 따라야 한다.

그리고 이에 따른 세부 성공 요인을 보면, 먼저 시설 측면에서는 쾌적한 쇼핑환경을 위한 시설 현대화, 높은 수준의 편의시설 확충, 지역민을 위한 커뮤니티 시설, 넓은 주차장 확보, 명물거리 조성 등이 요구된다. 또 운영

**〈표 7〉 국내외 우수 중심상권시장의 성공 사례·요인 분석**

| | 성공 요인 | 시장명 | 내용 |
|---|---|---|---|
| 시설 측면 | 쾌적한 쇼핑환경을 위한 시설 현대화 | 수원지동시장 | 시장의 외벽과 아케이드를 지역색에 맞게 설치 |
| | | 청주육거리종합시장 | 바닥 정비를 통한 카트 운영 |
| | | 대구서문시장 | 최고급 수준의 시설 현대화와 최첨단 소방시설 |
| | | 일본 모토마치상점가 | 은방울 형상화한 조명 및 간판 설치 |
| | 높은 수준의 편의시설 확충 | 대구서문시장 | 놀이방, 휴게실, 수유실 등의 편의시설 설치 |
| | | 대구동구시장 | 고객지원센터 및 무인자동화편의기기 설치 |
| | | 일본 모토마치상점가 | 벤치, 화단 등이 있는 쉼터 조성 |
| | | 일본 모자이크상점가 | 에스컬레이터, 화단, 벤치 등의 편의시설 설치 |
| | 지역민을 위한 커뮤니티 시설 | 청주육거리종합시장 | 지역주민들이 참여하는 행사 및 모임 장소 조성 |
| | | 오스트리아빈중앙시장 | 벼룩시장 공간 조성을 통한 지역민 교류 유도 |
| | 넓은 주차장 확보 | 청주육거리종합시장 | 200대 이상 주차 가능한 주차타워 설치 |
| | | 논산화지중앙시장 | 300대 이상 주차 가능한 주차타워 설치 |
| | | 대구서문시장 | 500대 이상 주차 가능한 주차빌딩 설치 |
| | 명물거리 조성 | 수원지동시장 | 순대를 특화하여 순대타운 조성 |
| | | 밀양시장 | 영화촬영장소 전도연거리를 명물로 만듦 |
| | 기타 | 대구동구시장 | 상인교육장을 설치하여 정기적인 교육 실시 |
| | | 청주육거리종합시장 | 바닥정비를 통한 카트 도입 및 운영 |
| 운영 측면 | 상설시장화·대형상권화 (통합) | 논산화지중앙시장 | 기존의 4개 시장을 통합하여 상설시장 운영 |
| | | 구례상설시장 | 5일장과 기존시장을 통합하여 상설시장 운영 |
| | 상품 다양화 및 대표상품 개발 | 청주육거리종합시장 | 고객들이 필요로 하는 다양한 업종 유치 |
| | | 수원지동시장 | 순대를 시장 대표 상품으로 개발·특화함 |
| | 접근성 개선 | 정읍시장 | 버스정류장을 설치하여 대중교통이 시장을 경유 |
| | | 체코 프라하 중앙시장 | 지하철, 노면전차가 시장 근처를 경유 |
| | | 오스트리아빈중앙시장 | 버스, 지하철이 시장 근처를 경유 |
| | 상인대학 유치 및 운영 | 울산중앙시장 | 상인 의식 개혁을 위해 상인대학 유치 및 운영 |
| | | 청주육거리종합시장 | |
| | | 대구동구시장 | |
| | 주민과 함께 하는 프로그램 개발 | 청주육거리종합시장 | 장터축제, 불우이웃돕기 행사, 각종 봉사활동 |
| | | 울산중앙시장 | 외국인 참여 행사, 시민축제 |
| | | 오스트리아빈중앙시장 | 시민들이 직접 참여하는 벼룩시장 개최 |
| | 기타 | 청주시 | 시장과 지역의 동반 발전을 위한 상품권 발행 |
| | | 울산중앙시장 | 노점상 정비를 통한 시장 이미지 개선 |

측면에서는 상설시장화·대형상권화, 상품다양화 및 대표 상품 개발, 접근성 개선, 상인대학 운영, 시군민과 함께하는 프로그램 개발 등이 필요하다. 여기서 중심상권시장의 활성화 모델을 제시하면 〈그림 3〉과 같다.

| 다양한 상품과 최고의 시설을 갖춘 지역 대표시장 육성 |
| --- |

| 최고 수준의 쾌적한 쇼핑환경과 다양한 상품, 편의시설을 갖춘 중심상권시장 육성 |
| --- |

| 최고 수준의 시설 현대화 |  | 전체 시군민을 위한 지역 대표 큰장 |
| --- | --- | --- |
| 시설 측면의 단계적 성공 모델 | | 운영 측면의 단계적 성공 모델 |
| 1. 최적의 쇼핑환경을 위한 시설 현대화<br>2. 높은 수준의 편의시설 확충<br>3. 주민들을 위한 커뮤니티 시설 설치<br>4. 넓은 주차장 확보(주차타임)<br>5. 명물거리 조성<br>6. 기타(상인교육장, 카트) | | 1. 상설시장화·대형상권화<br>2. 상품 다양화 및 대표 상품 개발<br>3. 접근성 개선<br>4. 상인대학 유지 및 운영<br>5. 시군민과 함께하는 프로그램<br>6. 기타(상품권 발행, 노정상 정비) |

〈그림 3〉 중심상권시장의 활성화 성공 모델

## 3.4. 전통정기시장의 활성화 성공모델

전통정기시장의 활성화 모델을 도출하기 위해 국내외 다양한 전통정기시장의 활성화 성공 사례를 살펴본 후, 시설 및 운영 측면의 공통적인 성공 요인을 모색해보았다. 그 결과를 보면 〈표 8〉과 같다.

우수 전통정기시장 사례분석 결과 전통정기시장의 활성화 목표는 '전통의 미를 살린 시설과 다양한 볼거리를 제공하는 전통 주말장터'로 육성하는 데 있다. 따라서 전통정기시장형 전통시장에서는 옛 장터 복원을 통한 주말시장 조성과 대도시민들에게 향수와 볼거리를 제공할 수 있는 시장으로 만들어야

**〈표 8〉 국내외 우수 전통정기시장의 성공 사례·요인 분석**

| | 성공 요인 | 시장명 | 내용 |
|---|---|---|---|
| 시설 측면 | 전통의 맛을 살린 시설 현대화 | 함평전통시장 | 기와를 얹은 한옥형 장옥 조성 |
| | | 구례5일장 | 한옥형 장옥 조성 |
| | | 정선5일장 | 시장 입구 간판에 청사초롱을 달아 전통의 맛을 살림 |
| | | 일본 텐진바시시장 | 시장 입구와 아케이드 천장에 전통조형물을 설치 |
| | 전통을 살린 이벤트 시설 설치 | 무주반딧불장터 | 토산품 시연장에서 공예품 만드는 모습을 보여줌 |
| | | 장흥토요시장 | 전통체험장에서 고객이 직접 떡매치기, 짚신엮기를 할 수 있음 |
| | 주차공간 확보 | 장흥토요시장 | 시장 내에 100대 주차 가능한 주차장이 있음 |
| | | 경기포천민속장 | 시장 인근에 차량 600대가 주차 가능한 공간 있음 |
| | 먹거리장터 조성 | 김해전통시장 | 전통먹거리 조성을 통한 다양한 먹거리 개발 |
| | | 프랑스앙시시장 | 가판대를 이용한 노점형태의 먹거리 장터 조성 |
| | 기타 (특산물홍보관) | 하동화개장터 | 농산물 홍보전시관 설치 |
| | | 장흥토요시장 | 특산품(토산품) 홍보관 설치를 통한 볼거리 제공 |
| | | 불로전통시장 | |
| | | 무주반딧불장 | |
| 운영 측면 | 전통형 시장운영을 위한 맞춤형 상인교육 | 정선5일장 | 고객 만족 및 서비스 친절교육 실시 |
| | | 진해중앙시장 | |
| | | 장흥토요시장 | 친절교육을 주제로 한 상인맞춤형 교육 실시 |
| | 전통공연 및 이벤트 행사 | 봉평5일장 | '메밀꽃 필 무렵'의 한 장면을 재현해 놓았음 |
| | | 장흥토요시장 | 떡메치기 체험, 추억의 동창회, 관광객 노래자랑 |
| | | 일본 나카미세시장 | 상인들이 전통복장을 착용하여 볼거리 제공 |
| | 신토불이 농산물 판매확대 | 정선5일장 | 난전 상인들에 대한 신토불이증 발급 |
| | | 장흥토요시장 | |
| | | 함평전통시장 | 판매인증제 및 리콜제도 실시 |
| | 타시도민에 대한 적극적인 홍보 | 정선5일장 | TV 뉴스, 케이블 TV 뉴스 및 프로그램을 활용한 시장 홍보 |
| | | 장흥토요시장 | |
| | 관광프로그램과 연계 | 봉평5일장 | 철도청에서 시장과 주변 관광지를 연계한 프로그램을 여행상품으로 판매 |
| | | 횡성5일장 | |
| | | 기타 시장 | 마케팅 투어 및 러브투어 실시 |
| | 기타 (지역주민들의 적극적인 참여) | 춘양5일장 | 지역주민 모임인 춘양면 생활개선회가 춘양시장 행사에 적극적으로 참여 |
| | | 성남모란5일장 | 지역학생 및 주민들이 시장 축제 및 행사에 자발적으로 참여하는 문화공연 및 이벤트 개최 |

할 것이다.

　전통정기시장의 세부 성공 요인을 시설 측면과 운영 측면에서 알아보자. 먼저 시설 측면에는 전통의 멋을 살린 시설 현대화, 전통을 살린 이벤트 시설 구축, 주차공간 확보, 저잣거리 조성, 먹거리장터 조성, 특산물 홍보관 설치 등이 요구되고, 또 운영 측면에서는 전통형 시장에 맞는 맞춤형 상인교육, 전통 공연 및 이벤트 행사, 신토불이 농산물 판매 확대 , 타 시도민들에 대한 홍보, 관광프로그램 연계, 지역주민들의 적극적인 참여 등이 필요하다. 여기서 전통정기시장의 활성화 모델을 보면 〈그림 4〉에서와 같다.

| 전통의 미를 살린 시설과 다양한 볼거리를 제공하는 전통형 주말장터 육성 | |
|---|---|
| **옛 장터 복원을 통한 주말시장화로 대도시민들에게 향수와 볼거리를 제공하여 시장 자체를 관광지화** | |
| 전통의 멋을 살린 시설 현대화  | 대도시민들을 위한 프로그램 개발 |
| 시설 측면의 단계적 성공 모델 | 운영 측면의 단계적 성공 모델 |
| 1. 전통의 멋을 살린 시설 현대화<br>2. 전통을 살린 이벤트 시설 설치<br>3. 주차공간 확보(자가용, 관광버스 등)<br>4. 저작거리 조성<br>5. 먹거리 장터 조성<br>6. 기타(특산물 홍보관) | 1. 전통형 시장운영을 위한 맞춤형 상인교육<br>2. 전통공연 및 이벤트 행사<br>3. 신토불이 농산물 판매 확대<br>4. 타 시도민들을 위한 적극적인 홍보<br>5. 관광프로그램과 연계<br>6. 기타(지역주민들의 적극적인 참여 활동) |

〈그림 4〉 전통정기시장의 활성화 성공 모델

## 3.5. 관광지 주변시장의 활성화 성공모델

　관광지 주변시장의 활성화 모델을 도출하기 위해 국내외 관광지 주변시장의 활성화 성공 사례를 살펴보고, 시설 및 운영 측면의 성공 요인을 찾아보았다. 그 결과는 〈표 9〉와 같다. 관광지 주변시장의 활성화 목표는 '지역의 관광자원을 최대로 활용한 관광지연계시장'의 육성인데, 여기에는 주변 관광지와의 연계 강화, 볼거리 다양화 등을 통해 주변 관광지를 찾는 관광객의 시장

**〈표 9〉 국내외 우수 관광지 주변시장의 성공 사례·요인 분석**

| | 성공 요인 | 시장명 | 내용 |
|---|---|---|---|
| 시설측면 | 관광지 특색에 맞는 시설 현대화 | 공주뚝방시장 | 관광지 공주산성의 이미지를 반영한 시장시설의 현대화 |
| | | 일본 아사쿠사상점가 | 유명관광지 센쇼지와 조화를 이루는 시설 현대화 |
| | | 함평전통시장 | 나비박물관을 활용한 디자인의 시설 현대화 |
| | 다양한 볼거리 시설 설치 | 속초관광수산시장 | 시장 진입 상점가에 빛의 거리 조성 |
| | | 오스트리아 짤즈부르크 시장 | 지역예술가 작품을 포토라인으로 활용 |
| | | 독일 빅투알리엔시장 | 지역상징물인 동물들을 형상화한 조형물 설치 |
| | | 터키 그랜드바자르 | 약효 성분이 있는 약수터를 시장 내 설치 |
| | 지역특산품 및 기념품판매장 설치 | 함평전통시장 | 나비박물관 내에 지역브랜드상품 '나르다' 판매 |
| | | 프랑스 몽마르뜨시장 | 젊은 예술가와 신진작가 상품 기념품점에서 판매 |
| | 시장 홍보시설 설치 | 방학동도깨비시장 | 시장 내 도봉구 내 명소와 시장안내간판 설치 |
| | | 일본 신교고쿠상점가 | 시장 내 사찰과 시장홍보 및 정보 담은 시설 설치 |
| | 관광객을 위한 편의시설 설치 | 영국 애플마켓 | 시장 중앙광장에 푸드코트와 이벤트 무대 설치 |
| | | 일본 신교고쿠상점가 | 시장 방문객들이 쉴 수 있는 벤치와 화단 설치 |
| | 먹거리 장터 조성 | 정선5일장 | 지역특산품 산나물을 중심으로 먹거리타운 조성 |
| | | 속초관광수산시장 | 어시장을 개설하여 싼 값에 관광객들에게 제공 |
| 운영측면 | 관광객 특성 분석을 통한 마케팅 전개 | 장흥토요시장 | 중장년층의 향수를 자극하는 징검다리, 쪽배 설치 |
| | | 정선사북시장 | 강원랜드와 하이원스키장 연계 마일리지제도 운영 |
| | 관광객 분석을 통한 맞춤 상인교육 | 경주성동시장 | 친절서비스 교육, 고객 응대에 대한 맞춤형 교육 |
| | | 속초관광수산시장 | 상인대학 개설·운영을 통해 관광객에 맞는 교육 |
| | 즐길거리 개발 | 프랑스 몽마르뜨 시장 | 시장 내 회전목마 설치 |
| | | 두바이 night souk | 야시장 개설 |
| | 주변 관광지와 연계활동 강화 | 강원도화천시장 | 주변 관광자원과 축제를 시장이 주도적으로 주최 |
| | | 정선5일장 | 철도청과 연계하여 관광열차프로그램 운영 |
| | 홍보활동 확대 | 정선5일장 | 군청, 철도청 홈페이지 등을 이용한 프로그램 홍보 |
| | | 속초관광수산시장 | 홈페이지와 방송을 통해 시장투어프로그램 홍보 |
| | 포장지 개발 | 전주시 | '정앤정' 브랜드 개발 및 시장 공동포장지 개발 |
| | | 대구동구시장 | 시장공동포장지 제작 및 배부 |

유입이 필요하다.

시장 활성화 성공 요인을 살펴보면 시설 측면에는 관광지 특색에 맞는 시설 현대화, 다양한 볼거리 시설, 지역특산품 및 기념품 판매장, 시장홍보시설, 편의시설, 전통 먹거리 장터 등의 설치가 요구된다. 또 운영 측면에서는 관광객 특성분석을 통한 마케팅 전략 개발, 관광객 분석을 통한 맞춤형 상인교육, 즐길거리 개발, 주변 관광지와 연계 활동 강화, 홍보활동 확대, 포장지 개발 등이 필요하다. 여기서 관광지 주변시장의 시장 활성화 성공 모델을 제시하면 〈그림 5〉에서와 같다.

| 지역의 관광자원을 최대로 활용한 관광지 연계 시장 육성 |
|---|

| 주변 관광지와 연계 강화, 볼거리 다양화로 주변 관광지를 찾는 관광객의 시장 유입 |
|---|

| 주변 관광지를 고려한 시설 현대화 |  | 관광객 특성 분석에 따른 시장 경쟁 |
|---|---|---|

| 시설 측면의 단계적 성공 모델 | 운영 측면의 단계적 성공 모델 |
|---|---|
| 1. 관광지 특색에 맞는 시설 현대화<br>2. 다양한 볼거리 시설 설치<br>3. 지역특산품 및 기념품 판매장 설치<br>4. 시장 홍보 시설 설치<br>5. 편의시설 설치<br>6. 기타(전통 먹거리장터) | 1. 관광객 특성 분석을 통한 마케팅 전략 개발<br>2. 관광객 분석을 통한 맞춤형 상인교육<br>3. 즐길거리 개발<br>4. 주변 관광지와 연계활동 강화<br>5. 홍보활동 확대<br>6. 기타(포장지 개발) |

〈그림 5〉 관광지 주변시장의 활성화 성공 모델

# 5. 결론

본 연구는 전통시장 지원정책의 효율성을 높이기 위해 전통시장의 유형별 활성화 성공모델을 개발하고자 한 것이다. 이를 위해 기존 전통시장 유형별 분류에 대한 국내외 선행 연구와 대구경북 전통시장에 대한 현장조사를 통해 5가지 전통시장 유형으로 구분했고, 전통시장 유형별 국내외 성공 사례를 분석하여 각 유형별 활성화 성공모델을 제시하였다.

본 연구에서 제안한 대구경북 지역 전통시장 유형별 활성화 모델을 전통시장 활성화 사업에 적용할 경우 다음과 같은 기대효과를 얻을 수 있을 것으로 본다.

첫째, 기반시설 투자가 보다 효율적으로 이루어질 것이다. 사실 지금까지의 대구경북 지역 전통시장 활성화 사업은 개별 시장의 규모와 특성을 고려하지 않고, 주차장, 아케이드 등의 기반시설 위주로 지원해 왔다. 그 결과 시장의 차별화된 경쟁력을 확보하는 데 한계가 있었고, 예산집행에 있어서도 비효율적 면이 없지 않았다. 시장 유형에 따른 기반시설 투자가 이루어진다면, 시장별로 기반시설에 대한 선택과 집중이 가능해짐에 따라 보다 효율적인 예산집행이 될 것이다.

둘째, 편의시설 확충이 효율적으로 이루어진다. 기존 전통시장 활성화 사업의 경우 주차장, 고객센터 등의 편의시설이 전체적·장기적인 고려 없이 설치되었고, 그들 대부분이 제대로 활용되지 않고 있는 실정이다. 앞으로 시장 유형 및 특성에 맞춰 편의시설이 설치되면, 고객 만족, 고객의 체류시간, 방문빈도가 증대되어 시장 내 개별 점포들의 매출이 보다 크게 증가할 것으로 본다.

셋째, 차별화된 상인교육이 가능하다. 기존의 상인교육은 개별 전통시장의 특성에 맞는 맞춤형 교육이라기보다는 보편적인 교육(내용)을 모든 전통시장에 동일하게 실시한 것이다. 시장 유형별 맞춤형 교육이 실시되면 교육효과가 크게 증대되어 궁극적으로는 시장 활성화에 큰 도움이 될 것이다.

한편 본 연구는 다음과 같은 한계점이 있다.

첫째, 본 연구에서 제시한 5가지 유형만으로 대구경북의 전통시장을 명확히 구분하는 데는 한계가 있다. 둘째, 어느 유형에도 넣을 수 없거나 2개 이상의 유형에 들어가는 전통시장도 있을 수 있다는 점도 그러하다. 셋째, 대구경북 전통시장 대부분이 근린생활시장이라는 점도 한계점이라고 할 수 있다.

시설이 현대화된 오일장, 경북 왜관(상, 1,6일)·성주(하, 2,7일) 공설시장 모습

# 제4장 대구 유통업계의 주요 이슈*

대구에는 전통시장 135개, 대형마트 19개, 기업형 슈퍼마켓(SSM) 33개, 백화점 7개, 그리고 복합 쇼핑몰 4개가 있다. 전통시장의 경우 달서구(29개), 북구(24개), 중구(18개), 남구(17개), 수성구(15개) 순으로 많다. 그리고 대형마트는 홈플러스 9개, 이마트 8개, 롯데마트와 코스트코홀세일이 각각 1개씩이며, 기업형 슈퍼마켓(SSM)은 롯데슈퍼 16개, 홈플러스 익스프레스 9개, GS리테일 5개, 이마트 슈퍼 3개이다. 2006년에 2개였던 것이 33개로 증가한 것이다.

백화점은 롯데백화점, 대구백화점, 그리고 이랜드 리테일 동아백화점이 각각 2개씩이고, 신세계백화점과 현대백화점이 각각 1개다. 대구에도 우리나라 대표 백화점인 롯데와 현대, 그리고 신세계가 강세이고, 대구백프라자는 다소 어렵다고 한다. 인구 대비 입점율을 보면 7대 도시와 비교할 때 전통시장과 백화점은 많은 편이나 대형마트와 기업형 슈퍼마켓은 적은 편이다.

*2012년 6월 22일자 영남일보 32면(경제칼럼)에 게재된 글임.

롯데아울렛 율하점, 롯데몰 이시아폴리스점, 롯데라이프스타일센터, 대구 스타디움몰(칼라스퀘어) 등의 복합쇼핑몰, 식당을 대상으로 농축산물 가공식품, 주방기구 등의 식자재를 공급하는 대형(전문) 식자재 마트, 그리고 의약품을 중심으로 일용 잡화, 식료품 등을 취급하는 드러그 스토어(drug store)가 새로운 주목거리가 되고 있다. 여기서 대구 지역 유통업계의 주요 이슈 4가지를 보자.

첫째, 대규모 소매점의 영업시간 제한 및 의무휴업제 실시 대상에서 일부가 누락된 데 대해 말이 많다. 대규모 점포의 범위를 대형마트에만 국한했기 때문이다. 즉, 점포명이 쇼핑센터·몰로 되어 있기 때문에(롯데마트 율하점), 또 농수산물 비중이 51%를 넘기 때문에(농협 하나로마트) 제외되었다고 한다. 어떠한 논리나 명분에서 보더라도 이해가 되지 않는 일이다.

둘째, 대형(전문) 식자재 마트와 영세상인의 충돌이다. 지난 3월 서남신시장·용산시장 상인들이 개점 준비 중인 식자재 마트 앞에서 항의 집회를 가졌다. 일부 대기업이 식자재 유통업에 진출하려는 것에 대해 골목상권 및 시장 상인들이 크게 반발하고 나선 것이다. 대기업의 '신종 골목상권 침투'로 보았기 때문이다.

셋째, 대형마트 및 백화점의 지역 기여도에 대한 논란도 크게 일고 있다. 서울에 본사를 둔 대형유통업체의 지역사회에 대한 기여가 미미하다는 것이다. 대구 소재 대형마트와 백화점도 1995년 개점한 광주 신세계백화점 사례를 본받았으면 한다. 광주 지역 법인인 광주신세계백화점은 지역민 고용, 지역 은행 주거래 은행 지정, 문화사업 지원, 장학사업 전개 등 지역에 대한 기여도가 높다.

여기서 유통 대기업 오너 및 경영자에게 '대구사회에 안착하기 위해서는 지역 소비자와의 공감대 형성이 필요한데, 그러기 위해서는 지역경제 활성화에도 관심을 가져야 한다'고 말하고 싶다. 많은 사람들이 대기업 유통기관들이 영세상인 생계위협, 지역자본 역외 유출, 지역경제 쇠퇴 등을 유발한다고 보기 때문이다.

　아무튼 대구 지역 영세상인의 아우성을 잠재우고 유통 업태 간의 상생을 도모할 수 있는 것은 오로지 대형유통업체의 진출 자제와 상생 발전을 위한 노력뿐이라 사료된다. 대형유통업체의 공생·공영하려는 지혜와 행동이 그 어느 때보다 요구되는 시대이고, 또 '상생발전'이 화두가 되는 사회이다.

고급·고가품을 주로 취급하는 백화점(현대·롯데·신세계·대구) 외관

네팔 카트만두 아산 시장의 터번 쓴 행상

헝가리 라코치 시장의 이색적인 포도주 판매점

중국 남경 대학성 시장에 나온 어린아이

미얀마 양곤 보족(아웅산) 시장의 씹는 담배

인도 뉴델리 빠하르 간지 메인 바자르 시장에는 소도 나온다

러시아 다닐로브스키 시장에서는 음식도 저울에 달아 판다

해외 유명 전통시장에는 진귀한 것들이 많아 재미있다

# PART 7
## 현대 소비사회와 시장·상인의 한국사적 고찰

# 제1장 소비자는 왕이다?*

  많은 기업들이 '소비자는 왕이다' '고객(이익)을 위하여…'라고 외치고 있지만, 현실은 그러하지 않는 것 같다.

  먼저 해외 글로벌 브랜드의 경우를 보자. 프랑스산 브랜드 샤넬의 '빈티지 2.55 라지' 가방 이야기다. 2008년 4월 334만 원 하던 것이 수차례 가격인상을 거쳐 2012년 3월 현재 740만 원이라 한다. 4년 만에 2배 이상 오른 셈이다. 또 미국산 아웃도어 브랜드 컬럼비아의 '프리즘 아이스' 파카는 미국 내 가격이 31만 원인데 한국에서는 48만 8천 원이다. 청바지 브랜드 리바이스 '501'도 그렇다. 국내 가격이 12만~20만 원인데 미국에서는 5만~9만 원이다. 직수입 브랜드의 판매가격은 수입원가의 3배 정도이고, 인기 글로벌 브랜드는 4~5배 정도라고 한다.

  이처럼 우리나라 소비자들은 원산지 소비자에 비해 시나질 정도로 높은 대가를 치르고 있다. 로열티, 백화점 수수료 등 때문이라고 하겠지만 수입

---

*2012년 3월 30일자 영남일보 32면(경제칼럼)에 게재된 글임.

업자와 판매 업자들이 터무니없이 마진을 많이 붙이기 때문이라 본다. 정상적인 가격이 아닌, 이해가 되지 않는 가격이다.

국내기업의 사례를 보자. 통신 3사에서는 2008년부터 3년간 통신 대리점에 판매하는 출고가를 제조사로부터 구입한 가격보다 평균 22만 5천 원 높게 정해 놓고 그 금액을 보조금으로 지급했다. 또 국내 휴대폰 가격이 해외 수출 가격보다 31만 3천 원 더한다고 한다. 소비자를 바보로 만들고 봉으로 삼는 것 같다.

라면 업체도 마찬가지다. 우리나라 4대 라면업체가 지난 10년간 담합하여 가격을 올려 받은 것에 대해 공정거래위원회가 1천 354억 원의 과징금을 부과했다. 라면 소비자들이 자신도 모르게 1조 원 이상을 털린 셈이다. 또 그들은 '고급 원재료 사용'을 내세우며 기존 제품보다 2배나 비싼 제품을 출시해 많은 이득을 챙겼다. '건강에 좋은 고급품'이라고 여긴 소비자들이 많이 사먹었기 때문이다. 그런데 그 광고가 공정거래위원회에 의해 '허위·과장' 광고로 판명 났다고 한다. 담합에 의한 가격인상, 허위·과장광고가 이것뿐일까?

소비자를 '봉'이나 '바보'로 보지 않고는 어떻게 이럴 수가 있는지 관련 업체들에게 묻고 싶다. 그리고 왜 이러한 현상들이 있을까 하는 의문이 생긴다. 무엇보다 궁금한 것은 '왜 해외 유명 브랜드들이 우리나라 소비자에게는 자국에 비해 훨씬 높은 가격으로 판매할까'이다. 소수 수입업자들이 가격지배력을 행사함으로써 가격경쟁이 제대로 이루어지지 않기 때문이며, 또 비경쟁적 공급과 브랜드 파워를 이용하여 고가전략을 구사하기 때문이라 본다. 즉 독점적 시장 및 유통구조와 글로벌 기업들의 브랜드파워 과시가 주된 원인이라는 것이다.

그리고 국내기업들은 왜 허위·과장광고·담합 등 비정상적인 방법으로 소비자들의 호주머니를 털어갈까. 아마 기업들이 소비자를 지나치게 쉽게 보거나 자신들의 이익에만 눈이 어둡기 때문인 것 같다. 여기에 통신업계나 라면

업계의 독과점 시장 구조와 정부의 느슨한 관리·감독도 원인이 된다.

　현실적으로 소비자는 왕도, 봉도 아니다. 기업과 소비자는 저마다 가진 목적을 달성하기 위해 거래를 하는 것이다. 물론 양측이 만족해야 하고 공정해야 한다. 오늘날은 윤리 경영, 착한 경영, 반값 제품, 통 큰 나눔이 확산되고 있는 시대다. 소비자를 봉으로 아는 국내외 기업들이 하루빨리 '소비자는 봉이 아니다'라는 사실을 알았으면 한다.

소비자는 자신이 좋아하거나 즐길 수 있는 곳을 찾는다. (영국 애플 마켓 묘기, 아리헨티나 산텔모 시장 인형극)

# 제2장 현대 소비사회의 실상*

    흔히들 현대사회를 소비사회라 한다. 소비사회는 소비와 소비를 실현하기 위한 노력이 일상생활의 주(主)가 되는 사회다. 인간은 삶의 영위과정에서 수많은 상품을 소비하며, 또 날이 갈수록 상품들이 증가하고 있다. 즉 지금 우리들이 소비하는 상품 수가 과거에 비해 훨씬 많아졌고, 미래에는 더욱 많아진다는 것이다. 이는 소비생활이 일상생활에서 차지하는 비중과 중요성이 점차 높아지고 있음을 의미한다. 그리고 '세상에서 변하지 않는 것은 아무것도 없다'는 말처럼 소비생활의 면모 또한 크게 변하고 있다.

    여기서 오늘날 소비사회는 어떠한 특징을 갖는가, 또 어떻게 변하고 있는가를 보고자 한다.

    첫째, 현대 소비자들은 이미지(의미, 상징)를 매우 중요시한다. 즉 제품 그 자체(물리적 특성)보다는 그것이 갖는 이미지를 더 중요시한다는 것이다. 실제로 상품 이미지가 소비자의 상품 및 상표 선택에 결정적 역할을 하는 경우가

---

*2011년 3월 2일자 매일신문 23면(경제칼럼)에 게재된 글임.

허다하다. 즉, 현대 소비자는 광고가 만들어낸 환상적인 상품 이미지에 매료되어 상품을 선택하고 구매하는 성향이 있다는 말이다. 소비자 입장에서 보면 환상과 가상의 세계인 이미지(소비)를 통해 자신의 정신적 욕구를 충족시켜 나간다는 것이다.

둘째, 오늘날 소비자들은 자신을 나타내기 위해, 또 남들과 구분 짓기 위해 특정 상품이나 상표를 선택·구매한다. 원래 인간에게는 자신의 존재나 삶의 위치를 확인·과시하려는 욕구가 있다. 따라서 소비자가 구매한 상품은 소비자 자신의 욕구를 충족시키기 위한 수단, 또 자신을 다른 사람과 차별화하는 수단이라 할 수 있다. 자기 자신을 나타내기 위한 의미 있는 기호나 상징물이기도 하다.

셋째, 현대 소비자들은 사회의 중심적 가치(체계)에 순응하는 경향이 있다. 소비자들이 사회 일반의 가치(체계)를 쉽게 따라간다는 의미다. 인간에게는 누구나 '개성'이 있다. 뿐만 아니라 그 개성을 발휘하고 싶어하는 '개성 발휘의 욕구'도 있다. 이는 기업들이 광고를 통해 소비자들에게 개성 발휘의 욕구를 자극하고 그 욕구의 충족 수단이 바로 자사품이라고 말하는 이유라 하겠다.

광고(메시지)에서 '나만의 개성을 실현하세요'라고 말하지만 순수하고 완전한 개성의 실현은 불가능하다. 사실 사회나 광고가 제시해 놓은 몇 가지 모델(상품)들 중에서 소비자가 '한 가지(상품)'를 선택할 수 있을 뿐이다. 소비자들이 자주적, 독자적이라기보다는 오히려 기업이나 사회에 순응적이라고 할 수 있다. 소비자의 욕구를 찾아내고 욕망을 이끌며 창조해 나가는 기업들의 힘(광고) 때문이다.

넷째, 세계의 소비자들이 동질화되고 있다. 다양한 가치관을 지닌 소비자들이 동일한 가치관을 갖는 소비자로 변하고 있으며, 또 수많은 지구촌 소비자들이 같아지고 있다는 말이다. 결과론적으로 보면 소비자들이 극소수의 유명 상표만을 선호하고, 다수의 이질적 소규모 시장들이 하나의 동질적 큰 시장으로 통합된다는 것이다. 세계의 여성들이 구찌 핸드백을 가지려 하는 것이나 젊은이들이 맥도날드 햄버거를 즐겨 먹는 현상에서 알 수 있다.

오늘날 사람들은 남보다 앞서가거나 뒤처지지 않으려고 온갖 노력을 기울인다. 그래서 자신을 돋보이게 하거나 과시할 수단을 열심히 찾는다. 이는 현대인의 본능인 동시에 생활 패턴이다. 사실 현대사회에 있어 소비생활은 인간에게 기쁨을 줄 뿐 아니라 개인의 정체성을 나타내기 때문에 매우 중요하다.

이상적인 현대 소비자라면 소비의 욕구와 만족을 적절히 조절하고 자신의 삶을 계획·조정할 수 있어야 한다. 그러기 위해서는 소비생활을 계획적으로 하면서 자기 조절 능력을 키워야 한다. 이야말로 현대 사회가 요구하는 현명한 소비자의 기본 요건이라 하겠다.

소비자는 자신이 좋아하거나 즐길 수 있는 곳을 찾는다. (중국 항저우 송정시장 묘기, 장사시장 조형물)

# 제3장 한국인의 명품 소비 열풍*

　소비생활은 인간이 삶을 영위하는 과정에서 가장 기본적, 필수적인 것이다. 또 생활의 중심이 될 뿐만 아니라 구매·소비 과정에서 기쁨을 주기도 한다. 그런데 이러한 소비생활이 크게 변하고 있다. 과거의 소비가 기본적인 욕구나 필요 때문이었다면 지금의 소비는 풍요로운 삶을 누리려는 욕구 때문에 이루어지고 있다. 또 과거에는 단순한 과소비가 문제였다면 지금은 명품 과소비가 문제다.

　2009년 8월 이태리 여행 중의 일이다. 로마 시내를 관광 하던 중 20여 명의 사람들이 줄 서 있는 가게가 있었다. 다름 아닌 구찌 매장이다. 호기심이 생겨 일행과 함께 절차(?)를 밟아 들어가 보았다. 50~60여 명의 손님들로 가득 차 있었고 10여 명의 판매원이 손님 응대로 분주했다. 놀랍게도 그들 중 반 이상이 한국 사람이고, 20~30대 젊은이가 대부분이었다.

*2012년 2월 3일자 영남일보 23면(경제칼럼)에 게재된 글임.

요즘 이야기다. 길을 가다가 3초에 한번 씩 볼 수 있다는 '3초 백'(구찌가방), 샤넬 제품을 통해 재테크를 한다는 '샤테크'라는 신조어가 있는가 하면 명품 중독증, 명품족, 명품 소비 열풍 등이 심심찮게 신문 지면을 채우고 있다. 구찌, 샤넬, 루이뷔통, 에르메스, 프라다, 펜디 등이 우리나라 소비자들이 좋아하는 상표라 한다. 해외 여행객이 몰래 들여오다가 적발된 물품도 대부분 이러한 브랜드라 한다. 도대체 명품이 뭐길래 그러할까. 여기서 그 이유를 알아보자.

첫째, 일부 부유층·상류층의 '나는 남들과 다르다'는 특권의식이다. 자신이 가진 것이나 이룬 것을 만끽하려는 비교적 젊은 신흥부자와 갑자기 많은 돈이 생겨 무엇인가를 과시하고 싶은 졸부들이 그렇다. 그들은 '나는 이런 사람이야'하는 식으로 자신을 과시하는 경향이 있다.

둘째, 남에게 뒤처지지 않으려는 지나친 경쟁의식도 원인이다. 한 중학교에서 고가의 운동화를 한두 명이 신고 오면 1개월 내에 전체의 50% 이상의 학생들이 같은 운동화를 신는다는 말에서 확인할 수 있는 사실이다. 이와 비슷한 현상을 헬스장에서도 볼 수 있다.

셋째, 옷차림이나 자동차 등의 물질적인 것으로 자신을 드러내거나 외적인 것으로 타인을 판단하려는 성향도 주요 이유 중의 하나다. 사실 지금 우리 사회는 자신의 소유물을 통해 자기만족을 추구하려는 소비문화가 만연되어 있다.

넷째, 우리나라 소비자의 명품 소비 열풍에는 '가격=품질' 연상 효과도 한 몫 한다. 즉, 우리나라 소비자에게는 '고가(高價)의 제품은 고품질의 제품이고 저가(低價)의 제품은 저품질의 제품'이라고 생각(연상)하는 경향이 강하게 자리 잡고 있으며, 이로 인해 명품에 대한 애호도가 높다는 것이다.

다섯째, 우리나라 명품 열풍에는 일부 매스컴의 영향도 있다고 본다. 소비자관이 제대로 확립되지 않은 20~30대의 시청자들이 명품을 지닌 TV 탤런트의 모습을 보고 이성적인 사고·판단 없이 따라하는 경향이 있기 때문이다.

아무튼 우리나라는 자신이 가진 것을 과시하거나 자신을 과대포장하려는 사람들로 인해 명품 소비 열풍이 크게 일고 있다. 이러한 현상이 일반인의 소비심리·생활을 저해하고 계층적 위화감을 불러일으켜 사회 통합과 공동체적 연대를 훼손시키지 않을까 하는 염려가 앞선다. 특히 젊은 층의 비이성적 명품 소비(성향)는 개인적으로는 물론 사회적으로도 문제가 될 수 있어 더욱 그러하다.

진정한 의미의 풍요로운 삶은 물질보다는 정신적 가치에서 온다. 이제 명품 소비 열풍을 잠재우고 올바른 소비 행태를 정착하는데 우리 모두가 힘써야 할 때다.

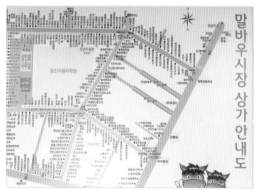

시장명이 재미있는 광주 말바우시장(안내도)과 대전 도마큰시장(외관)

# 제4장 시장과 상인의 한국사적 고찰[*]

## 1. 머리말

오늘날 우리 사회에서 문제시되고 있는 것으로 영세한 중·소상이 급속하게 몰락하고 대규모 유통자본이 골목상권까지 침투하고 있는 현상을 들 수 있다. 이러한 현상은 전근대사회에서도 있었지만 지금 같이 폐해가 크지는 않았다. 여기서는 한국역사상에 나타난 시장[시전·장시 등]과 상인들의 역할을 시대별로 고찰하고자 한다.

전통사회의 시전, 장시, 그리고 상인에 대한 연구는 비교적 많이 이루어져 왔지만, 거래의 공간이었던 시전·장시와 운영 주체인 상인을 함께 고찰하지는 못했다. 본고에서는 먼저 상품교역의 장소를 가리키는 시장을 고·중세의 시전, 조선 후기의 경시와 장시[향시], 근대의 시장으로 구분하여 그 변천을

*경북대학교 사범대학 사회교육학부 장동익 교수와 저자의 공동연구 결과물이며, 2007년 11월 경북대 지역시장연구소 주관 학술발표회 논문집에 게재된 것을 일부 수정한 글임.

살펴보고자 한다. 이어서 각 단계(시대)에서 시장을 꾸려갔던 상인들의 실태, 지배층에 의한 수탈, 사회적 위상, 신분상승 등에 대해서도 알아볼 것이다.

그리고 구체적인 상인의 모습이 구현되지 못했던 지금까지의 한계를 넘기 위해 오늘날의 상인으로 이어진 구한말의 시전 자료를 분석하고자 한다. 또 일본제국주의에 의해 강제적으로 자본주의적 시장으로 전환되기 직전의 시전상인 모습도 살펴볼 것이다.


## 2. 고대·중세의 시전

### 2.1. 고대

시장[시]은 경제적 교환의 장소, 농민과 수공업자의 생산물이 생산자 자신에 의하거나 상인의 중개를 거쳐 교환되는 유통의 출발점이다. 또 농민과 수공업자, 그리고 상인의 경제적 활동과 이해관계를 가장 명확히 반영하는 장소이기도 하다(좌원강부, 1985). 이러한 구체적인 모습의 시장은 5세기 후반 이전 한국의 고대사회에서는 연대기에 반영되어 있지 않아 분명히 하기에는 다소 어려운 점이 있다.

하지만 물화의 교역, 상품화폐의 존재, 국내 상인의 존재, 외국과의 교역 등에 관한 자료는 다소 있다. 신석기시대 이래 멀리 떨어진 곳에서 생산된 석재·동제 도구가 발견되는 것은 읍락 간의 교역이 있었음을 보여주고, 변한에서 산출된 철괴가 마한·동예·왜·한군현 등으로 수출되었으며, 또 화폐로 사용되었다는 것은 불품화폐의 존재를 보여주는 것이라 하겠다.

거래를 행하였던 상인의 존재는 부인할 수 없는데, 실제 주호라고 불린 제주도인이 배를 타고 본토를 왕래하면서 무역에 종사하였다고 한다. 외국과의 교역은 대가야(현 고령군 고령읍 위치)의 고분에 발견된 오키나와에서 산출된 야광패에서, 또 외국 상인의 존재는 고조선 말기에 한의 상인이 밤중에 조선인의 물건을 도둑질하여 갔다는 것에서 확인할 수 있다.

이러한 사례는 시장이 물품거래의 장소를 가리키는 구체적인 시장으로 정착되기 이전에도 있었다. 즉 해가 뜨면 사람들이 모여 필요한 물품을 서로 교환하였다[일중위시, 신시, 허시]는 초기국가 형성기의 시장에서도 있었다는 말이다. 이러한 일이 불규칙적으로 이루어진 것이었다면 이것이 언제부터 규칙적으로 개설되는 시장으로 바뀌었는가에 대해서는 알 수 없다. 다만 삼국의 정치·사회적 발전을 고려한다면 고구려 → 백제 → 신라의 순서로 이루어졌다고 본다.

연대기에 나타난 최초의 시장은 490(소지왕12)년 3월 금성(현 경주시)에 개설된 경시[경사시]다. 이는 그 이전부터 존재해 왔을 경성 내의 허시 내지는 골목시장[항시, 문전시장]을 확대·개편한 것으로 추측된다. 또 신라의 생산력이 발전하여 고대국가로의 발돋음을 시작한 시기인 509(지증왕10)년 1월 새로이 설치된 동시와 함께 확대된 수도의 상권을 분할할 정도로 규모가 컸던 것으로 보인다. 그리고 시장을 관리한 것으로 보이는 동시전이 같은 해에 설치되었는데, 이는 시장을 보다 효율적으로 지배·감독하기 위한 조치라 할 수 있다.

국가가 설치한 시장, 즉 관설시장을 운영했던 주체는 국가운영의 핵심이었던 왕족과 귀족이었을 것이고, 또 그들의 하수인이었던 문객·하인들이 관상으로서 존재하면서 관부·관인에게 물품을 조달했을 것으로 보인다. 이와 함께 왕경의 인민들에게도 생필품 일부를 판매하기도 했을 것이다(김창석, 2004a).

그리고 고구려와 백제의 시장은 자료의 부족으로 인해 어떤 것이었는지를 알 수 없다. 백제의 경우 사비성(현 부여) 시대에 행정업무를 맡은 외관 10부 중에 도시부가 있었는데 이것이 도시 행정을 맡으면서 시장도 관할하였을 것으로 추측된다. 백제에서는 유명한 '정읍사'를 통해 지방 통치의 중심지에 개설된 성읍시를 오가며 판매에 종사했던 행상의 존재를 확인할 수 있을 뿐이다.

고구려의 경우를 보면 시장의 존재는 확인되지 않지만 중원을 위시한 북방 민족과 국경을 접하고 있어 이들과의 국제무역을 위한 국경시장[호시]과 이와 연계된 시장이 있었을 것이다. 또 고구려의 고분벽화(장천1호분, 수산리고분 벽화)에 서커스[농환·농주·금환] 모습을 그린 그림이 있는데(전덕재, 2006), 이는 서역인에 의해 이루어지는 것임을 감안할 때 서역의 상인이 고구려에 왔을 것으로 추측할 수 있다.

676(문무왕16)년 삼국통일이 완성된 이후 신라의 금성은 대략 18만 정도의 인구가 거주했던 것으로 추측되는데, 그들이 각종 물품을 조달하는 데 두 개의 시장으로는 부족하였을 것이다. 이를 해결하기 위해 695(효소왕4)년 10월 재차 서시와 남시의 개설과 함께 각기 시전이 설치되어 동시전과 함께 삼시전이라고 했다.

시전은 시장을 지배·감독하는 관청으로서 시장 운영, 장세 징수, 도량형 점검, 물가조정, 상인과 구매자의 분쟁조정 등을 관장하였다. 아쉽게도 이들 시장의 모습을 설명해주는 자료는 찾지 못하고 신라의 '시장에서는 부녀들이 힘써 판매를 하고 있었다'는 자료만 볼 수 있었다.

이처럼 번성했던 금성의 여러 시장은 중원에서 통일제국을 형성했던 당제 국의 수도인 장안, 일본의 경도 등의 시장과 연결되어 있었을 가능성이 높다. 이는 당의 개방성으로 인해 수많은 이민족들이 중원에 진출하여 정착할 수 있었으며, 또 이들의 활약으로 동아시아와 중앙아시아가 연결되고 그 연장선 에서 사라센과 유럽이 연결되는 이른바 실크로도의 상업망이 구축되었다. 이로 인해 처용의 설화, 원성왕릉의 무인상 등을 통해 알 수 있는 아라비아인 을 위시한 서역인 내지는 인도인의 한반도에의 등장이 있게 되는 국제무역망 에 한반도도 편입되기에 이르렀다.

이러한 추세에 힘입어 8세기 후반 이래 9세기에 걸쳐 신라인의 중원에의 진출이 이루어지게 되어 신라방이 형성되었고, 일본 진출도 이루어졌다. 이들 신라인의 활동권은 동지나해의 연해 지역인 절동·강소·산동·한반도·북구주 지역 등이었는데, 이는 송원대의 북동아시아 3국 해상들이 왕래하던 해역과 일치하는 것임을 미루어볼 때 이 항로의 개척 선구자는 신라상인이라 할 수 있다.

한편 지배층의 정권쟁탈전이 극심해 중앙의 지방에 대한 통제가 느슨한 틈을 탄 지방세력들이 국제무역에 종사하여 새로운 해상세력으로 등장하기도 하였다. 장보고(완도), 왕봉규(강주, 현 진주시), 작제건(강화도, 송악) 등이 대표적 예다.

그런데 고대의 상인들이 당시 사회에서 차지했던 신분과 위상에 대해서는 관련 자료를 찾을 수 없어 알 수 없다. 단지 농업 위주의 사회에서 농민층의 분화 과정으로 상인이 극소수 생성되었을 것이고, 이들은 낭인이었던 농민층과 같은 위치였을 것이다. 또 신분제의 모습을 일부나마 유추할 수 있는 신라의 경우 골품제에 의해 왕경의 상인은 평민인 3·2·1 두품에 편제되었을 것으로 보인다. 그리고 백제의 '정읍사'에 의하면 전주의 성읍시를 왕래하던 행상의 부인이 야간에 남편을 기다리면서 "어긔야 진ᄃᆞ를 드ᄃᆡ욜셰라"라고 읊었던 점으로 보아 동일한 행정구역에서는 관부의 허락 없이 자유로이 통행할 수 있었던 것 같다.

## 2.2. 중세 1: 고려시대

고려시대에는 대시라고 부르는 개경의 상설시장인 시전[경시]이 상업의 중심지였는데, 개경은 국초부터 5부로 편제되었고, 5부는 다시 방-이로 구분되었다고 한다.

황성의 동문인 광화문에서 남쪽 십자가에 이르기까지 길 좌우에 긴 행랑[장랑]이 조성되어 있었다. 그 외에 920(태조3, 경진)년 개경 유암의 아래쪽에 유시를 건립했다고 하는데 구체적으로 어떠한 시장인지 알 수 없다.

1208(희종4)년 7월 대시의 좌우에 있는 장랑을 개수하였고 광화문으로부터 십자가에 이르기까지 1,008개의 장랑이 있었다고 한 점을 미루어 볼 때 그 규모가 매우 컸음을 알 수 있다. 예종 7년 9월 을축11일 이들 행랑에는 물품의 종류에 따라 여러 구획이 있었다. 이는 지전[저시]·마시·돈시·주점(혹은 주무)·다점·식미점 등의 점포 명칭을 통해 유추할 수 있다. 이들은 관수품의 조달, 국고의 잉여품, 외국의 사신단이나 상인이 가져 온 물품 등을 매매하는 기능을 가진 어용상점으로, 개경의 서민들에게 각종 물품들을 판매하거나 밀매했을 것으로 추측된다.

개경의 중심 시장으로 자리 굳히고 있는 시전 이외에도 시전 주변, 개경의 하부 행정구역인 5부의 치소 주변에 가로시[방시]를 위시한 여러 허시 내지는 골목시장[항시, 문전시장]이 있었던 것으로 보인다. 이들은 남녀·노소·관리·공장·기예들이 모여 각기 자기가 가진 것을 매매하는 교역시장으로서, 도시 서민들에게 필요한 미·장작[시목] 등 각종 생필품을 취급하는 점포도 있었을 것이다.

이들 영세시장들도 비교적 규모가 큰 시전과 함께 시장을 감독하고 물가를 담당했던 경시서의 관할 하에 놓여 있었고, 그들로부터 국가권력의 강한 압박과 수탈을 받았을 것으로 사료된다.

또 지방의 통치 중심지인 서경(현 평양시), 동경(현 경주시), 중기 이후의 남경(양주, 현 서울시 지역) 등을 위시한 4도호부, 8목 등과 같은 계수관 지역에는 성읍시[향시, 군현시]가 존재하였다. 성읍시의 규모는 개경의 시전에 비해 작고 상업 활동도 활발하지 못하였으나, 서경의 경우와 같이 점포[시사]를 갖추고 있었던 것으로 보인다. 계수관 예하에 있었던 중·소규모의 군·현의 치소와 그보다 규모가 작은, 수령이 파견되지 않았던 속군·속현 지역에는 상설 점포 없이 비상설적, 비정기적인 장시가 형성되었던 것 같다. 이들 장시는 치소의 주변에 위치해 있었고, 관내의 주민들은 타 군현으로의 이동이 통제되었기에 아침에 가서 저녁에 돌아올 수 있는 1일 왕복거리에 있는 장시인 것으로 사료된다.

장시는 당시의 국경일인 정단·동지, 제왕과 황태자의 생일, 종교와 관련된 연등회(2월 15일), 초파일(4월 8일), 팔관회(11월 15일), 그리고 농경과 관련된 단오·추석·시월절(10월 10일) 등의 직전에 개설된 부정기시였다. 또 시장을 꾸려갔던 주체는 장시를 순회하는 행상이었으며, 거래 방법은 미·포를 화폐 삼아 물물 교환하는 형태 또는 물물교환 그 자체였을 것이다. 이는 고려시대에 국가의 총 생산력이 보잘것없어 금속화폐의 유통이 원활하지 못했던 사실로 유추할 수 있다.

그리고 불교가 국교였던 고려시대에는 사찰 앞에 시장이 개설되었던 것으로 보인다. 동시대의 중요 사원은 국가로부터 많은 토지를 받고 면세·면역 특권을 향유했다. 미곡·마늘·파·가지 등의 농산물을 농민으로부터 거두거나 전문 기술자로 하여금 제작하게 한 수공업품, 그리고 직접 생산한 차·주 등을 판매하였다.

개경에 위치한 큰 사찰 시전에 점포를 마련하기도 하였으나 그보다는 2월·4월의 연등회를 위시하여 조상의 명복을 비는 우란분재 등과 같이 사람들이 많이 모이는 불교행사 시에 사찰 앞에 점포를 마련하여 시장을 개설했던 것 같다. 이는 일본의 유명 사찰 앞에 설치한 가판대에 많은 이들이 모여 있는 모습과 같은 것으로 보인다.

이러한 국내시장의 발전과 함께 송·계단[료]·여진[금]·일본 등 북동아시아 국가를 위시하여 태국·월남 등의 동남아시아 국가, 그리고 아라비아[대식국, Tazi] 등 상인들과의 교역이 활발히 이루어지고 있었다. 이들 외국 상인들의 일부는 가정을 꾸려 거주하면서 국제무역에 종사하기도 하였다. 이러한 국제무역에서 주도권을 장악하고 있었던 것은 북동아시아 3국을 오가면서 상권을 주도하고 있었던 송상이고(이진한, 2011), 이들과 함께 중국인과 일본인들이 왕래하고 있었다. 물론 고려 상인들도 중원과 일본에 진출하여 국제무역에 종사하고 있었지만 그 활동은 송상과 왜상에 비해 크게 제한적이었다고 한다.

그리고 고려 전기의 시장은 14세기에 들어서면서 큰 변화를 겪게 되었다. 즉 이 시기에 고려왕조가 세계적인 제국을 건설한 대원몽고국[원]의 지배 하에 있어 제후국으로 지위가 격하되어 있었다. 이러한 정치적 변화에 수반하여 고려의 경제체제도 원의 그것에 예속되었고, 무슬림 출신의 아랍상인, 강북·강남의 중국 상인[한아·만상] 등이 고려에 진출하여 상업에 종사했다. 또 그들 중 일부는 관료로 기용되어 온갖 불법을 자행하기도 하였다. 14세기 후반 이후에는 대원몽고국의 화폐가 고려에서 통용되면서 인플레이션 현상이 일어났다.

이러한 여건 하에서 고려 후기의 경시에서는 전기와 마찬가지로 포백·모혁·관복·신발[혜화]·그릇[기명] 등을 점포[점사] 별로 구분하여 판매하였다. 또 경시는 14세기 이후 농업생산력의 발전, 개경으로의 인구집중화, 공물대납의 증가 등으로 인해 더욱 발전하게 되었다. 그 중에서 공물대납의 증가는 화폐 유통의 발달에 의한 것으로 충선왕이 1298년과 1308년 두 차례에 걸쳐 반포된 교서를 통해 관청에서 필요한 물자를 조달할 때 시전에 대해 불법을 행하지 말고 대금을 제대로 지급해줄 것을 당부하는 사례에서 알 수 있다.

당시에 경시를 장악하고 주도한 것은 왕실과 관청, 사원·권세가 등의 세력층이었다. 특혜를 받는 상인들이 가세하여 상업 활동을 하였는데, 여기에는 왕권이 개입되었다. 충렬왕과 그의 왕비 제국대장공주, 충혜왕 등이 그러했다. 이들은 시전뿐만 아니라 중원과의 국제무역에도 참여하여 자신들의 경제 기반을 확충하는 데 노력하였다. 일부 상인들이 원에 의해 군사력이 약화된 것을 기회로 삼아 무관으로 진출하여 재상의 지위까지 이른 인물도 있었다.

한편 경제력이 비대한 큰 사찰은 인근 지역 봉건통치 중심지의 시장은 물론 개경의 경시까지 점포를 개설하여 상권을 장악하기도 하였다. 그 대표적인 사례로 금강산에 위치한 장안사[기황후의 원찰]가 개경의 시전에 점포 30칸을 만들어 상인에게 대여하고 관리인[유사지자]을 두면서 경영한 것을 들 수 있다.

또 1350(충정왕2, 경인)년 이후의 고려 말에는 왜구의 침탈이 극심하게 이루어져 한반도의 중부 이남 지역에서 큰 피해를 입었다[경인년이래왜구]. 이때 왜구의 배후에는 대마수호 소이뢰상(1293~1371)·수호대 종경무 등과 같은 유력세력이 있었고, 또 이들로부터 약탈품을 인수받아 '고려상인'이라고 말하면서 일본 여러 지역을 왕래하며 판매한 상인조직도 있었다.

## 2.3. 중세 2: 조선 전기

1394(태조3)년 10월 태조 이성계가 한양에 도착한 후 수도인 한성부는 여러 시설이 건립·정비되어 5부 52방으로 편제되었다. 초기의 상설시장인 경시는 어떠한 모습이었는지 상세히 알 수 없다. 1399(정종1)년 종로를 중심으로 행랑으로 된 점포[시사] 800여 간을 만들려고 했으나 이루지 못하였다. 1410(태종 10)년 2월 시전의 구역이 정해졌는데 대시는 장통방(현 종로구 관철동·관철동 일대)에 두었다.

미곡·잡물은 부별로 나누어 동부의 연화동구(현 종로구 연지동 일대)·남부의 훈도방(현 을지로 2가 일대)·서부의 혜정교(현 종로 1가 복청교 일대)·배부의 안국방(현 안국동 일대)·중부의 광통교(현 남대문로·광교 일대)에, 그리고 우마는 장통방 하천변에 각각 배치하였다. 또 서민들의 생필품을 판매하는 골목시장[방시, 문전시장]은 그들이 거주하는 방의 문전에 두었다. 이외 도시 외곽에는 서민들의 생필품을 사고파는 비상설의 허시[조석시]가 많이 있었다.

시전의 경우 정부가 상인들에게 행랑 1간에 봄·가을에 각각 저화 20장을 받았는데, 이때의 임대료를 공랑세(점포세)라고 했다. 이는 세금이라기보다는 점포 임대료라 할 수 있다. 이후 상인에 대해 영업세[좌가세, 상세]와 같은

것이 부과되다가 다시 국역으로 바뀌었다. 시전의 기능은 서민들에게 일상
생필품을 공급하고 정부에서 필요로 하는 물품을 조달하는 것이었다. 경우에
따라서는 정부가 백성들로부터 받은 공물의 잉여분과 외국 사신·상인의 물품
을 서민들에게 판매하기도 하였다.

1960년대 전후 상인들이 무게, 길이 분량을 측정하는 데 사용했던 저울(상), 자(중), 되(하)

그리고 시전 상인들은 동업자 조합을 만들어 자신들의 상권을 보호하였다. 동 조합에서는 조합원의 자격과 가입 조건을 엄격히 하였으며, 혈연관계를 중요시했다고 한다. 조합 운영에 필요한 대행수·도령위·부령위·차지령위 등의 관리직과 실임·의임·서기 등의 실무직을 두었다.

　　조선 전기 이래 행랑점포[시사]들은 상업 규모, 경영 방식, 자본 등이 비슷했다. 그러나 16세기 후반 이래 인구증가, 한성부의 번영, 상업의 발전 등에 힘입어 자본의 우열이 생겼다. 그 결과 품목(점포)에 따라 경영 방식이 달라지고 자본 규모 또한 차이가 생겨 점포세[공랑세]에 문제가 발생되었다. 조정에서는 점포세를 국역의 납부로 전환하고 모든 점포[시사]를 유분전과 무분전으로 나눴다. 이때 대규모 점포들은 많은 국역을 부담하게 되었는데, 그들 중 규모가 크고 자본력이 탄탄한 시전[고액전] 여섯 개를 선별하고, 이들을 6의전(혹은 유분각전, 6주비전, 선·면포·면주·지·저포·어물전)이라 불렀다.

　　육의전은 국역이라는 일정한 세를 내고 그 반대급부로 국가로부터 특권을 받은 점포[시사]다. 조선 후기에는 칠의전·팔의전도 있었다고 한다. 육의전 상인은 상품 전매 권한과 전매품 매매를 하는 다른 상인의 물품을 압수하는 권한까지 갖는 독점상인으로서 서울의 상권을 장악하고 있었다.

　　한편 지방에는 서민들에 의해 개설된 장시(또는 장문·향시)라고 부르는 상설 민간시장이, 또 5일마다 열리는 장시에는 농산물·수공업제품·수산물·약재 등을 취급하는 보부상이 있었다. 또 육로의 행상인 보부상처럼 수로의 행상인 선상도 있었으나 강로·해로가 제대로 되어 있지 않아 제주도를 오가는 전라도 상인과 제주도 상인 외에는 활발하지 않았다.

　　요컨대 조선 전기의 상업은 고려시대에 비해 크게 발전하지 못했던 것 같다. 당시에는 자급자족의 자연주의 경제체제를 채택하여 농업을 산업의 기간으로 삼으면서[농본주의], 상공업의 발달을 저지하였기 때문이다. 또 각종 물산이 집중되는 한성부에서는 시전 발달로 상인층에게 부가 집중하게 되자 관료를 위시한 지배층들이 차전·대금횡령·외상 등을 자행하면서 부유한 상인층을 수탈하였다. 그리고 지방의 경우 총 생산력[16세기 초 총인구 720여만 추정]이 많이 빈약한데다가 교통마저 불편한 것도 상업이 활발하지 못한 또 하나의 이유다.

당시 상인에 대한 사회적 처우는 '사농공상'이라는 단어에서 보듯 농본주의에 의해 농업을 중시함에 따라 농민이 우대되고 상인은 천대 받았다. 사실 '사농공상'은 유교적인 신분차별에 의한 직업관으로서, 기질이 맑고 어진 사람[사]이 흐리고 어리석은 사람[농·공·상]을 교화하고 지배해야 한다는 사족중심의 차별적인 신분관계라 할 수 있다. 아무튼 같은 상민인 농·공·상인은 동일한 대우를 받았으며 국가의 각종 수취 대상이 되었다.


## 3. 조선 후기의 경시와 장시

16세기 중엽 이래 상공업이 어느 정도 발달했던 단계를 거친 조선 후기 사회에서는 거의 모든 분야에서 큰 변화가 일어나고 있었다. 특히 농업생산력의 증대, 수공업 생산의 활성화, 부세와 소작료의 금납화, 농촌사회의 계층분화에 따른 농촌 인구의 도시 유입 등과 같은 현상들이 상업 활동을 발전시켰다.

이러한 상업은 16세기 중엽 이래 민폐를 끼친 공물 대납[방납]의 폐단을 개선하는 공인의 활동으로 더욱 활기를 띠었다(한영국, 1991). 1608(선조41)년 대동법의 실시로 생겨난 공인은 선혜청이 거둔 대동세를 배정받아 관청물품을 독점적으로 조달하는 특권을 갖는 어용상인이었다. 그들은 관청별로 또는 물품별로 공동출자를 하고 계[공계]를 조직하여 물품 공급과 상권을 독점했다.

공인들은 관청에서 조달하는 물품을 매점하기 위해 도고를 차렸으며, 이를 통해 농민생산품이나 도시 수공업자의 생산품을 강제 매입했고, 또 수공업자의 생산활동을 지배하기도 했다. 그들은 한 가지 물품을 대량으로 구입하는 관계로 대규모 자본을 축적할 수 있었다.

그리고 비농업 인구의 도시 유입 및 민간무역의 성장은 봉건적인 구속에서 벗어난 자유상인이라고 할 수 있는 사상의 활동을 촉진시켰다. 한성부에서는 시전상인[시인]·공인들이 가진 금난전권의 적용을 받지 않는 서울 주변에 난전을 개설하여 시전 활동을 압박했었다. 당시 4대문 밖의 이현(현 동대문 안쪽)·칠패(현 남대문 밖 일대)·종루(현 종로 근방) 등이 사상들의 주요 활동지였다. 그들은 서울로 들어오는 길목인 송파, 동작진, 루원점 등에서 상품을 손쉽게 매입했다. 뿐만 아니라 각지에 지점을 설치하여 판매망을 확장했으며 국제무역에 참여하여 부를 축적해 도가[도고, 도가]로 성장하기도 했다. 도가는 수공업을 비롯한 각종 산업에서 자본주[물주]로서 특정제품을 독점하며 많은 이윤을 얻었다.

한편 한강을 중심으로 활동하던 경강상인은 곡물운송업과 선상활동을 통해 부를 축적했다. 전라도, 황해도 지역에서 미곡·어물·소금·목재 등을 매점하여 서울의 소상인들에게 판매하였다. 무엇보다 신속한 수송·정보능력으로 지역 간의 시가차이를 이용해 많은 이윤을 취했다.

또 개성 송상들은 의주상인[만상]과 동래상인[내상]을 매개로 청·일 간의 중계무역을 하는 한편, 국내의 중요 상업중심지에 송방이라는 지점을 설치하여 포목·피물·지물·담배·인삼[삼포경영과 가공] 등을 매점하였다. 나아가서는 인삼재배법[가식] 개발로, 홍삼[포삼]으로 가공하여 청나라에 수출해 큰 이득을 얻었다.

재정적 궁핍을 겪던 조정은 상당한 규모로 자본이 축적된 경시의 경제력에 의존하려고 했고, 상인세력은 조정의 세력을 얻고 상권을 확장하고자 하였다. 이처럼 양자 사이의 이해 관계가 일치해 관청이나 타인의 물품·대금 등을 대신하여 갚아주는 일종의 대상제가 등장하였다. 이를 통해 조정의 육의전 보호정책이 마련되었고, 그것이 금난전권이라는 상품독점권으로 구현되었다.

당시 난전은 시전부[전안]에 등록되어 있지 않은 인물 또는 소관 이외의 물품을 한성 내[도내]에서 판매하는 행위를 가리켰다. 난전을 금지하고 각종 재제를 가하는 권리를 금난전권이라고 했는데, 이를 육의전에게도 갖게 했다. 처음에는 육의전을 위시한 시전의 보호책으로 실시되었으나 어느 시점부터는 권세가의 하수인·군인 등에게도 시전에의 참여권[시패]과 함께 이것이 부여되었다.

나아가서는 신해통공이 반포된 이후인 1807(순조7)년에 발리전·화피전·청밀전·혜전 등에게도 특권을 주는 등 그 범위가 확대되었다. 이로 인해 한성 내[도내]의 소상인에게 물품을 공급하던 영세수공업자들이 큰 타격을 입었지만, 서울의 외곽과 지방 등 전국 규모의 상권에는 영향을 미치지 못했다.

한편 조선 전기 이래 공고했던 서울의 시전체제는 공인과 사상의 활동이 활발해지자 큰 위협을 받게 되었다. 시전상인들은 종래의 독점적 판매권을 더욱 확고히 하기 위해 금난전권을 강화해 나갔다. 육의전이 금난전권을 부여받은 후, 다른 시전상인들도 상품 매매를 독점함으로써 높은 이익을 보장받는 그것을 갖으려고 했고, 정부도 국가수입의 증대를 위해 금난전권을 확대하여 허가했다. 그 결과 종래의 군소 시전상인은 물론 새로운 상품을 개발한 사상까지 금난전권을 갖기에 이르렀다.

상업계의 변화는 시전상인과 수공업자[공장]의 경쟁이 심화된 데서도 있었다. 즉 가공 상품의 독점적 매매권을 갖으려는 시전상인들은 수공업자를 지배하려 하였고, 수공업자들은 독자적인 시전을 개설하고자 했다. 그러나 일부 사상층 및 수공업자들은 스스로 시전을 만듦으로써 기존의 시전상인에 대항했고 시전상인이 되지 못한 사상과 수공업자는 난전을 통해 시전상인의 특권을 침해하였다.

금난전권의 확대는 수공업자, 소비자, 사상 모두에게 피해를 주었다. 즉 금난전권을 가진 시전상인들이 독점적인 매매권을 악용하여 경제 질서를 문란케 함으로써 물가를 상승시키고 도시 서민층의 생활을 혼란시켰다. 이에 조정에서는 18세기 후반 그 폐해를 인정하고 해소하려고 노력하였다. 그 결과 1791(정조15)년 신해통공이 단행되어 육의전을 제외한 모든 시전상인의 금난전권을 철폐했다(육의전은 1894년 갑오경장 때 폐지). 이는 당시 정치가들의 노력도 있었지만, 무엇보다 도시영세민, 영세상인, 소상품 생산자들의 시전상인에 대한 꾸준한 저항이 있었기 때문이다. 아무튼 금난전권의 철폐로 사상들의 활동이 자유롭게 됨으로써 국내 상업 활동이 더욱 활기를 띠게 되었다.

조선 후기 시장의 변화에서 주목해야 할 사항은 16세기 중엽부터 이루어진 지방 장시[향시]의 발달이다. 지방의 장시(5일장)는 '일월육장'으로서 매달 6회 개시되며, 1·6일, 2·7일, 3·8일, 4·9일, 5·10일의 순서로 개최되었다. 이들 장시는 15세기 말 전라도지방에서 발생하기 시작하여 18세기 중엽 전국적으로 확대되어 정기적으로 장이 열리는 곳이 1천여 개소에 이른다.

장시에서 많이 거래된 상품은 쌀·잡곡·면화·채소·담배 등의 농산물과 농촌 수공업제품이었다. 소규모의 일용잡화를 갖고 다니는 보부상도 장시에 참여했다. 일부의 장시는 상설시장으로 변해 새로운 상업도시를 탄생시켰다. 삼남지방의 상품이 서울로 오는 길목에 있는 송파장의 경우 삼남상인, 서울 사상인, 송파상인 등이 서울 시전상인을 압박하는 상설시장으로 발전하였다(강만길, 1991).

이 무렵 송파장처럼 상설 시장화된 장시로는 경기도 광주의 사평장, 안성의 읍내장, 충청도 은진의 강경장, 전라도 전주의 읍내장, 남원의 읍내장, 강원도 평창의 대화장, 황해도 토산의 비천장, 황주의 읍내장, 경상도 대구의 서문시장, 창원의 마산포장 등이 있다. 이들 장시의 발달은 서울에서 공인과 사상의 성장을 위한 터전이 되었고, 문호개방 이후에는 많은 곳이 상업도시로 발전하는 데 많은 역할을 했다.

그리고 이들 시장을 운영했던 주체는 행상인 보부상이었다. 이는 보상과 부상을 함께 부르는 용어[합칭]이나 어느 한쪽을 지칭하기도 했다. 보상과

부상은 각기 다른 조직을 형성한 행상조합으로서 한성부의 시전을 위시한 육의전과 함께 조선시대의 상업을 이끌어간 주체중의 하나이다. 이들은 자신이 거주한 지방 중심지[읍치]를 거점으로 도보로 1일 내에 오갈 수 있는 장시를 순회하면서 상업을 영위하였다[행상]. 또 행상조합의 일원으로, 생산자와 소비자 사이를 매개하는 주체로서 여러 가지 물품을 유통시켰다.

한편 지방에서 상업 활동이 활발해지고 상품교환의 규모가 커져감에 따라 경제활동을 지원하는 각종 조직이 생겨났다. 시장에는 거래를 붙이는 거간과 미곡을 전문적으로 되질해주고 구전[구문]을 받는 감고 등이 있어 거래가 편리했다. 그리고 강경·안성 등과 같은 육상교통의 중심지나 항구·포구를 낀 장시에는 대규모 교역이 이루어짐에 따라 거래중개·위탁판매·물품보관(창고)·물품운송·숙박·대부 등에 종사하는 일종의 좌상인 객주(자본이 많은 것은 여각)도 생겼다. 그 결과 18세기 이후 서울의 경우, 송파, 칠패, 이현 등의 시장에서는 중간 도매상인인 중도아까지 생겨 '선상–여객주인–중도아–행상–소비자'로 이어지는 상품유통체계가 형성되었다(고동환, 1998).


## 4. 근대의 시장과 시전상인

조선왕조는 1876(고종13)년 초기 자본주의 국가로 진입한 일본과 강화도조약(조일수호조규)을 체결함[개항]에 따라 세계자본주의 경제체제에 편입되었다. 당시는 여러 자본주의 국가들이 제3세계에서 식민지를 만들기 위해 끊임없이 경쟁하고 있었던 제국주의의 시대였다. 뒤늦게 자본주의 단계로 진입하려던 일본도 동아시아에서 식민지를 만듦으로써 자국의 성장을 도모하려고 했다. 그 일환으로 1876년 부산과 강화도에서 무력시위를 벌려 강화도조약을 체결한 것이다.

동 조약의 주요 내용을 보면 일본에 대한 무관세무역, 3항구의 개항, 영사

재판권, 일본화폐통용권, 조약 개정의 협의 등이었다. 이들 모두 일본의 권익만을 위한 것으로, 조선을 반식민지적 시장으로 만들려는 의도에서 이루어진 것들이다.

강화도조약의 체결을 계기로 영국·러시아·미국 등을 위시한 유럽의 열강들도 그와 같은 통상조약을 조선정부와 체결한 결과, 원산·인천·서울·평양 등 14개의 도시와 항구들이 개방되었다. 구미제국의 진출은 중국·인도·남양 등의 여러 나라로 바뀌면서 한반도는 점차 청·일 양국 간의 각축(전)으로 이어졌다. 그러다가 1895(고종32)년 청일전쟁의 종전으로 일본의 경제적·정치적 침략이 크게 확대된 나머지, 조선은 일본의 식민지로 전락하기에 이르렀다.

그리고 개항 이후에는 종래의 전통적인 국내 상품유통체계가 재편성되어 근대적인 무역관계로 발전하였다. 대부분의 개항장에는 일본인 등의 외국 상인들이 진출했고 무역량이 크게 늘어나자 상품유통을 담당하는 상인이 크게 증가했다. 한강을 위시하여 전국의 포구를 거점으로 연결하고 있던 이들은 서울에 안주하고 있던 시전과는 달리 외국 상인과의 상업 활동을 활발히 전개했다.

시간의 경과에 따라 외국 상인 또한 개항장에만 머물지 않고 내륙에서도 상업 활동을 할 수 있게 되면서 객주와 보부상이 큰 타격을 입었다. 그 결과 객주들도 상사를 조직하여 외국 상인과 경쟁하려고 했는데, 그 첫 번째 사례가 평안도에 설립된 대동상회다. 1894년경에는 이러한 것이 40여 개에 이르렀다.

상업이 자유롭게 발전하게 됨에 따라 일본 상인의 행상이 허용된 1883(고종20)년에 조정에서는 보부상을 보호한다는 명목으로 왕실 직할의 혜상공국을 설치하였다. 민씨들에 의해 운영되던 정부[민씨 정권]가 혜상공국을 통해 외국 상인의 불법행위를 막고 보부상의 권익을 보호한다고 했지만, 사실은 자신들의 예하에 보부상을 묶어두어 특권상업체제를 유지하려고 하였다. 그 결과

보부상은 종래의 시전과 같이 특권 상인층으로부터 탈피하지 못하여 더 이상 상인단체로의 발전이 불가능했다.

이에 비해 객주들은 객주상회를 조직하여 근대적인 상인단체로 성장해 나갔다. 원산의 상회소(1883년), 인천의 객주상회(신상협회, 1885년), 부산의 객

1960년대 전후 사용했던 엿장수 가위·보부상 끈(상), 장바구니·약연(중), 옛날 돈(엽전)·돈주머니(하)

주상법회사(1883년)(김연지, 2009) 등이 대표적인 예다. 이들은 개항장에서 외국 상인의 경제적 침략에 대항하면서 점차 근대적이고 자본주의적인 단체로 발전했다.

이들 객주상회는 1985(고종32)년 상무회의소로 개칭하였으며, 또 1905(광무9)년 7월 체제를 재정비했다. 이 당시 노일전쟁이 일어나자 일본의 정치적 간섭이 심해졌고, 일본인 재정고문 메카타 타네타로에 의해 실시된 화폐개혁으로 상인들은 심한 금융공황 속에 허덕이게 되었다.

이러한 여건에서 서울의 상인들은 자구책으로 한성상업회의소를 창립하였다. 금융공황의 구제책을 강구하는 것이 목적이었지만, 정부에 대한 건의가 일본의 방해로 이루어지지 못하자 상업은행 설립을 계획하였다. 그러나 한성상업회의소는 조선이 일본의 식민지가 된 후인 1915년 7월 경성상업회의소에 흡수되었다.

여기서 일본제국주의의 강압 하에 근대적 시장으로 변모되기 전후의 시전 모습을 1865(고종2, 을축)년 1월에 만들어진 『을축정월일토주의비윤회책』을 통해 살펴보고자 한다. 이 자료는 육의전[육의비전]의 면주전 례하의 중에서 '바탕이 두껍고 색갈이 누르스름한 명주[토주]'를 판매하는 토주전[토주의비전]에서 영업했던[출시] 상인들의 교체와 거취[윤회]를 정리한 것이다. 세로쓰기를 가로쓰기로 전환하여 앞뒤의 각각 5인에 대한 기록 내용을 전사하면 다음 〈표 1〉과 같다.

**〈표 1〉 토주전 상인의 출시 시기와 출자 내용**

| 성명 | 출시 시기 | 출자 내용 |
| --- | --- | --- |
| 김환규 | 무신십이월십오일출시 | 신해정월일백토주육필의비행<br>신해윤팔월일백토주육필재차의비행 |
| 유태용 | 기유삼월십오일출시 | |
| 박동순 | 기유삼월십륙일출시 | 기유칠월일백토주육필의비행<br>신해윤팔월일백토주참필재차행 |

| 성명 | 출시 시기 | 출자 내용 |
|---|---|---|
| 홍준성 | 기유삼월이십일일출시 | 기유칠월일백토주육필의비행<br>신해윤팔월일백토주참필재차행 |
| 한진혁 | 기유사월초사일출시 | 기유칠월일백토주육필의비행<br>신해윤팔월일백토주참필재차행 |
| (… 중략 …) | | |
| 안태호 | 정유정월이십구일출시 | |
| 성진용 | 정유이월십구일출시 | |
| 오경선 | 무술삼월초오일출시 | |
| 유한응 | 무술윤삼월초일일출시 | |
| 오세환 | 무술사월삼십일출시 | |

〈표 1〉은 『을축정월일토주의비윤회책』의 첫머리와 끝에 수록되어 있는 내용으로 1848(헌종14, 무신)년 12월 15일 이래 1898(광무2, 무술)년 4월 30일까지 50년에 걸친 토주전에 출시한 상인들의 명단 등을 정리한 것이다. 기재 내용은 상인의 이름, 출시 날짜[일부], 출자 내용, 행수의 승진과 이의 답례인 예물 등이다. 이 책의 이름인 '을축정월일토주의비윤회책'은 처음으로 정리된 시점, 즉 1865(고종2, 을축)년 1월을 가리키는 것으로 추측된다. 내용 검토를 위해 기재된 인물들을 차례로 순번을 부여하여 정리하면 다음 〈표 2〉와 같다.

### 〈표 2〉 1848년 이후의 토주전 상인

| 성명 | 출시 시기 | 출자 시기 | 비고 |
|---|---|---|---|
| ①금환규 | 1848년(헌14) | ①1851년 2회 | |
| ②유태용, 박동순, 홍준성, 한진혁, ⑥이조영 | 1849년(헌15, 기유) | ③,④,⑤49년, 51년 각 1회, ⑥51년 2회 | |
| ⑦유경우, ⑧유진태 | 1851년(철2) | ⑦,⑧51년 2회 | |
| ⑨백환숙, ⑩□□□, ⑪박동숙, ⑫최홍진 | 1852년(철3, 임자) | | ⑩,⑪66년 1월 항수 |
| ⑬리원무, ⑭노홍직, ⑮곽순영 | 1853년(철4, 계축) | | ⑮76년 1월 삭출 |
| ⑯서기석, ⑰전덕진, ⑱고상익 | 1854년(철5, 갑인) | ⑯66년 1회 | |
| ⑲성재수, ⑳성문호, ㉑거덕범, ㉒리형무 | 1855년(철6,을묘) | | ㉒84년 1월 항수 |

| 성명 | 출시 시기 | 출자 시기 | 비고 |
|---|---|---|---|
| ㉓금동렬, ㉔거도일 | 1856년(철7) | | |
| ㉕금진옥, ㉖백봉규 | 1857년(철8) | | ㉖66년 1월 항수 |
| ㉗변희선, ㉘박성문 | 1859년(철10) | ㉗66년 1회 ㉘60년 1회 | |
| ㉙금준원, ㉚박동근, ㉛문희영 | 1860년(철11, 경신) | ㉙,㉚60년 1회 ㉛66년 1회 | |
| ㉜고완진, ㉝금상옥, ㉞홍성태 | 1861년(철12, 신유) | ㉜,㉝,㉞66년 1회 | |
| ㉟류성우, ㊱금정현, ㊲안영석, ㊳림윤성 | 1862년(철13, 임술) | ㉟,㊲,㊳66년 1회 | ㊱65년 6월 삭안 |
| ㊴금선호, ㊵태명선, ㊶리현순 | 1863년(철14, 계해) | ㊴,㊵,㊶66년 1회 | |
| ㊷최석창, ㊸금한규, ㊹성재익 | 1864년(고1, 갑자) | ㊷,㊸,㊹66년 1회 | ㊹66년 1월 항수 |
| ㊺금치형, ㊻림홍규 | 1858년(철9) | ㊺,㊻66년 1회 | |
| ㊼박동운 | 1857년(철8) | ㊼66년 1회 | |
| ㊽리원무 | 1853년(철4) | ㊽66년 1회 | ㊽=⑬ |
| ㊾금진옥 | 1857년(철8) | ㊾66년 1회 | ㊾=㉕ |
| ㊿거도일, 51금동렬 | 1856년(철7) | 50,51 66년 1회 | 50=㉔, 51=㉓ |
| 52거덕범, 53성재수 | 1855년(철6) | 52,53 66년 1회 | 52=㉑, 53=⑲ |
| 54전덕진 | 1854년(철5) | 54 66년 1회 | 54=⑰ |
| 55노홍직 | 1853년(철4) | 55 66년 1회 | 55=⑭ |
| 56최홍진, 57박동숙 | 1852년(철3) | 56,57 66년 1회 | 56=⑫, 57=⑪ |
| 58류태용 | 1849년(헌15) | 58 66년 1회 | 58=② |
| 59류성환, 60태형선, 61박동주, 62류영우, 63류공양, 64한석범, 65장인기, 66류정우, 67장태진 | 1867년(고4, 정묘) | | 60 86년 10월 항수<br>62 86년 3월 항수<br>63 87년 1월 항수 |
| 68박기은, 69리치범 | 1868년(고5) | | |
| 70최호, 71류태응 | 1869년(고6) | | 71 91년 4월 항수 |
| 72리준영, 73고성환, 74전재근, 75류진규, 76문희정, 77류석환, 78류경환, 79금동민, 80문희창 | 1870년(고7, 경오) | | 72 86년 10월 항수<br>73 84년 1월 항수<br>74 87년 1월 항수<br>75 86년 1월 항수<br>77 87년 4월 항수<br>78 92년 1월 항수<br>80 80년 1월 항수 |
| 81금석현, 82금한정, 83정윤대, 84금영호, 85문석모 | 1871년(고8, 신미) | | 81 84년 1월 항수 |
| 86홍순우, 87금현구, 88성신호, 89리종구, 90강희봉 | 1872년(고9, 임신) | | 86 93년 4월 항수 |

| 성명 | 출시 시기 | 출자 시기 | 비고 |
|---|---|---|---|
| ㉑최한석, ㉒장정기, ㉓박동규, ㉔고경렬 | 1873년(고10, 계유) | | ㉔1900년 1월 항수 |
| ㉕문순모, ㉖홍성준, ㉗윤석구, ㉘금선명, ㉙리민영, ㉚리종숙, ㉛금명연, ㉜엄관식, ㉝백재경 | 1874년(고11, 갑술) | | ㉕95년 1월 항수 ㉖92년 1월 항수 ㉗80년 1월 항수 ㉛80년 1월 항수 ㉝91년 4월 항수 |
| ㉞고제철, ㉟금덕진, ㊱박명고 | 1875년(고12, 을해) | | ㉞95년 2월 항수, ㉟76년 1월 항수, ㊱95년 1월 항수 |
| ㊲류태현, ㊳금동석, ㊴장학춘 | 1876년(고13, 병자) | | |
| ㊵금석주 | 1877년(고14) | | |
| ㊶강준식, ㊷홍순우 | 1878년(고15, 무인) | | ㊷=86 ㊶86년 1월 항수 ㊷96년 1월 항수 |
| ㊸류태신, ㊹금용구, ㊺금준기, ㊻태의선, ㊼금녕식, ㊽거굉익, ㊾금명규, ㊿박동준, 금한대, 최광석 | 1879년(고16, 기묘) | | 82년 1월 항수 96년 1월 항수 |
| 리정태, 리순문 | 1880년(고17) | | 84년 1월 항수 |
| 최창식, 류한영, 금동욱 | 1881년(고18, 신사) | | |
| 류태선, 리준석 | 1882년(고19) | | 96년 1월 항수 |
| 장태진, 홍순조, 천일환, 장영석, 장준엽, 장규진, 금순희, 류태흥, 태정선, 금재경, 리용현 | 1883년(고20, 계미) | | =67 86년 8월 항수 96년 1월 항수 |
| 리원주, 금한철, 노상준 | 1884년(고21, 갑신) | | |
| 윤태복, 윤인식 | 1885년(고22, 을유) | | |
| 고홍석, 고영석 | 1886년(고23) | | |
| 금윤종, 오현익, 오학기, 장태환, 류정묵, 금재철, 최덕윤, 류태선, 정석원, 금진우, 안응종, 홍성원 | 1887년(고24, 정해) | | 93년 3월 항수 |
| 극태영, 류의식, 금동주, 백관진, 성호영, 곽식원, 최익성, 금진문, 림준형, 고의진, 태희엽 | 1888년(고25, 부사) | | |
| 홍순기, 고제홍 | 1889년(고26) | | |
| 홍성렬, 신건호 | 1890년(고27) | | |
| 최린식, 리범국, 오치선 | 1891년(고28, 신묘) | | |

| 성명 | 출시 시기 | 출자 시기 | 비고 |
|---|---|---|---|
| ⑰조정순, ⑰주중렬, ⑱조대용,<br>⑱조신호, ⑱한광수, ⑱금희원,<br>⑱금완식, ⑱류진하, ⑱류태형,<br>⑱거윤필, ⑱금찬희, ⑱문성모 | 1892년(고29, 임신) | | ⑱96년 1월 항수 |
| ⑲천일환, ⑲류한조, ⑲박완성,<br>⑲윤형순 | 1893년(고30, 계사) | | ⑲=⑬ |
| ⑭하순홍, ⑮태석기, ⑯류태완,<br>⑰태석우, ⑱장동원 | 1894년(고31, 갑오) | | 7월 륙의전의<br>금난전권 폐지 |
| ⑲성순영, ⑳금창식, ㉑송진환,<br>㉒금동식, ㉓금종덕, ㉔금태환,<br>㉕문명모, ㉖금동연, ㉗리종우 | 1895년(고32, 을미) | | |
| ㉘금상렬, ㉙리종욱, ㉚리범규,<br>㉛오상민 | 1896년(건양1, 병신) | | |
| ㉒홍경운, ㉓안태호, ㉔성진용 | 1897년(광무1, 정유) | | |
| ㉕오경선, ㉖류한응, ㉗오세환 | 1898년(광무2, 무술) | | |

*예시 13은 동일인을 의미함

〈표 2〉, 즉 토주전에 출시한 상인 217명(그 중에서 중복된 것이 14건임)에 대한 기록에서 다음과 같은 사실을 알 수 있다.

첫째, 이 문서에 등재된 상인들은 1848(헌종14, 무신)년 12월 15일부터 1898 (광무2, 무술)년 4월 30일까지이며, 처음으로 정리된 시점은 1865(고종2, 을축) 년 1월이다.

이후 출시한 상인과 출자 일자가 시기 순으로 정리된 후 이들 상인들이 토주전의 기금 마련을 위해 출자한 내용과 행수 승진시의 기부 내역, 그리고 처벌로 인한 삭안 등이 추기된 것으로 보이며, 또 고경렬의 경우 1900(광무4) 년 1월 23일 행수에 승진한 것이 기제되어 있어 1900년까지 추기가 이루어졌 다고 본다.

둘째, 이 문서의 기재 방식을 보면 모두에는 인명과 출시 시기가 먼저 기재 되고 이후 출자사항 등이 추기되었지만, 김치형에서 유태용까지는 출시와 출자가 함께 기록되어 있다. 또 1867(고종4, 정묘)년의 유성환 이후에는 출자 관련 내용이 전혀 기록되어 있지 않고 단지 행수 임명시에 기부한 내용만 기재되어 있어 출자 방식에 어떤 변화가 있었던 것으로 보여진다.

셋째, 출자는 토주전의 기금을 마련하기 위한 기부행위로 추측되는데, ① 김환규의 경우 출시하고 3년이 지나 2회에 걸쳐 백토주 6필, 3필을 각각 기부하였다. 이는 당해년에 출자한 경우(③박동순, ④홍준성, ⑤한진혁)도 있으나, 17년 후(②유태용) 출자한 경우도 있다. 기부내용은 대부분이 1회 6필이었다.

넷째, 행수는 토주전의 지도자인데, 어떠한 절차를 거쳐 선발되었는지는 알 수 없다. 단지 여타 시전의 경우처럼 경제적인 기반이 공고하고, 경륜과 덕망을 갖춘 인물을 선정한 것으로 추측할 뿐이다. ⑨백봉환의 경우 "병인정월초이일, 승시행수시, 토주의비예이십량납보용소상하인"로 기재되어 있으며, 여타의 경우는 시기와 인명 외의 내용이 모두 동일하다. 행수로 승진할 때 보용소상하소에 예물[예폐]로서 토주 20필[양]을 기증하였던 것이 관례였던 것 같다. 그런데 백봉규도 같은 날짜에 행수가 되었는데, 기재된 내용이 동일한 점을 보아 토주전의 행수는 2~3인인 것으로 보인다.

다섯째, 소속된 조합원으로서 적절하지 못한 행위를 한 상인은 축출시키고 명부에서 이름을 삭제했던 것 같다. 이는 곽순영의 "병자정월삼십일삭출, 고토주의비미행, 예벌검양봉상보용소상하인", 김정현의 "을축6월십6일유사 거역, 고재안효주"에서 짐작할 수 있다.

여섯째, 출시한 상인이 30여 성씨에 달하지만, 몇 가지의 성씨가 주축을 이루고 있는 점으로 보아 대부분 혈연에 의한 친족관계였던 것 같다. 즉 희귀한 성씨의 경우에는 형제행렬을 표시하는 같은 글자[돌림자]를 통해 쉽사리 친족관계임을 유추할 수 있다. 태명선·태형선·태의선·태정선 등과 그들의 다음 세대로 추측되는 데서기와 태석우, 또 문희영·문희정·문희창 등과 이들의 다음 세대로 추측되는 문석모·문순모·문성모·문명모 등이 그러하다. 뿐만 아니라 대성인 경우에도 돌림자를 통해 친족관계임을 알 수 있다. 그 례(例)로 이종구·이종숙·이종우·이종욱, 장인기와 장정기, 장태진(장태진와 동일인)과 장태환, 유한영·유한조·유한응 등을 들 수 있다.

## 5. 맺음말

지금까지 한국사에서 나타난 시장과 상인을 살펴보았다. 개괄적이고 피상적인 검토라는 비판을 받을 소지가 없지 않으나 특정 부분에서는 새로운 자료로써 시전상인의 모습을 실상에 가깝게 보았던 점도 없지 않았다.

5세기 후반 이전 시장의 실태를 분명하게 말하기는 어려우나 물품의 교역, 상품화폐와 국내 상인의 실상, 외국과의 교역, 그리고 외국 상인의 활동 등은 찾아볼 수 있었다. 여기에서의 시장은 물품거래의 장소를 가리키는 구체적인 곳으로 정착되기 이전의 시장, 즉 해가 뜨면 사람들이 모여 자신이 필요한 물품을 교환한 곳(시장)을 가리킨다.

최초의 시장은 490년 신라의 수도인 금성에 개설된 경시인데, 이는 509년에 설치된 동시와 함께 관설시장이었다. 이들은 신라의 한반도 통일이후 더욱 발전하여 당제국의 수도인 장안, 일본의 경도 등의 시장과 연결되어 있었다. 이로 인해 아라비아인을 위시한 서역인 내지는 인도인의 한반도에의 등장이 이루어졌던 것 같다.

고려시대와 조선시대 전기에는 수도의 시전[경시]이 국내 상업의 중심지 역할을 했고, 시전 주변, 지방행정 치소 주변에 가로시[방시]를 위시한 허시 내지는 골목시장[항시, 문전시장]이 있었다. 시전의 경우 정부가 일부 상인들에게 임대한 것으로, 행랑에 따라 점포세가 징수되었으며, 백성들의 일상 생필품 공급과 정부 물품의 조달 등의 기능을 하였다. 또 공물의 잉여분과 외국 사신·상인이 가져 온 물품의 일부를 받아 서민들에게 판매했다.

상인에 대한 사회적 처우는 '사농공상'이라는 단어에서 알 수 있듯이 농민이 우대되고 상인·공장은 천대 받았다. '사농공상'은 유교적인 신분차별에 의한 직업관을 가리키고 계급을 나타내는 말은 아니다. 같은 상민인 농·공·상은 동일한 대우를 받으면서 각종 수취의 대상이었다.

17세기 이래 총생산력의 증대에 따라 상업 활동이 활발히 이루어졌는데,

특히 지방 장시[향시]가 그러했다. 장시는 보통 5일마다 개설되었으나 18세기 이후 상설시장으로 발전되기도 했다. 이들은 서울에서 공인과 사상(사상)의 성장을 위한 터전이 되었고, 문호개방 이후 상업도시로 발전하는 데 많은 역할을 했다.

한편 일본제국주의의 강압 하에 근대적 시장으로 변모된 시전의 모습을 『을축정월일토주의비윤회책』을 통해 살펴보았다. 이는 육의전 예하의 토주전에 출자한 상인에 대한 기록으로, 기금조성을 위한 상인들의 출자, 지도자인 행수의 선발과 기부, 기율을 어긴 조직원의 처리 등을 알 수 있었다.

현재 전통시장 활성화를 위해 여러 가지 방안을 강구하면서 많은 사업을 활발히 진행하고 있다. 여기에 덧붙여 해야 할 과제는, '전통시장에 대한 문화사적인 접근'이라 본다. 즉 전통시장에서 이루어져 왔던 각종 문화적 관습인 호객 언어·연희·유인상품·상품의 방언·별명 등과 같은 상행위와 이들과 관련된 물품 및 행태에 대한 수집·정리가 시급히 이루어져야 한다는 것이다.

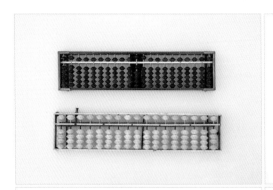

1960년대 전후 상인들이 셈을 할 때 쓴 주산(상), 돈을 보관하는 데 사용했던 돈통(중), 전통시장 관련 물품 전시장(하: 대구 동대구로 12안길 10 두원빌딩) 내부 모습

# PART 8
## 전통시장 및 대형마트에 대한 소비자 인식

# 제1장 전통시장과 대형마트*

상품을 생산자로부터 소비자에게로 이전시켜 주는 유통산업에 많은 변화가 있다. 그 중 하나가 오랫동안 유지되어 왔던 백화점, 전통시장 중심의 이중 구조에서 1996년 유통시장 개방 이후 대형마트, 창고형 할인점, 편의점, 온라인·모바일 쇼핑 등이 합세한 '다변화된 구조'로의 변화이다. 소비자 입장에서는 구매처가 많아 선택의 범위가 넓어졌다는 점에서 긍정적인 것으로 볼 수 있다.

그런데 대기업의 대형 유통업체와 소규모 유통업자 사이에 충돌이 자주 있어 문제다. 영세 상인들이 대형마트와 같은 기업형 유통기관을 전통시장 및 골목상권 침체의 주된 원인으로 보기 때문이다.

사실 전통시장은 소득 수준 향상 등으로 인한 소비자 욕구 및 구매행동 변화에 적절히 대응하지 못한 채 침체일로에 있다. 2005년에 1천660개였던 전국 전통시장이 2010년에는 1천 517개로 감소했으며, 2005년에 23만 9천

---

*2012년 5월 25일자 영남일보 32면(경제칼럼)에 게재된 글임.

개에 달하던 점포수도 2010년에는 20만 1천 개로 크게 감소했다. 전통시장 매출(규모) 또한 2005년에 32조 7천억 원에 달하던 것이 2010년에는 24조 원으로 크게 줄었다. 모든 유통 업태가 나아지는데 유독 전통시장만이 나빠지고 있다. 여기서 분명한 것은 전통시장이 침체하고 있다는 사실이다.

그럼 전통시장이 왜 침체하고 있을까? 먼저 대형마트를 중심으로 한 신유통 업태의 급신장을 들 수 있다. 규모의 경제 원리, 경영 능력, 제반 시설 등의 면에서 전통시장은 신유통 업태에 비해 그 수준이 매우 낮다. 또 전통시장의 강점이었던 '저렴한 가격'마저 대형마트의 저가정책으로 인해 더 이상 전통시장만의 강점이 아니다.

이뿐만 아니다. 전통시장에는 토지·점포 소유자, 입점상인, 그리고 노점상 등 이해관계자가 많고, 이해관계가 복잡해 의사결정이 쉽지 않다. 구성원들 간에 색깔과 소리가 달라 활성화 사업 수행이 쉽지 않다는 말이다. 그리고 시장상인은 마케팅 지식 수준이 낮아 업종·품목 구성이나 점포경영도 미숙하다. 물론 마케팅 전략이 없고 시장이나 골목상권을 관리하는 시스템도 갖추지 못하고 있다.

이제 대형마트를 보자. 대형마트는 대기업에 의해 소유, 운영되고 3천$m^2$이상의 대형매장을 갖춘 종합소매점이다. 이마트(신세계), 홈플러스(삼성테스코), 롯데마트(롯데쇼핑)가 대표업체다. 전국 대형마트의 매출 규모는 2001년에 15조 4천억에 불과했던 것이, 2010년에는 33조 3천억으로 크게 증가했다. 9년 만에 2배로 껑충 뛴 셈이다.

대형마트가 왜 이렇게 급성장했을까? 무엇보다 대형마트가 전통시장과 백화점의 중간에 위치하면서 현대인의 소비패턴과 편의성 추구 성향에 부응했기 때문이라 본다. 즉 쇼핑환경이 좋고 주차장 등 편의시설이 잘 갖추어져 있어 쇼핑하기가 편하며, 대량구매, 중간 유통단계 제거, PB상품 개발, 판매 등을 통해 보다 낮은 가격(반값·통큰 가격)으로 상품을 판매하고 있기 때문이다.

끝으로 유통 대기업과 전통시장에 대해 "법과 경제논리도 중요하지만 문화와 전통, 지역경제도 그 못지않게 중요하다. 또 전통시장과 유통 대기업(슈퍼마켓)이 적절히 상생하고 있는 헝가리 부다페스트 중앙시장을 가보라"고 말하고 싶다.

현대 소비자들이 가장 많이 이용하는 대형마트(이마트·홈플러스·코스트코·하나로마트) 외관

# 제2장 1983년 팔달시장 및 봉덕시장 실태*

## 1. 1983년 팔달시장 실태

### 1.1 시장의 의의

시장은 경제 단위들이 교환 행위를 하는 사회기관이며 구매자와 판매자가 모여 재화나 용역을 교환하는 실체적 장소로, 가격결정기구 또는 구매자 집단을 가리키기도 한다. 기업 측면에서 보면 마케팅활동의 전제이며 대상이 된다. 본고에서는 시장의 개념을 '구매자나 판매자가 모여 재화나 용역을 교환하는 실체적 장소'로 규정한다.

우리나라 지방의 시장(향문, 향시, 장)은 15세기 후반, 즉 성종 원년에 전라도에서 일어난 기근을 계기로 자연스레 형성되었다. 당시 지배층에서는 민중의

---

*1983년 9월 경북대학교 사범대학 상업교육과 마케팅 수강생 황윤성·민경민·김창호·김해곤 학생 이 제출한 과제물을 다소 수정하여 재구성한 글임.

자발적인 움직임으로 간주하고 왕조성립의 기반이 약화될 것을 염려하여 금지하려고 했다. 이에 대해 신숙주 등은 '시장은 농민에게 편리할 뿐 아니라, 국익에도 좋은 것'이라며 허용할 것을 주장하였다.

이러한 찬반양론 속에 중종·명종 때에는 전국으로 확대되어 3일 또는 5일 마다 장(場)이 열렸다. 이곳은 자연스럽게 교통의 요충지가 되었으며, 또 천변, 노변의 공지, 묘지 부근의 공지에도 시장이 형성되었는데 상권은 대부분 도보로 귀가할 수 있는 범위로 한정되었다. 물론 인근 주민들은 필요한 물건을 구하기 위해 가까운 장을 이용했다.

시장은 15~16세기에 발생하여 일제 말에 이르기까지 지방도시 형성 및 경제발전에 크게 기여했으나 강화조약 이후 도시패턴이 형성되면서 많은 변화를 가져 왔다. 경제·정치·사회 등에서의 광범하고 급격한 변화는 전통시장에 많은 변화를 초래하였다. 특히 정기시장으로의 전환은 상점을 상설 상점으로, 또 상인을 점포상인으로 변화시켰다.

그 후 전통시장의 수와 거래액은 증가추세를 보였다. 이처럼 전통시장이 발달하게 된 것은 일본제국주의가 한국경제를 지배하기 위해 전통시장(기구)을 의도적으로 조성·이용하였기 때문이다. 그런데 산업 및 도시근대화가 이루어지면서 유통업계에 백화점, 슈퍼마켓, 연쇄점 등 대규모 소매상이 출현하게 되었고, 그 결과 전통시장은 쇠퇴하기 시작하였다.

## 1.2. 팔달시장 일반 현황

### 1.2.1. 개황

대구 북구 노원동 3가 976번지 소재 팔달(구)시장은 1969년 7월 7일 대지 806평, 건평 354평에 98개의 점포로써 개설되었다. 하빈, 칠곡, 군위, 영천 등의 소채류 생산지와 가깝고 대구교통의 관문에 위치해 있어 반입량과 매출량이 급속도로 증가하였다.

그리고 구시장 인근 북구 노원 3가 750번지에 농산물 도매기능을 수행하는 팔달시장(주)이 대지 1,732평, 건평 211평에 24개의 점포로써 개장하게 되었다. 그래서 생활용품 중심의 팔달구시장과 채소류 중심의 팔달신시장이 양립하게 되었고, 다른 전통시장들에 비해 팔달신시장은 매년 꾸준한 성장을 이룩해 왔다.

요컨대, 팔달구시장은 일반 전통시장과 동일한 기능을 수행하고 노원동, 원대동, 비산동 등의 주택가와 인접해 있으며, 또 팔달신시장은 농산물 상·하차에 불편함이 없고 입지 또한 좋아 장세가 매우 활발하다.

### 1.2.2. 점포

1983년 현재 점포는 신시장 200여 개, 구시장 300여 개다. 점포의 규모는 신·구시장이 뚜렷이 구분된다. 먼저 팔달구시장은 일반시장과 마찬가지로 점포가 2~3평 정도이다. 이에 반해 팔달신시장은 20~30평으로 크다. 이는 생산자가 직접 경매할 수 있도록 장소를 제공하거나 다수의 소규모 생산자에게서 매집한 채소류를 위탁판매 해주는 기능을 수행하기 때문이다. 또 생산자나 중간상의 소채류를 실은 트럭이나 경운기가 점포 안 까지 출입할 수 있어야 하기 때문이다. 물론 점포주인은 그들로부터 일정한 수수료(소개료, 20% 정도)를 받는다.

### 1.2.3. 상인

기능 면에서 보면 팔달신시장은 소채류 도매 시장이고, 팔달구시장은 일반 전통시장이다. 자료수집을 위해 신시장상인 35명과 구시장상인 15명을 대상으로 설문조사를 실시하였는데 그 결과는 다음과 같다.

먼저 현 업종에 종사한 기간을 보면 신시장의 경우 1~5년이 51%, 6~10년 23%, 10~15년 17%, 15년 이상 9%로, 또 구시장은 1~5년 80%, 6~10년 13%, 10~15년 7%로 이루어졌다. 여기서 구시장 상인보다 신시장 상인의 업력이 더 많음을 알 수 있다.

그리고 교육 수준은 신시장의 경우 국졸 20%, 중졸 40%, 고졸 31%, 대졸 9%이고, 구시장은 국졸 13%, 중졸 40%, 고졸 47%인 것으로 나타났다. 팔달 신·구시장 상인은 대부분 중·고등학교 졸업자라고 할 수 있다.

나아가 상인들의 연령을 보면 신시장은 20대 4%, 30대 29%, 40대 41%, 50대 이상 26%로, 또 구시장은 20대 27%, 30대 7%, 40대 47%, 50대 20%로 구성되어 있다. 신시장은 30~40대가, 구시장은 20대, 40대가 많다.

고객을 어떻게 대하느냐라는 질문에 대해 신시장상인의 경우 상냥하게 대한다 26%, 그냥 물건만 판다 29%, 또 손님 기분을 맞춰준다 45%로 나타났다. 이에 반해 구시장상인은 상냥하게 대한다 40%, 그냥 물건만 판다와 손님 기분을 맞춰준다가 각각 27% 그리고 7%의 상인은 억지로 사게 한다고 응답했다.

또 팔달신시장은 오전 10시 이전에, 구시장은 오후 3시~8시 사이에 90% 이상의 거래가 이루어진다. 신시장의 경우 오전 10시 이전에 90% 이상의 거래가 이루어진다는 것은 이곳이 새벽시장임을 말해주는 것으로, 타시장과 구별되는 특이점이라 하겠다.

한편 이용자 특성을 보면 구시장은 보통 전통시장과 마찬가지로 대부분이 일반 (최종) 소비자이다. 이에 비해 신시장은 도매시장이란 특성에 맞게 소매상인이 75% 정도로 지배적이며 나머지는 도매상인 14%, 최종 소비자 11%로 구성된다. 그리고 상품 구입처의 경우 신시장은 도매상 43%, 생산사 38%, 위탁구입 9%로, 또 구시장은 도매상 93%, 생산자 7%로 이루어져 있다.

## 1.2.4. 취급 상품 및 유통 경로

팔달구시장은 만평·평화시장 등 인근 전통시장과 취급 품목이 거의 같다. 신·구시장을 연결하는 도로상에 음식점 45개, 채소전과 어물전 120여 개, 청과물점 7개, 건어물점 4개, 일용잡화점 6개 등이 자리잡고 있다.

그리고 팔달신시장에는 200여 개의 점포가 있는데 이들은 품목 구분이 어렵다. 그들 대부분이 소채류 도매상이라 생산자나 중간상이 갖고 온 것을 중매매하거나 중개하기 때문이다. 또 농산물 자체가 계절성이 높고 자연적 제약조건이 많다는 점에서 점포별 취급 품목을 명확히 구분 짓기가 어렵다. 실제로 감자·마늘·양파 등을 취급한다는 점포를 들어가보았더니 다른 물품이 있었다.

한편 취급 품목을 보면 쑥갓, 고추, 감자, 오이, 마늘, 배추, 상추, 부추, 무 등의 취급점이 140여 개로, 전체의 70~80%를 점한다. 생산자가 직접 싣고 나온 청과물을 취급하는 점포가 40여 개(20%)이고, 대형 종합식품점이 1개이며 생산자나 중간상에게서 직접 구입해 판매하는 고추, 참기름집이 20여 개다.

이에 반해 채소류 전문시장의 성격을 띠고 있는 팔달신시장은 비록 점포수가 적고 구시장보다 늦게 개장되었지만 일일 매출량이 구시장(3,000만 원)보다 훨씬 많은 5,000만 원에 달한다. 뿐만 아니라 신시장 상인의 월별 수입도 40~60만 원으로, 구시장 20~30만 원에 비해 월등히 높다.

유통 경로를 보면 먼저 다양한 품목이 있는 팔달구시장은 제품에 따라 다소 차이가 있지만 대체로 생산자(제조업자) → 공판장 → 중개인 → 소매상인 → 최종소비자 형태를 가진다. 또 팔달신시장은 생산자 → (중간상) → 소매상 → 최종소비자 형태의 비교적 짧은 유통 경로를 갖는다. 그래서 품질(신선도)이 우수하고 가격도 매우 저렴하다.

팔달신시장의 소채류는 경북 도내는 물론 강원도, 전라도 등에서 반입된다. 판매 대상은 대구 시내 소매상이 70% 정도이고, 서한유통, 동아, 대구백화점, 시내 유명 음식점, 슈퍼마켓 20% 정도이다. 나머지 10%는 일반 소비자들이다.

### 1.2.5. 번영회

새벽 5시경의 팔달신시장은 생산지에서 밤새 달려온 차량 100여 대가 인근 도로를 점하고 있어 교통이 매우 혼잡하다. 부피가 크고 보관이 어려운 소채류가 대부분이며 당일 판매가 안 된 물품을 보관할 공간이 부족한 실정이다. 그래서 상인회에서는 주차장과 보관창고를 마련하기 위해 노력 중이라고 한다.

대구 지역 대부분의 시장이 그러하듯이 팔달구시장도 친목단체인 번영회가 있으며, 또 팔달신시장은 보기 드물게 번영회와 관리소가 함께 있다. 이곳 번영회는 1년에 한 번씩 정기총회를 열어 새로운 회장단을 선출하고 결산보고회도 갖는다.

감자, 배추, 무, 양파 등 품목별로 대의원이 있으며, 이들로 구성된 대의원회의가 월 1회 개최된다. 이때 대의원들이 시정을 요구하거나 불편한 점을 회장에게 건의하면 회장이 관리사무소를 통해 개선해 나간다. 팔달신시장 번영회는 상인들의 애로 요인을 해소하고 회원 상호간의 친목을 도모하는 데 그 목적이 있다고 한다.

팔달신시장 번영회의 주된 수입은 점포임대료이며 노점 사용료, 청소비, 물품보관비, 전기료 등을 관리소에서 징수한다. 관리소 직원은 사무원 3명, 도로정리원 3명, 사용료 징수원 3명, 청소차 운전사 1명, 청소부 6명이다. 이곳 점포 상인은 노점의 존재를 인정하고 있으며 '소방도로 상의 문제만 없다면 양성화할 필요가 있다'고 관리소 직원이 말해준다. 그리고 팔달신·구시장 모두 관리사무소 옆에 소비자보호센터를 두고 있다.

## 1.3. 팔달시장 이용객 실태

본 조사팀에서 팔달시장을 탐방·조사한 시간이 오전 10시 이후인 관계로 팔달신시장의 주요 고객인 도·소매 상인과는 접촉할 수 없었다. 그래서 팔달 구시장의 고객 51명의 가정주부를 대상으로 설문조사를 실시했다. 그들의 연령을 보면 20대 18명, 30대 13명, 40대 13명, 50대 6명, 60대 1명이고 교육 수준은 무 5명, 국졸 11명, 중졸 23명, 고졸 11명, 대졸 1명이다. 여기서 그들의 실태를 보면 다음과 같다.

### 1.3.1. 이용 이유

조사 대상자들에게 팔달시장을 이용하는 이유를 물어본 결과 가격이 저렴해서라는 응답자가 49%로 가장 많고 교통편리 47%, 품질우수 2%, 기타 2% 순으로 나타났다. 사실 대부분의 사람들은 자택에서 가까운 전통시장을 많이 이용하며, 또 어느 시장의 어떤 품목이 싸다하면 비록 조금 멀리 있다 하더라도 그곳을 찾아가는 경향이 있다.

### 1.3.2. 구매빈도와 쇼핑시간

1주일에 몇 번 이곳을 찾는가라는 질문에 대해서는 3~5번(59%), 5~7번(22%), 7번 이상(16%), 1~2번(4%) 순으로 많이 답하였다. 그리고 쇼핑시간을 보면 오후 3~8시 76%, 오전 10시~오후 3시 22%, 오전 5시~10시 2%로 나타났는데, 여기서 오후 3시에서 8시 사이에 쇼핑을 많이 하고 있음을 알 수 있다.

### 1.3.3. 1회 구매금액과 단골상점 유무

1회 방문시의 구매금액을 묻는 질문에 대해서는 구매빈도가 높은 사람은 구매금액이 적고, 낮은 사람은 구매액이 많은 것으로 나타났다. 또 1회 구매금액의 경우를 보면 2,000~5000원 67%, 2,000원 미만 19%, 5,000~10,000원 6%, 그리고 10,000원 이상 2%였다.

그리고 단골상점이 있는가라는 질문에 대해서는 '있다'가 53%, '없다'는 47%였다. 단골상점을 찾는 이유로는 상점 주인이 좋아서 12%, 다양해서 24%, 가격이 싸서 80%, 그리고 상인 서비스·관계가 좋아서 6%였다.

## 1.4. 팔달시장의 문제점과 개선 방안

### 1.4.1. 문제점

일반적으로 우리나라 전통시장은 다음과 같은 문제점이 있다. 바가지요금, 서비스 부족, 불량 상품 판매, 쾌적하지 못한 환경, 무질서한 상관습, 편의시설 미비, 공동체 의식 결여, 긴 유통 경로와 복잡한 시장구조, 무조건 할인하려는 소비자 의식, 소비자 불평·피해 누적, 번영회 기능 미비, 그리고 영세성 등이다.

여기서 팔달시장의 문제점을 살펴보면 먼저 야채, 청과물 등은 부패하기 쉽고 신선도가 떨어지면 가격이 하락하게 됨에도 불구하고 보관시설이 없다는 점이다. 그리고 소비자와 생산자를 이어주는 유통구조의 불합리로 생산지 가격과 소비지 가격간의 자(差)가 크다는 점도 문제이다.

뿐만 아니라 시장지향적인 상농업과 생계지향적인 자급농의 병립으로 영세상인과 대상인이 공존함에 따라 유통비용을 증대시킨다는 것도 문제이다. 대부분의 생산자들이 가격 정보에 어두워 자신이 생산, 공급하는 농산물의 가격을 판매자에게 의존해야 하는 것 또한 문제라 할 수 있다.

## 1.4.2. 개선 방안

팔달시장의 개선 방안을 보면 소비자 신뢰를 얻기 위한 가격정찰제 실시, 판매원 서비스 강화, 시장 안내도 설치, 노점상 철거, 간판 등의 환경 개선, 화장실·휴게실 등의 공공시설 확충, 상인 교육 강화, 창고시설 확충, 시장번 영회의 조직·역할 강화, 취급 품목의 다양화, 그리고 점포 대형화 등이 있다. 특히 팔달신시장은 전국에서 반입되는 엄청난 물량을 감당할 수 있는 주차 시설 및 보관창고를 확충해야 하고 청소차와 청소부도 늘려야 할 것이다.

산업사회의 발전으로 국민소득 수준이 크게 향상되었고 소비패턴도 많이 변화되었다. 또 여러 가지 사회적 여건의 변화로 소비가 증가되는 추세임에 도 불구하고 유독 전통시장만 침체일로에 있다. 이는 백화점, 슈퍼체인, 연쇄 점 등의 대형 소매점의 증가, 시장상인들의 노력 부족, 무질서한 상관습, 그리 고 영세성 등에 기인된 것으로 본다. 이러한 문제를 해결하기 위해서는 무엇 보다도 상인의 의식 수준 향상, 시장 환경 개선, 편의시설 확충, 가격 및 생산 지 표시와 같은 경영 현대화 등이 하루빨리 이루어져야 할 것이다.

과테말라 과테말라시티 익타 시장 상점

네팔 박타부르 시장 상점

크레아티아 스플리트 시장 상점

슬로베니아 류불랴나 중앙시장 상점

영국 런던 캠던 시장 상점

체코 프라하 하벨 시장 상점

세계 전통시장 상점들

## 2. 1983년 봉덕시장 실태

### 2.1. 서론

그 간 전통시장은 서민들의 생활품 조달처로 많은 역할을 해 왔으나, 제반 환경의 변화로 점차 쇠퇴하고 있는 실정이다. 소비자 기호·성향 변화, 전통시장 상인들의 노력부족, 그리고 정부의 전통시장 지원정책상의 문제 등이 주된 원인이라 본다. 본 조사는 봉덕시장이 안고 있는 문제점을 알아보고 그 해결 방안을 모색하는 데 목적이 있다. 이를 달성하기 위해 설문지 조사에 의한 실증적 연구 방법을 사용하였으며, 봉덕시장 이용객, 시장번영회 회장 등과의 인터뷰를 실시했다. 또 남구청, 상공회의소, 한국마케팅개발센터 등이 발간하는 2차 자료도 활용하였다.

### 2.2. 전통시장 역사와 대구 전통시장

인류 초기의 경제단위는 가족 또는 동족이었는데, 이때는 교환거래가 이루어지지 않았다. 그러나 잉여물의 양 및 교환 횟수가 점차 증가하면서 교환장소가 자연적으로 생기게 되었는데, 이것이 바로 장(場)이고 오늘날 전통시장의 기원이다. 우리나라에서 시장이 언제부터 생성·발달 했는지는 문헌상에 명확하게 나타나 있지 않으나 화폐의 생성·발달과 밀접한 관계가 있다는 점을 감안할 때 그 생성 시기는 화폐가 있기 이전으로 추정된다.

기록상 우리나라 화폐의 경우 4300년 전 단군시대에 이미 금속화폐가 있었던 것으로 나타나 있어 시장 또한 4300여 년 이전에 형성되었던 것으로 사료된다. 그리고 시장정책이 채택되고 시장명칭이 최초로 문헌에 남은 것은 신라시대다. 신라 제21대 소지왕 12년 3월에 경자시가 개설되었으며, 지증왕 10월에는 동시가 생겼고 효자왕 시대에서는 서시와 남시를 설치하여 감독관을 두었는데 이를 시전이라 불렀다.

오늘날의 전통시장이 등장한 것은 조선조 제9대 성종 때이다. 당시의 시장들은 5일마다 열리는 정기시장으로, 30리 내지 40리의 1일 행정을 기준으로 형성되었다(황대석, 1976: 15). 또 각 지방토산물을 보에 싸서 시장을 돌아다니며 판매하는 보부상이 등장, 발달하였으며 정기시장이 있는 곳은 지방상업의 중심지 역할을 하면서 점차 상설화되었다(강만길, 1973: 137).

한편 1983년 현재 대구 시장현황은 〈표 1〉과 같다. 동 표에 의하면 대구의 중심지인 중구는 점포밀집도가 가장 높은데 이는 유동인구가 가장 많은 지역이기 때문이다. 이에 비해 동구는 시장 및 점포수가 가장 적으나, 시장·점포당 가구수는 가장 많다.

〈표 1〉 대구 전통시장 현황(1981)

(단위: 개, 가구)

| 구청별 \ 구분 | 시장 수 | 점포 수 | 시장당 점포 수 | 시장당 가구 수 | 점포당 가구 수 |
|---|---|---|---|---|---|
| 중구 | 10 | 7,137 | 714 | 5,033 | 31 |
| 동구 | 6 | 378 | 63 | 9,468 | 680 |
| 서구 | 12 | 1,813 | 151 | 7,484 | 217 |
| 남구 | 14 | 1,867 | 133 | 4,351 | 143 |
| 북구 | 12 | 2,057 | 171 | 5,004 | 133 |
| 수성구 | 9 | 872 | 97 | 5,152 | 235 |
| 합계 | 63 | 14,519 | 230 | 5,782 | 111 |

*자료: 대구시청

## 2.3. 봉덕시장의 성격

### 2.3.1. 연혁

봉덕시장은 대구광역시 남구 봉덕동 961-1번지에 위치하며 그 역사는

1953년경으로 거슬러 올라간다. 이때는 엄밀한 의미의 시장은 아니고 공지에 상인 몇 명이 장사하는 정도였다. 관리주체인 대구시에서 사용권을 상인에게 주고 상인은 사용료를 냈다. 1969년 5월 30일자로 민영화됨에 따라 1970년 1월 1일자로 공설시장이 폐지되고 사설시장으로 재탄생하게 되었다.

당시 봉덕시장은 건물이 낡고 판잣집이 많아 화재의 위험이 있었다. 그래서 부지 3626m², 바닥 면적 1814m²에 현대식 콘크리트 2층 건물을 1971년 12월 27일 완공했다. 지하 1층, 지상 2층으로 이루어졌는데 지하는 대피소이고 1층은 점포, 2층은 주택이다. 〈표 2〉는 봉덕시장의 업종별 점포 현황이다.

### 〈표 2〉 봉덕시장 업종별 점포 현황

(단위: 곳)

| 공설시장 | | | | 상가시장 | | | |
|---|---|---|---|---|---|---|---|
| 구분 | 수 | 구분 | 수 | 구분 | 수 | 구분 | 수 |
| 양곡 | 13 | 식당 | 12 | 양곡 | 4 | 식당 | 5 |
| 옷 | 13 | 수리 | 3 | 옷 | 37 | 수리 | 5 |
| 국수 | 5 | 반찬 | 6 | 국수 | 5 | 약국 | 1 |
| 빵 | 4 | 약국 | 2 | 빵 | 2 | 시계 | 3 |
| 이불 | 5 | 시계 | 2 | 이불 | 5 | 복덕방 | 2 |
| 채소 | 7 | 복덕방 | 3 | 채소 | 20 | 식육점 | 5 |
| 계란 | 2 | 식육점 | 3 | 계란 | 7 | 분식 | 12 |
| 식품 | 3 | 조화 | 2 | 식품 | 5 | 조화 | 1 |
| 생선 | 4 | 떡 | 4 | 건어류 | 12 | 신발 | 5 |
| 완구 | 7 | 바느질 | 7 | 어류 | 20 | 기타 | 11 |
| 포목 | 4 | 휴업 | 7 | 포목 | 3 | 가방 | 8 |
| 가방 | 2 | 합계 | 110 | | | 합계 | 178 |

*자료: 남구청

## 2.3.2. 특징

### 가. 공설시장과 상가시장

봉덕시장의 가장 큰 특징은 봉덕시장으로 허가 받아 운영되는 공설시장과 도로 주변에 있는 상점들로 이루어진 상가시장으로 구분된다는 점이다. 공설시장에는 110개 점포들이 있는데, 그들 중 7개는 가정용으로 개조되었고, 7개는 휴업 상태다. 물론 공설시장은 구청의 관리·감독 하에 운영된다. 그리고 도로변, 공설시장 앞쪽에 위치해 있는 상가시장은 점포수가 178개에 달하며, 비교적 규모가 큰 어물점, 의류점 등이 있다.

### 나. 노점(상) 과다

봉덕시장의 또 하나의 특징은 노점이 많다는 사실이다. 노점상은 월 3만 원씩 임대료를 내고 영업하는 노점상과 무료로 인도에서 장사하는 노점상으로 구분된다. 무료 노점상은 일찍 오는 사람이 자리를 차지하며, 취급 상품은 계절에 따라 다르다.

노점상은 주로 채소류와 과일류를 판매하며 대구 근교인 지산, 범물, 고산, 가창 등지에서 재배한 농산물을 판매하는 농민들이 전체의 60% 정도를 차지한다. 사실 노점은 통행에 불편을 줄 뿐만 아니라 위생 면에서도 다소 문제가 있다. 원활한 통행, 청결성 유지, 그리고 거래의 공정성 등을 도모하기 위해 당국의 적절한 조처가 있어야 할 것이다.

### 다. 운영 실태

먼저 자가점포 비율을 보면 공설시장은 60% 정도이며 상가시장은 50% 정도다. 시장 번영회가 있지만 유명무실하다. 물론 사무실도 없다. 회원들로부터 점포당 월 2,000원을 받아 운영되는데 이마저도 일부 상인의 비협조로 어려움을 겪고 있다.

### 라. 유통 경로

봉덕시장에서 판매되는 포목·피복·의류는 서문시장에서 조달하며, 청과물은 지산·범물·고산·가창 등지에서 직접 가져 오거나 청과물 시장에서 구입해 온다. 소·돼지고기는 성당동 도살장에서, 또 닭고기는 경산 등지에서 중간상을 통해 확보한다. 그리고 생선류는 상인 1명이 동업종 점포들의 의뢰를 받아 수산협동조합에 가서 구입해 오며, 건어물류는 점포주 각자가 칠성시장과 서문시장에서 조달한다.

## 2.4. 봉덕시장 소비자 및 상인 의식

봉덕시장 소비자·상인 의식을 알아보기 위해 설문조사를 실시하였다. 조사기간은 1983년 9월 5일에서 14일까지이며 조사대상은 봉덕시장 소비자와 상인 각각 32명이다.

### 2.4.1. 소비자 의식

#### 가. 에누리 여부

〈표 3〉에 나타난 바와 같이 전체 응답자의 55%인 18명이 상품 구입 시 '에누리 한다.'고 했으며 40%인 13명은 '에누리하지 않는다'고 했다.

**〈표 3〉 에누리 여부**

(단위: 명, %)

| 구분 | 응답자 수 | 구성비 | 비고(구성비) |
|------|-----------|--------|--------------|
| 안 한다. | 13 | 40 | 주부 (20), 청소년 (34), 성인남성 (45) |
| 한다. | 18 | 55 | 주부 (71.5), 청소년 (18.5), 성인남성 (10) |
| 무응답 | 1 | 5 | |

## 나. 봉덕시장·대형마트 이용 이유

봉덕시장을 이용하는 주된 이유를 묻는 질문에 대해서는 〈표 4〉와 같은 반응이 나왔다. 동 표에서 보듯이 구색이 많아서가 전체의 65%로 가장 많고 그 다음으로는 값이 싸서(25%), 모르겠다(10%), 상인들과의 관계(인정) 때문에 (5%) 순이었다.

또 대형마트를 이용하는 주된 이유로는 가격, 위생 면에서 믿을 수 있어서 가 64%, 상품 진열이 잘 되어 있어서 12%, 소량 단위 구매와 시간 절약이 가능해서가 각각 9%로 나타났다(〈표 5〉 참조).

### 〈표 4〉 봉덕시장 이용 이유

(단위: 명, %)

| 구분 | 응답자 수 | 구성비 |
|------|-----------|--------|
| 구색이 많아서. | 22 | 65 |
| 값이 싸서. | 8 | 25 |
| 상인들과의 관계(인정) 때문에. | 2 | 5 |
| 잘 모르겠다. | 3 | 10 |

### 〈표 5〉 대형마트 이용 이유

(단위: 명, %)

| 구분 | 응답자 수 | 구성비 |
|------|-----------|--------|
| 가격, 위생 면에서 믿을 수 있어서. | 21 | 64 |
| 상품 진열이 잘되어 있어서. | 4 | 12 |
| 소량 단위의 구매가 가능해서. | 3 | 9 |
| 시간 절약이 되어서. | 3 | 9 |
| 신용카드 이용이 가능해서. | 2 | 6 |

## 다. 불편사항 유무

봉덕시장 이용 시 불편한 사항이 있는가라는 질문에 대해 〈표 6〉과 같은 반응이 나타났다. 동 표에서 보듯이 전체 응답자의 57%에 해당하는 19명이 '불편사항이 없다'고 했으며, 26%에 해당하는 8명은 '불편사항이 있다'고 했다.

**〈표 6〉 불편사항 유무**

(단위: 명, %)

| 구분 | 응답자 수 | 구성비 | 비고 |
|------|-----------|--------|------|
| 없다. | 19 | 57 | |
| 있다. | 8 | 26 | |
| 무답 | 5 | 17 | |

### 2.4.2. 상인 의식

#### 가. 학력

봉덕시장 상인들의 학력은 〈표 7〉에서 보듯이 중졸(66%), 중졸 이하와 고졸(각 15%), 그리고 대졸(4%) 순으로 많다.

**〈표 7〉 학력**

(단위: %)

| 구분 | 중졸 이하 | 중졸 | 고졸 | 대졸 | 합계 |
|------|-----------|------|------|------|------|
| 구성비 | 15 | 66 | 15 | 4 | 100 |

#### 나. 업력

〈표 8〉에서 봉덕시장 상인들의 업력을 보면 1~5년 53%, 6~10년 30%, 11~

15년 10%, 그리고 15년 이상 7%로 이루어져 있다. 여기서 전체 상인의 83%가 10년 이내의 업력을 가졌음을 알 수 있다.

**〈표 8〉 업력**

(단위: %)

| 구분 | 1~5년 | 6~10년 | 11~15년 | 15년 이상 | 합계 |
|---|---|---|---|---|---|
| 구성비 | 53 | 30 | 10 | 7 | 100 |

### 다. 직업 만족 여부

봉덕시장 상인들에게 현재의 직업에 대한 만족 여부를 물어본 결과 〈표 9〉에서와 같은 반응이 나타났다. 동 표에 의하면 '만족한다'고 한 응답자는 12%에 불과한 반면, '불만족한다'고 한 응답자는 68%나 된다. 여기서 봉덕시장 상인 대부분이 자신의 직업에 대해 만족하지 못하고 있음을 알 수 있다.

**〈표 9〉 직업 만족 여부**

(단위: %)

| 구분 | 불만족 | 그저 그렇다 | 만족 | 합계 |
|---|---|---|---|---|
| 구성비 | 68 | 20 | 12 | 100 |

## 2.5. 결론

지금까지 살펴보았듯이 봉덕시장은 인근 주민들의 일상 생활용품 구입처로서 그 역할을 제대로 하고 있다. 하지만 보다 나은 시장으로 발전하기 위해서는 다음과 같이 개선되어야 한다. 첫째, 공설시장과 상가시장을 통합하고 시장번영회를 활성화시켜야 한다. 둘째, 시장 환경 및 시설물을 개선해 나가야 할 것이다. 셋째, 봉덕시장은 미8군에 인접해 있으므로 외국인들이 불편하지 않도록 제반시설 구비 등의 조치를 해야 할 것이다. 나아가서는 시장번영회(조직) 강화, 가격정찰제 실시, 편의 시설 확충 및 개선, 그리고 대량·공동구입에 의한 원가 절감 등을 적극적으로 실시해야 한다고 본다. 봉덕시장의 미래는 상기 사항들의 실천에 달려 있다 하겠다.

골목마다 들어서 있는 편의점(이마트24, GS25, CU, 세븐일레븐) 모습

# 제3장 전통시장 및 대형마트 이용객 의식*

## 1. 서론

소매유통업은 우리나라 서비스업 중에서 경쟁 환경이 가장 급격히 변화한 분야 중 하나이며, 그 대표적 예로 신유통 업태의 확산을 들 수 있다. 특히 대형마트는 현대화된 경영기법과 저비용 매입 구조를 확립하면서 짧은 기간에 소매유통업 분야에 많은 영향을 미쳤는데, 특히 전통시장과 소상공인에 대해 그러했다.

즉 낮은 가격과 다양한 취급 품목이 특징인 전통시장은 대형마트의 영향을 가장 많이 받았으며, 여기에 시설노후화 및 편의시설 부족 문제가 더해져 이용객이 급격히 줄고 있다.

전통시장의 쇠락은 상인의 생계 불안과 지역 유통기능의 약화를 가져 오며, 나아가서는 서민경제에의 악영향 등 사회 전반에 걸쳐 부정적인 영향을 미친

*2016년 8월 한국경영교육학회에서 발간한 『경영교육연구』 제31권 제4호에 게재된 논문임.

다. 이를 해결하기 위해 중앙 및 지방정부에서는 전통시장에 정책적인 지원을 아끼지 않고 있다.

　신유통 업태와 기존 유통 업태 간의 갈등, 생계형 중소유통기관의 쇠퇴, 대형유통업체의 급증 등이 사회적 문제로 대두되면서 2000년대 중반 이후 대형유통업체들에 대한 규제가 있었다(정진욱·최윤정, 2013). 그 대표적인 것이 2012년에 신설된 대형마트 및 준대규모 점포의 영업시간 제한인데 이는 지금까지 많은 논란거리가 되고 있다. 즉 대형마트의 영업 규제가 실질적으로 전통시장의 매출 증대로 이어지고 있는지에 대해 의문을 갖는 사람이 많다. 정진욱·최윤정(2013)의 대형소매점 영업제한의 경제적 효과에 관한 연구에서는, 대형마트의 매출은 감소하였으나 그 감소액이 전통시장 또는 소상공인의 매출로 이어지는 것이 아니며, 오히려 소비자 후생만 감소하는 결과를 가져 왔다고 하였다.

　한편 전통시장 활성화에 있어 가장 중요한 것은 소비자 의식이라고 할 수 있다. 필요 물품의 구매처를 결정하는 것은 유통 업태 관계자도, 정부도 아닌 소비자 자신이기 때문이다. 이러한 맥락에서 본 연구에서는 전통시장 및 대형마트 이용객을 대상으로 의식 조사를 실시하였다. 본 연구의 목적은 각 유통 업태별 이용 실태를 알아보고, 전통시장 및 대형마트에 대한 이용객 인식을 파악하려는 데 있다. 또 궁극적으로는 각 유통 업태의 속성별 만족도 조사를 통해 향후 전통시장 활성화에 다소나마 기여하려는 목적도 있다.

오스트리아 빈 벼룩시장

스위스 루체른 벼룩시장

이탈리아 로마 주말 벼룩시장(포르타 포르테세)

프랑스 파리 몽마르트 벼룩시장

스페인 바로셀로나 엔칸츠 벼룩시장

중국 북경 판자위엔 벼룩시장

많은 사람들이 즐겨찾는 해외 유명 벼룩시장들

## 2. 이론적 배경

### 2.1. 전통시장의 성격

우리나라 전통시장은 지역 고유의 전통문화와 정서를 담고 있으면서 지역 특산품 거래의 중심지로서, 2013년 기준으로 약 35만 명의 일자리를 제공하는 등 경제적 측면에서 중대한 역할을 하는 유통기관이다(소상공인시장진흥공단, 2014; 조규호, 2014).

전통시장 및 상점가 육성을 위한 특별법(시행 2015.8.4) 제2조에 따르면 전통시장이란 '자연발생적으로 또는 사회적·경제적 필요에 의하여 조성되고, 상품이나 용역의 거래가 상호신뢰에 기초하여 주로 전통적 방식으로 이루어지는 장소로서 대통령령 및 유통산업발전법에 제시된 요건을 모두 충족한다고 특별자치도지사·시장·군수·구청장이 인정하는 곳'으로 정의하고 있다.

또 김도형(2013)의 연구에서는, 원래 사용하던 전통시장이라는 용어는 '예전부터 있어 오던 시장을 백화점 따위의 판매 장소에 상대하여 이르는 말'로, 전통시장은 '장소를 의미하는 입지적 개념'으로 생동감과 친밀감을 제공하는 장소이자 이용객이 친숙함을 느끼는 장소로 인식된다고 하였다.

이상준 등(2010)은 전통시장은 지역의 경제 및 생활의 중심지로 입지, 상업기능, 시설 측면에서 다양성을 지닌다고 하였으며, 심완섭(2013)은 전통시장은 지역에 근간을 둔 지방 소재의 중소제조업과 중소유통업은 물론 근교 농산물, 수산물의 주된 판로이자 거래처로 규정했다.

그리고 전통시장은 대표적 상업공간일 뿐 아니라 공간과 사람, 기능의 다양한 결합을 통해 문화와 지역관습, 커뮤니티를 체험할 수 있는 복합적 공간이며, 지역별·공간별·상업기능별로 다양성을 지닌 공간이기도 하다. 이러한 전통시장은 지역경제의 풀뿌리 역할을 담당해 왔지만, 유통시장 환경이 급격히 변화하면서 양질의 서비스와 높은 편의성을 제공하는 대형마트 등의 신유통 업태에 비해 경쟁력이 약해 그 역할과 존재가치가 급격히 줄어들고 있다.

사실 전통시장은 신유통 업태에 비해 낙후되어 있으며 주변 환경 변화에도 신속히 대응하지 못해 왔다. 특히 소비자의 라이프스타일 변화, 맞벌이 증가로 인한 여성의 사회 진출 등에 따른 구매 패턴의 변화는 전통시장의 쇠퇴를 재촉해 왔다.

아무튼 전통시장은 서민생활에 직접적으로 영향을 미치는 삶의 터전이자 지역경제에 중요한 의미를 지니는 곳(진현정·정아영, 2009)으로, 다음과 같은 세 가지 관점에서 지원, 보호되어야 한다고 본다. 먼저 사회안정적 관점에서 보면 전통시장에 종사하는 상인들이 고용 측면에서 차지하는 비중이 클 뿐 아니라 대부분 자영업자들로 이루어진 전통시장의 쇠락은 사회적 문제를 야기시킬 수 있다.

또한 지역경제적 관점에서는 대형마트의 매출 증대로 인해 역외유출이 확대될 경우 지역경제 기반이 약해지고 지방정부의 세수기반 또한 취약해지는 결과를 초래한다. 전통시장은 과거 상품을 매매하는 영업장소로서의 차원을 넘어 인근 주민 대다수가 공동으로 이용하는 공공시설이다. 따라서 전통시장의 위축은 지역주민의 불편을 증가시키고 장거리 쇼핑으로 인한 사회적 비용을 증가시킬 수 있는 문제이기도 하다.

정부 관련 기관에서는 『전통시장 활성화 특별조치법』(2002)을 시작으로 『전통시장 육성을 위한 특별법』(2004), 『전통시장 및 상점가 육성을 위한 특별법』(2006)을 제정했다. 나아가서는 '재래시장'이라는 용어가 부정적 이미지를 갖는다고 하여 '전통시장'으로 바꾸기 위해 『전통시장 및 상점가 육성을 위한 특별법』(2013)을 재개정하기도 했다.

그러나 이러한 전통시장 활성화 노력에도 불구하고, 2003년 36조 원이던 전통시장 매출액이 2010년에는 24조 원으로 오히려 감소하여, 처음으로 백화점 매출보다 낮아지기에 이르렀다. 이는 두 가지 관점에서 원인을 찾을 수 있는데, 우선 전통시장 지원정책상의 문제를 들 수 있다. 지금까지의 전통시장 활성화 사업은 정부 주도로 추진되었고, 모든 전통시장에 동일한 접근 방식을 적용해 결과적으로는 개별 전통시장의 특성을 반영하는 데는 미흡했기 때문이다. 또 기반시설은 어느 정도 개선되었으나 경쟁 업태와 비교하여 차별화된 경쟁력을 가지지 못해 지원정책의 효율성이 떨어졌기 때문이기도 하다.

또 다른 관점은 유통업계라는 큰 맥락에서 보았을 때, 지금 안고 있는 여러 가지 문제가 전통시장만이 갖는 문제라기보다는 성장과 쇠퇴가 극명하게 나타나는 유통산업의 양극화 추세가 유통 업태 간의 갈등을 심화시키고 있다고 볼 수 있다. 권태구·성낙일(2014)의 연구에 의하면 하나의 대형마트 출현이 소매점 83개의 감소를 유발하며, SSM이 한 곳 늘어날 때 마다 동네 슈퍼마켓 6.8개가 감소하는 등 신유통 업태에 의한 잠식효과가 매우 크다고 했다. 이처럼 대기업의 지역상권 침해 및 영세 자영업자의 몰락은 심각한 사회적 문제로 부상되고 있다.

## 2.2. 전통시장과 대형마트

1996년 유통시장 개방 이후 대기업 유통업체는 급속도로 성장해 왔다. 특히 대형마트의 경우 점포수가 2000년 171개에서 2013년 469개로 급증하였으며, 이마트·홈플러스·롯데마트 3사가 점포수로는 전체의 78%, 매출액은 87%를 점유하고 있다. 대형마트 수 및 매출의 급성장은 전통시장과의 경쟁을 불러일으켰고, 그 결과 전통시장의 급격한 매출 감소가 초래되었으며, 영세 상인들이 어려운 처지에 놓이게 되었다.

정부는 2010년 유통산업발전법 개정을 통해 '전통 상업보존구역'을 지정하고 해당 구역 500미터 이내에 대형유통업체의 출점을 제한하였다. 하지만 업계의 편법이나 위장 입점 논란이 계속되고 중소상인의 반발이 심화되자 2012년 영업시간 제한과 의무휴업일 지정을 골자로 하는 재개정이 이루어졌다. 2012년 2월 전주시의 첫 조례제정을 시작으로 '대형마트 및 SSM의 의무휴업'이 본격적으로 시행되기에 이르렀다(이진명·나종연, 2015).

그러나 대형유통업체에 대한 규제는 그 정당성과 실효성, 시장경제 원리에 대한 관점의 차이로 이해관계자 간의 주장이 상반되게 나타나고 있다(이진명·나종연, 2015). 동 규제를 찬성하는 측에서는 유통산업의 균형발전, 지역상권·전통시장 보호, 대형유통업체 근로자의 건강권 보호 등을 이유로 긍정적인 것으로 보고 있다.

이에 반해 규제를 반대하는 측에서는 시장경제질서 확립 위배, 소비자 선택권 제한으로 인한 소비자 후생 저하, 규제의 실효성 부재 등을 이유로 부정적인 것으로 간주하고 있다. 뿐만 아니라 전통시장 및 중소 소매점의 침체에 대해 그들이 스스로 경쟁력을 상실한 것이 더 큰 이유·문제이며, 대형유통업체를 규제하더라도 소비자가 중소유통업체를 선택하지 않을 것이라고 했다.

대형유통업체 규제 효과를 분석한 정진욱·최윤정(2013), 이은주·권영선(2014)의 연구 결과에서도 대형마트의 매출감소 효과만 발생하고 중소소매점 및 전통시장의 매출 증대효과는 나타나지 않아 규제 효과가 불확실하다고 했다. 이렇듯 아무리 강경책을 쓰더라도 제대로 된 효과를 거두기가 어렵다고 할 수 있다.

한편 대형마트나 전통시장에 대한 개별적인 연구는 많이 이루어졌으나, 대형마트와 전통시장에 대한 비교 연구는 다소 미진했던 것이 사실이다. 곽원일 등(2009)은 소비자의 점포 내 감정반응 패턴이 전통시장과 대형마트라는 소매환경의 차이에 따라 상이할 것이며, 이러한 차이가 방문 혹은 구매 의도와 같은 행동에 영향을 미친다고 하였다. 이종인 등(2009)은 대형마트 및 전통시장에서의 만족도를 비교하여 전통시장의 불편사항을 파악하고 개선 방안을 도출하여 전통시장 활성화 방안을 모색하기도 하였다.

또 정의원(2011)은 대형마트 선호 고객의 경우 전환장벽이 점포이미지와의 조절효과를 통해 점포애호도를 향상시키며, 전통시장 선호 고객들은 점포애호도는 높지만 전환 장벽의 효과가 나타나지는 않는다고 하였다. 그리고 특정 지역 소비자를 대상으로 한 연구로는 전통시장 및 대형마트 이용행태를 분석한 박성용 등(2001)의 연구, 장동훈 등(2003)의 연구, 최열 등(2008)의 연구 등이 있으나 대구 지역 소비자를 대상으로 한 전통시장 및 대형마트 이용객 연구는 지금까지 없는 실정이다.

## 2.3. 대구광역시 내 유통 업태 현황

2015년 4월 기준으로, 대구광역시 내 전통시장(등록 및 인정시장)은 139개소이며, 대형마트(수)는 19개소이다. 코스트코홀세일과 롯데마트가 각각 1개씩이며 그 나머지는 이마트와 홈플러스이다.

대구 지역 전통시장은 인구당 시장 수가 전국평균보다 월등히 많으며(인구 10만 명 당 시장 수는 전국 평균 2.8개, 대구시 5.5개), 전체 시장 중 70%가 시의 중심을 기준으로 반경 5km 이내에 위치해 있다. 전체 139개 중 79개소(57.2%)가 백화점, 쇼핑센터, 대형마트, 전문점 등 대규모 점포 특히 대형마트와 경쟁하고 있다. 즉, 전체 전통시장 중 33.3%에 해당하는 46개 전통시장 주변에 대형마트가 위치해 있다는 것이다.

그리고 대구 지역 전통시장은 매우 열악하다. 소상공인시장진흥공단 자료에 의하면 활성화 수준이 전국 최하위권에 속한다. 즉, C등급 이하 시장이 75.7%나 되며, 빈점포비율은 17.6%로 전국에서 가장 높다. 뿐만 아니라 소형시장 비율이 67.9%, 근린생활형시장이 77.4%로 타 시도에 비해 소규모 영세시장이 많다. 대구 지역 전통시장은 타 시도에 비해 활성화 수준이 매우 낮은 상태라 하겠다.

아무튼 기존의 일률적인 전통시장 활성화 정책만으로는 제대로 된 효과를 거두기 어려울 것으로 사료된다. 따라서 지역 및 시장 특성에 맞춰 활성화 정책을 수립해야 하며, 그 출발점은 이용객 의식에 대한 파악이 되어야 한다. 이에 본 연구에서는 대구 지역 전통시장 및 대형마트 이용객 의식 조사를 통해 전통시장의 미래지향적 활성화 방안을 제시하고자 한다.

## 3. 조사 대상 및 내용

### 3.1. 조사 대상

본 연구는 먼저 문헌고찰을 통해 전통시장 및 대형마트에 대한 선행 연구를 살펴본 다음, 이용객 의식을 파악하기 위한 설문조사를 실시하였다. 조사는 2회(2014년 11월, 2015년 11월)에 걸쳐 이루어졌으며, 조사원들이 전통시장과 대형마트 현장에서 무작위 방식으로 응답자를 선정해 설문 자료를 수집하였다.

전통시장의 경우 칠성시장, 서문시장, 동서시장, 서남신시장 등 2014년 16개 시장, 2015년 19개 시장에서, 또 대형마트의 경우 홈플러스와 이마트에서 자료를 수집하였다. 2014년에는 791명(전통시장 이용객 406명, 대형마트 이용객 385명), 2015년에는 1,026명(전통시장 이용객 514명, 대형마트 이용객 512명)의 응답을 분석하였다.

### 3.2. 조사 내용

조사 내용은 크게 5가지로 나누어져 있다. 이를 구체적으로 보면 조사 대상자의 전통시장 또는 대형마트 이용 실태 관련 질문, 전통시장 및 대형마트에 대한 인식 관련 질문, 전통시장 및 대형마트의 속성별 만족도 관련 질문, 전통시장의 미래 관련 질문, 그리고 조사 대상자의 인구통계적 특성 관련 질문으로 이루어져 있다. 〈표 1〉은 본 연구를 위한 설문지의 구성과 관련 참고문헌을 나타낸 것이다.

**〈표 1〉 설문지의 구성과 참고문헌**

| 구분 | 측정 문항 | 참고문헌 |
|---|---|---|
| 전통시장·대형마트 이용 실태 | 주된 물품 구입 장소, 자택과의 거리, 방문 시 교통수단, 방문 주기, 주요 구입 물품 | 김성훈·한재환(2011) 이민우(2005) 진현정·정아영(2009) |
| 전통시장·대형마트 이용객 인식 | 전통시장·대형마트 이미지(연상되는 것) 전통시장·대형마트의 개선 사항 | 김준환·김현순(2013) 장흥섭·김광석(2007) 진현정·정아영(2009) |
| 전통시장·대형마트 속성별 만족도 | 가격 수준, 품질 수준, 다양성, 판매원, 통행편리성, 시설, 건물 상태, 위생, 교통, 주정차, 편의시설 | 김준환·김현순(2013) 장흥섭·김광석(2007) 진현정·정아영(2009) |
| 전통시장의 미래 | 전통시장 미래 전망 | – |
| 인구통계적 특성 | 성별, 연령 | – |

## 4. 분석 결과

### 4.1. 조사 대상자의 인구통계적 특성

표본의 일반적인 특성을 파악하기 위해 빈도분석을 실시하였다. 우선, 성별 구성을 보면 2014년 조사와 2015년 조사 모두 여성 응답자가 남성 응답자에 비해 약 2.5배 정도 많았다. 하지만 남성 응답자 비율은 대형마트가 전통시장에 비해 다소 높았다.

연령별 구성을 보면, 전통시장 이용객의 경우 2014년에는 50대(29.3%) 〉 40대(24.4%) 〉 20대(17.7%) 순으로, 또 2015년에서는 50대(27.8%) 〉 20대(23.3%) 〉 30대(21.8%) 순으로 많이 나타났다. 그리고 대형마트 이용객의 경우 2014년 조사에서는 20대(32.2%) 〉 30대(23.6%) 〉 40대(23.4%) 순으로, 2015년 조사에서는 20대(27.9%) 〉 40대(27.5%) 〉 30대(22.7%) 순으로 많았다. 특이한 점은 20대, 30대 전통시장 이용객이 증가하였다는 사실이다. 〈표 2〉는 조사 대상자의 인구통계적 특성을 나타낸 것이다.

**〈표 2〉 조사 대상자의 인구통계적 특성**

(단위: 명, %)

| 구분 | | 전통시장 이용객 | | | | 대형마트 이용객 | | | |
|---|---|---|---|---|---|---|---|---|---|
| | | 2014년 | | 2015년 | | 2014년 | | 2015년 | |
| | | 빈도 | 구성비 | 빈도 | 구성비 | 빈도 | 구성비 | 빈도 | 구성비 |
| 성별 | 남성 | 98 | 24.1 | 130 | 25.3 | 116 | 30.1 | 156 | 30.5 |
| | 여성 | 308 | 75.9 | 384 | 74.7 | 269 | 69.9 | 356 | 69.5 |
| 연령 | 20대 | 72 | 17.7 | 120 | 23.3 | 124 | 32.3 | 143 | 27.9 |
| | 30대 | 54 | 13.3 | 112 | 21.8 | 91 | 23.6 | 116 | 22.7 |
| | 40대 | 99 | 24.4 | 87 | 16.9 | 90 | 23.4 | 141 | 27.5 |
| | 50대 | 119 | 29.3 | 143 | 27.8 | 62 | 16.1 | 90 | 17.6 |
| | 60대 이상 | 62 | 15.3 | 52 | 10.1 | 18 | 4.7 | 22 | 4.3 |

## 4.2. 유통 업태별 이용 실태

유통 업태별 이용 실태를 보면, 전통시장 이용객과 대형마트 이용객 모두 물품구입처로 대형마트를 가장 많이 들었다. 대형마트 이용객 중 전통시장을 자주 찾는다는 응답자 비율은 2014년 5.2%, 2015년 6.3%로 낮았으나, 전통시장 이용객 중 대형마트를 주로 이용한다는 응답자 비율은 2014년 48.8%, 2015년 44.2%로 매우 높았다.

다음으로, 자택과의 거리를 묻는 질문에 대해서는 전통시장 이용객과 대형마트 이용객 모두 500m~1km 또는 1km~2km라는 응답이 가장 많거나 그 다음으로 많았다. 즉, 자택과의 거리는 전통시장과 대형마트 간에 큰 차이가 없었다는 것이다. 이는 앞서 언급한 전통시장의 57.2%(79개소)가 주변의 대규모 점포와 경쟁해야 하는 상황으로, 대구광역시 조사 결과와도 같은 맥락이다(대구광역시, 2015). 그리고 유통 업태별 방문 시 이용하는 교통수단으로 전통시장 이용객은 도보를, 대형마트 이용객은 승용차를 가장 많이 들었다.

유통 업태별 주된 구입 물품을 묻는 질문에 대해서는 전통시장 이용객은 채소·과일, 생선, 육류 등을, 대형마트 이용객들은 가공식품, 채소·과일, 육류 등을 많이 들었다. 〈표 3〉은 전통시장 이용객과 대형마트 이용객의 유통 업태별 이용실태표이다.

### 〈표 3〉 유통 업태별 이용 실태

(단위: 명, %)

| 구분 | | 전통시장 이용객 | | | | 대형마트 이용객 | | | |
|---|---|---|---|---|---|---|---|---|---|
| | | 2014년 | | 2015년 | | 2014년 | | 2015년 | |
| | | 빈도 | 구성비 | 빈도 | 구성비 | 빈도 | 구성비 | 빈도 | 구성비 |
| 주된 물품 구입처 | 전통시장 | 107 | 26.4 | 123 | 23.9 | 20 | 5.2 | 32 | 6.3 |
| | 대형마트 | 198 | 48.8 | 227 | 44.2 | 247 | 64.2 | 278 | 54.3 |
| | 백화점 | 12 | 3.0 | 19 | 3.7 | 11 | 2.9 | 15 | 2.9 |
| | 동네슈퍼·편의점 | 87 | 21.4 | 131 | 25.5 | 102 | 26.5 | 186 | 36.3 |
| | 기타 | 2 | 0.5 | 10 | 1.9 | 5 | 1.3 | 1 | 0.2 |
| 자택과의 거리 | 500m 이내 | 59 | 14.5 | 90 | 17.5 | 45 | 11.7 | 80 | 15.6 |
| | 500m~1km | 93 | 22.9 | 128 | 24.9 | 99 | 25.7 | 123 | 24.0 |
| | 1km~2km | 96 | 23.6 | 123 | 23.9 | 94 | 24.4 | 149 | 29.1 |
| | 3km~4km | 70 | 17.2 | 90 | 17.5 | 72 | 18.7 | 82 | 16.0 |
| | 4km 이상 | 88 | 21.7 | 83 | 16.1 | 75 | 19.5 | 78 | 15.2 |
| 방문 시 교통수단 | 승용차 | 99 | 24.4 | 143 | 27.8 | 193 | 50.1 | 250 | 48.8 |
| | 도보 | 145 | 35.7 | 189 | 36.8 | 103 | 26.8 | 139 | 27.1 |
| | 버스 | 121 | 29.8 | 128 | 24.9 | 82 | 21.3 | 100 | 19.5 |
| | 지하철 | 26 | 6.4 | 50 | 9.7 | 5 | 1.3 | 19 | 3.7 |
| | 기타 | 15 | 3.7 | 4 | 0.8 | 2 | 0.5 | 4 | 0.8 |
| 주된 구입 물품 (중복응답 가능) | 생선 | 161 | 21.9 | 168 | 19.1 | 37 | 5.1 | 52 | 5.2 |
| | 채소·과일 | 268 | 36.5 | 342 | 38.8 | 180 | 24.8 | 239 | 24.0 |
| | 육류 | 93 | 12.7 | 127 | 14.4 | 105 | 14.4 | 168 | 16.9 |
| | 가공식품 | 48 | 6.5 | 58 | 6.6 | 221 | 30.4 | 287 | 28.9 |
| | 의류 | 69 | 9.4 | 68 | 7.7 | 32 | 4.4 | 42 | 4.2 |
| | 가구·부엌용품 | 13 | 1.8 | 16 | 1.8 | 14 | 1.9 | 21 | 2.1 |
| | 잡화품 | 77 | 10.5 | 101 | 11.5 | 125 | 17.2 | 166 | 16.7 |
| | 가전제품 | 5 | 0.7 | 1 | 0.1 | 13 | 1.8 | 19 | 1.9 |

스웨덴 스톡홀름 회트리예트 벼룩시장

포르투갈 리스본 벼룩(도둑)시장

모로코 카사블랑카 벼룩시장

많은 사람들이 즐겨찾는 해외 유명 벼룩시장들

## 4.3. 유통 업태별 이용객 의식

전통시장 및 대형마트에 대한 이용객 의식을 알아본 결과 〈표 4〉와 같이 나타났다. 방문기관별로 '가장 먼저 연상되는 것이 무엇인가'라는 질문에 대해 전통시장 이용객은 많은 먹을거리(2014년 26.6%, 2015년 36.1%), 다양한 상품(2014년 24.1%, 2015년 17.2%)을 많이 들었다. 또 대형마트의 경우는 다양한 상품(2014년 32.1%, 2015년 31.9%), 편리한 쇼핑(2014년 30.9%, 2015년 31.1%), 많은 먹을거리(2014년 10.6%, 2015년 12.2%) 순이었다.

그리고 유통 업태별 '개선이 필요한 사항'을 묻는 질문에 대해서는 전통시장 이용객은 주차상의 어려움(2014년 21.7%, 2015년 22.8%), 카드 사용 안 됨(2014년 20.1%, 2015년 21.8%), 청결 상태(2014년 13.9%, 2015년 10.3%), 쇼핑·통행

### 〈표 4〉 유통 업태별 이용객 의식

(단위: 명, %)

| 구분 | | 전통시장 이용객 | | | | 대형마트 이용객 | | | |
|---|---|---|---|---|---|---|---|---|---|
| | | 2014년 | | 2015년 | | 2014년 | | 2015년 | |
| | | 빈도 | 구성비 | 빈도 | 구성비 | 빈도 | 구성비 | 빈도 | 구성비 |
| 가장 먼저 생각되는 것 | 많은 볼거리 | 79 | 15.1 | 119 | 16.2 | 46 | 6.4 | 63 | 7.4 |
| | 많은 먹을거리 | 139 | 26.6 | 265 | 36.1 | 76 | 10.6 | 104 | 12.2 |
| | 다양한 상품 | 126 | 24.1 | 126 | 17.2 | 230 | 32.1 | 271 | 31.9 |
| | 편리한 쇼핑 | 38 | 7.3 | 40 | 5.4 | 221 | 30.9 | 264 | 31.1 |
| | 가격·원산지 표시 | 28 | 5.4 | 21 | 2.9 | 67 | 9.4 | 57 | 6.7 |
| | 넘치는 인정 | 104 | 19.9 | 139 | 18.9 | 4 | 0.6 | 9 | 1.1 |
| | 깨끗함 | 8 | 1.5 | 24 | 3.3 | 72 | 10.1 | 81 | 9.5 |
| 개선 되어야 할 점 | (시장) 카드 사용 안 됨 | 156 | 20.1 | 216 | 21.8 | – | – | – | – |
| | (마트) 계산대 앞 대기시간 | – | – | – | – | 273 | 40.3 | 356 | 38.5 |
| | 주차상의 어려움 | 168 | 21.7 | 226 | 22.8 | 84 | 12.4 | 150 | 16.2 |
| | 가격 및 원산지 미표시 | 71 | 9.2 | 71 | 7.2 | 14 | 2.1 | 22 | 2.4 |
| | 불친절 | 40 | 5.2 | 47 | 4.7 | 30 | 4.4 | 51 | 5.5 |
| | 청결 상태(불결함) | 108 | 13.9 | 102 | 10.3 | 9 | 1.3 | 9 | 1.0 |
| | 쇼핑·통행상의 불편 | 88 | 11.4 | 149 | 15.0 | 121 | 17.8 | 139 | 15.0 |
| | 살거리(상품구색) 부족 | 45 | 5.8 | 57 | 5.7 | 41 | 6.0 | 71 | 7.7 |
| | 편의시설 부족 | 99 | 12.8 | 124 | 12.5 | 106 | 15.6 | 127 | 13.7 |

*응답자들에게 사전에 중복 응답이 가능하다고 알려주었음.

상의 불편(2014년 11.4%, 2015년 15.0%) 등을, 또 대형마트 이용객은 계산대 앞 대기시간(2014년 40.3%, 2015년 38.5%), 주차상의 어려움(2014년 12.4%, 2015년 16.2%), 쇼핑·통행상 불편함(2014년 17.8%, 2015년 15.0%) 등을 많이 들었다.

한편, 2015년 조사에서는 대형마트 이용객을 대상으로 전통시장에 개선이 필요한 점을 추가 질문한 결과, 카드 사용 안 됨(25.6%) 〉 주차상의 어려움(21.8%) 〉 청결 상태(16.3%) 순으로 많이 답하였다.

## 4.4. 유통 업태 속성별 이용객 만족도

전통시장 및 대형마트의 속성별 만족도에 관한 응답을 100점 만점으로 환산한 결과, 전통시장 이용객의 만족도 점수는 2014년 58.03점, 2015년 59.89점이고, 대형마트는 2014년 73.27점, 2015년 73.84점으로 나타났다. 여기서 대형마트 이용객의 만족도가 전통시장 이용객의 만족도보다 월등히 높음을 알 수 있다. 전통시장 이용객 만족도의 경우 가격 수준에서만 대형마트보다 근소하게 높았고 2015년 만족도 평균에 대한 t-test 결과 유의 수준 10% 이하 수준에서 그 차이가 유의하였다. 그 외의 항목은 모두 대형마트보다 낮았는데, 특히 편의시설, 주정차시설, 위생 상태, 건물 상태 등이 그러하였다.

그리고 대형마트 이용객의 만족도를 보면 상품 다양성(구색)에 대한 만족도가 가장 높게 나타났으며 위생 상태, 건물 상태, 바닥·도로 등에서 전통시장에 비해 훨씬 만족도가 높았다. 2015년 만족도 평균에 대한 t-test 결과에서 가격을 제외한 모든 속성에서 전통시장과 대형마트간의 차이가 유의 수준 1% 이하 수준에서 통계적으로 유의한 것으로 나타났다. 전통시장·대형마트 속성별 만족도를 알아보면 〈표 5〉에서와 같다.

| 구분 | 전통시장 이용객 | | | | 대형마트 이용객 | | | | 평균의 동일성에 대한 t-test(2015년) | |
|---|---|---|---|---|---|---|---|---|---|---|
| | 2014년 | | 2015년 | | 2014년 | | 2015년 | | | |
| | 평균 | 100점 환산 | 평균 | 100점 환산 | 평균 | 100점 환산 | 평균 | 100점 환산 | t | 유의확률 |
| 가격 수준 | 3.54 | 70.8 | 3.55 | 71.0 | 3.44 | 68.8 | 3.46 | 69.2 | 1.819 | 0.069* |
| 품질 수준 | 3.37 | 67.4 | 3.43 | 68.6 | 3.65 | 73.0 | 3.68 | 73.6 | -5.335 | 0.000*** |
| 다양성(구색) | 3.32 | 66.4 | 3.35 | 67.0 | 3.91 | 78.2 | 3.91 | 78.2 | -9.942 | 0.000*** |
| 친절·서비스 | 3.15 | 63.0 | 3.32 | 66.4 | 3.70 | 74.0 | 3.75 | 75.0 | -7.819 | 0.000*** |
| 통행 편리성 | 2.73 | 54.6 | 2.71 | 54.2 | 3.52 | 70.4 | 3.60 | 72.0 | -14.721 | 0.000*** |
| 바닥·도로 등 | 2.69 | 53.8 | 2.73 | 54.6 | 3.79 | 75.8 | 3.81 | 76.2 | -19.017 | 0.000*** |
| 건물 상태 | 2.62 | 52.4 | 2.74 | 54.8 | 3.81 | 76.2 | 3.76 | 75.2 | -18.180 | 0.000*** |
| 위생 상태 | 2.60 | 52.0 | 2.76 | 55.2 | 3.84 | 76.8 | 3.86 | 77.2 | -20.969 | 0.000*** |
| 교통접근성 | 3.40 | 68.0 | 3.54 | 70.8 | 3.63 | 72.6 | 3.73 | 74.6 | -3.292 | 0.001*** |
| 주정차시설 | 2.34 | 46.8 | 2.42 | 48.4 | 3.50 | 70.0 | 3.52 | 70.4 | -18.757 | 0.000*** |
| 편의시설 | 2.16 | 43.2 | 2.39 | 47.8 | 3.51 | 70.2 | 3.53 | 70.6 | -18.368 | 0.000*** |
| 전체 평균 | 2.90 | 58.03 | 2.99 | 59.89 | 3.66 | 73.27 | 3.69 | 73.84 | -20.939 | 0.000*** |

## 4.5 전통시장의 미래 전망

전통시장 및 대형마트 이용객을 대상으로 전통시장의 미래에 대해 질문한 결과, 전통시장 이용객은 2014년에는 쇠퇴할 것이다(37.4%) 〉 현 상태를 유지할 것이다(34.2%) 〉 발전할 것이다(15.5%) 순으로 응답이 많았다. 그리고 2015년에는 발전할 것이다(39.5%) 〉 현 상태를 유지할 것이다(37.7%) 〉 쇠퇴할 것이다(22.8%) 순으로 나타났다.

대형마트 이용객들은 쇠퇴할 것이다(2014년 53.5%, 2015년 39.8%) 〉 현 상태를 유지할 것이다(2014년 26.2%, 2015년 37.1%) 〉 발전할 것이다(2014년 12.7%, 2015년 23.0%) 순으로 많았다. 여기서 전통시장 이용객보다 대형마트 이용객이 전통시장의 미래를 더 부정적으로 보고 있으며, 또 전년도에 비해 전통시장의 미래를 긍정적으로 보는 응답자들이 많아졌음을 알 수 있다. 〈표 6〉은 유통 업태별 미래에 대한 전망을 나타낸 것이다.

<표 6> 전통시장의 미래 전망

(단위: 명, %)

| 구분 | 전통시장 이용객 | | | | 대형마트 이용객 | | | |
| | 2014년 | | 2015년 | | 2014년 | | 2015년 | |
| | 빈도 | 구성비 | 빈도 | 구성비 | 빈도 | 구성비 | 빈도 | 구성비 |
|---|---|---|---|---|---|---|---|---|
| 발전할 것이다 | 63 | 15.5 | 203 | 39.5 | 49 | 12.7 | 118 | 23.0 |
| 현 상태를 유지할 것이다 | 139 | 34.2 | 194 | 37.7 | 101 | 26.2 | 190 | 37.1 |
| 쇠퇴할 것이다 | 152 | 37.4 | 117 | 22.8 | 206 | 53.5 | 204 | 39.8 |
| 모르겠다 | 52 | 12.8 | – | – | 29 | 7.5 | – | – |

한편 2015년 조사에서 전통시장 이용객을 대상으로 '전통시장의 경우 2~3
년 전과 비교할 때 어떠한가'를 묻는 질문에 대해 '나아졌다'는 응답은 56.8%
이고, '나빠졌다'는 응답은 8.7%에 불과하였다. 이는 전통시장이 그간 크게
개선되었기 때문에 나타난 결과라 본다.


## 5. 결론

분석결과를 종합해 보면, 우선 유통 업태별 이용실태에서는 전통시장과
대형마트 간에 뚜렷한 차이를 찾아보기가 어렵다. 특히 전통시장의 장점인
접근성과 주된 구입 물품(종류)마저 대형마트와 큰 차이가 없어 전통시장이
경쟁 면에서 불리한 입장에 있음을 알 수 있다. 속성별 만족도 조사결과에서
는 지금까지 전통시장 시설 현대화 사업에 막대한 예산을 투입하였음에도
불구하고 여전히 시설에 대한 만족도 수준이 낮은 것을 미루어 볼 때 대형마
트를 따라잡는 것은 매우 어려운 것으로 사료된다. 주차 및 신용카드 사용
상의 어려움은 전통시장의 구조적·고질적 문제라 하겠다.

그럼에도 불구하고 이용객들의 '전통시장의 미래'에 대한 전망이 다소 나
아진 것은 그간의 전통시장 활성화를 위한 노력의 성과로 볼 수 있다. 여기서

눈여겨볼 만한 사항은 전년도 조사에 비해 젊은 층의 전통시장 유입이 다소 늘었다는 사실이다. 특히 서문시장과 방천시장의 경우가 그러하였다. 방천시장의 김광석 거리는 이미 '대구'하면 가장 먼저 떠오르는 명소가 되었으며, 서문시장 야시장은 전통시장에 가면 많은 먹거리가 있다는 인식을 확고히 했기 때문인 것으로 본다. 이러한 점으로 미루어 보아 전통시장 활성화를 위한 해답은 시설 현대화나 대형마트 규제와 같은 외형적 지원에만 있는 것은 아니라 하겠다.

그리고 전통시장을 단순히 유통업의 한 부분으로 접근할 것이 아니라 지역 커뮤니티로서의 기능에 주목할 필요가 있다. 보편적 지원정책의 틀에 맞춘 전통시장 활성화보다는 지역 특성에 맞춘 차별화된 정책 및 지원 사업의 발굴이 필요하다. 따라서 앞으로는 중앙관리식이 아닌 현장밀착형, 지역맞춤형의 활성화 사업을 추진해야 할 것이다.

한편 본 연구의 한계점은 다음과 같다. 첫째, 공간적·시간적 한계로 인한 표본의 대표성 문제이다. 본 조사는 대구 지역 이용객들을 대상으로 하고 있어 일반화하기에는 다소 무리가 있다. 그러나 전통시장은 지역 특성의 영향을 많이 받는다는 특성이 있는 만큼 지역단위의 조사가 더 효율적일 수 있을 것이다. 또 본 연구는 2014년·2015년 2개 년도의 조사결과만을 언급하고 있기 때문에 분석 결과 나타난 1년간의 변화가 일시적 현상인지 추세의 변화인지 신중히 검토할 필요가 있다. 향후 정기적, 지속적으로 조사해야 할 것으로 본다.

둘째, 이용객의 전통시장 및 대형마트 이용 행태에 대한 엄밀한 분석을 위해서는 의사결정 이전에 발생한 태도나 의도, 감정과 같은 변수들에 대한 설명이 필요하나 본 연구에서는 그러하지 못했다는 점이다. 소비자들이 유통업태를 선택·이용하는 메커니즘에 관해 언급하지 못한 만큼 향후 연구에서는 소비자 행동 이론에 입각한, 보다 세밀한 분석이 필요하다고 하겠다.

마지막으로, 본 연구에서는 유통업계의 또 다른 큰 흐름인 온라인 소매업의 영향이 배제되었다는 점이다. 일부에서는 온라인 쇼핑의 증가로 대형마트 등 오프라인 유통업계의 성장률이 하락세를 보일 것으로 예측하고 있다. 특히 메르스·코로나 사태와 같은 돌발 상황이 발생할 경우 온라인 쇼핑이 전통시장에 주는 영향이 더욱 클 것으로 사료된다. 따라서 향후 연구에서는 온·오프라인 유통 업태 모두를 대상으로 한 조사가 필요할 것이다.

모로코 카사블랑카 메디나 시장(좌)·말레이시아 잘랑알로 야시장(우) 이용객

네팔 카트만두 오픈 마켓(좌)·인도 뉴델리 빠하르 간지 시장(우) 이용객

# 제4장 전통시장 속성에 대한 소비자 및 상인 인식*

## 1. 서론

전통시장은 지역주민들의 문화와 정서가 담긴 곳으로 일괄·종합구매, 고용기회 제공, 정보교류의 장 등의 기능을 수행해 왔다. 그러나 유통시장 개방과 정보기술의 발달로 인해 유통업계에 많은 변화가 있었는데, 그 중 하나가 전통시장의 존립 기반이 크게 위협받고 있다는 사실이다. 즉 대기업이 주도하는 대형할인점의 급증으로 전통시장과 중소 소매점이 크게 위축되고 있다는 것이다.

더욱이 전통시장은 소비자들의 소매점 선택 요인인 장소 편의, 쇼핑환경, 제품 구색 및 품질, 정보제공, 점포이미지, 광고 및 판매 촉진, 고객서비스, 주차공간 등에서 백화점과 대형할인점 등에 비해 매우 열악한 상태다

---

*대구경북연구원 김광석 박사와 저자의 공동연구 결과물이며, 한국경영교육학회에서 2007년 4월 발간한 『경영교육논총』 제46권에 게재된 논문임.

(박성용, 2003; 박영근·김판준, 2001; 김상우·서균석·박동진·김태형, 2002; 변명식, 2002).

전통시장의 쇠퇴는 지역 유통기능의 약화뿐만 아니라 시장상인의 생활 불안, 서민경제에의 악 영향 등 사회 전반에 걸쳐 부정적인 파급 효과를 가져 다준다. 이러한 문제를 인식한 중앙 및 지방정부에서는 전통시장 활성화를 위하여 많은 정책적인 지원을 해 왔다. 그러나 정책지원의 대부분은 가시적 인 재건축이나 환경개선사업 등 물리적인 부분에 집중되어 있는 반면 전통시 장의 운영과 관련된 비물리적 부분에 대한 지원은 미미한 실정이다(신창호·문 경일, 2003).

본 연구의 목적은 전통시장이 안고 있는 문제점과 바람직한 발전 방향을 소비자 및 상인 인식을 통해 알아보는 데 있다. 즉, 소비자와 상인을 대상으로 한 설문조사로써 상호간 인식의 갭을 찾아보고 향후 전통시장의 활성화를 도모하는 데 그 목적이 있다.


## 2. 선행 연구

### 2.1. 전통시장 환경 변화

오랜 역사를 가진 전통시장은 제반 환경 변화 등으로 인해 그 역할과 위상 이 크게 변했는데도 이에 적절히 대응하지 못한 관계로 매우 어려운 상황에 놓여 있다. 사실 전통시장의 쇠퇴는 지역경제의 위축, 도시환경 악화 등의 문제로 이어지며, 소비자 욕구 및 의식변화에 대한 조직적·체계적 대응 미흡, 열악한 쇼핑환경, 상인의 자립의지 부족, 그리고 대형할인점의 급격한 성장 등에 기인한다(이장희·이상철, 2001; 박영근·김판준, 2001, 김상우·서균석·박동진· 김태형, 2002).

1980년대 초반부터 시작된 유통시장 개방은 1996년 유통시장 3단계 개방 조치 시행으로 전면 개방되었다. 유통시장 개방에 대한 정부 대책은 대기업 위주의 정책으로 일관되어 외국 대형할인점에 경쟁할 수 있는 (국내자본) 대형 유통업체를 육성하는 데 초점을 두었다. 이에 반해 서민들의 오랜 생활터전 이자 지역경제의 기반이 되는 전통시장에 대한 대책은 소극적이거나 부족했 다고 본다.

한편 백화점 업계를 보면 부실 중소백화점 인수·합병 등 오프라인 투자 를 확대한 롯데·현대·신세계 등 대형백화점의 매출비중이 증가하고 있다. 우리나라 3대 백화점의 매출 비중은 1996년 33.2%에서 1998년에는 45.6%, 1999년 48.0%(이재훈, 2000), 2005년 77.6%로 높아졌으며, 2005년도 3대 대 형할인점의 시장점유율은 64.6%를 기록하고 있다. 반면 전통시장의 매출증 가율은 1997년 4.7%에서 1998년 -5.9%, 1999년 -10%, 2005년 -8.7%로 이 어져 왔다.

전통시장 $m^2$당 생산성을 보면 대형할인점에 비해 약 6배, 백화점에 비해 5배 정도 낮으며, 1인당 생산성에 있어서도 대형할인점에 비해 16배, 백화 점에 비해 10배 정도 떨어지고 있어 전통시장의 경쟁력이 매우 열악한 것 으로 분석된다(배이만, 2000). 뿐만 아니라 인터넷 쇼핑몰의 급성장으로 유통 산업은 할인점의 가격파괴혁명에 이은 제2의 유통혁명 국면에 진입하고 있 으며, 향후 홈쇼핑과 인터넷을 통한 직거래의 확산은 실물유통시장 기반의 상당부분을 잠식할 것으로 예상된다. 특히 인터넷쇼핑몰의 등장은 디지털 역량이 부족한 중소유통업체에게는 새로운 위협 요인으로 작용할 것으로 보인다.

전통시장을 둘러싼 외부 환경 변화는 크게 유통시장 개방, 경기 침체, 신유 통 업태 등장 등과 같은 거시적 요인과 소비자 의식 변화, 여성의 사회 진출, 도시계획으로 인한 상권 변화와 같은 미시적 요인으로 구분할 수 있다. 대도 시뿐만 아니라 지방중소도시까지 크게 확장된 대형마트(할인점)는 분명 전통시장의 주된 경쟁자이다.

또한 정보기술의 발달로 인한 새로운 유통 업태의 등장은 신세대의 관심을 전통시장에서 더욱 멀어지게 하며, 전통시장의 미래까지 어둡게 하고 있다. 소비자의 라이프스타일의 변화로 단순 구매장소보다는 구매, 여가활용, 정보 등 다양한 기능을 갖춘 복합문화공간을 선호하는 경향이 높아지고 있다. 여기에 여성의 사회 진출 등에 따른 물품구매 패턴 변화 또한 전통시장에 부정적 영향을 미치고 있다.

## 2.2. 전통시장의 문제점과 활성화 방안

### 2.2.1. 전통시장의 문제점

선행 연구에 의하면 전통시장 문제는 외부 환경 변화와 관련이 많은 편이며, 현실적 대안을 도출하기 위해서는 시장 내부의 환경 변화 관점에서 고찰할 필요가 있다. 우선 주요 문제로 물리적 시설 낙후, 낮은 상인 의식 수준, 전근대적 경영 방식, 편의시설 부족 등을 들 수 있다.

전통시장의 물리적 쇠퇴는 대형할인점이 보유한 편리함의 경쟁우위를 더욱 확고하게 만드는 요인이면서 전통시장에 대한 부정적 인식을 조성하는 요인이다. 많은 전통시장들이 기반시설의 물리적 노후화가 심각한 상태다(한명수, 2002; 허정옥, 2004).

시장 내의 복잡한 이해관계로 인해 환경·시설개선 사업의 수행이 쉽지 않다. 즉, 토지·점포소유자, 입점상인, 노점상 등 이해관계자들이 많고, 또 복잡하게 얽혀 있어 시장 재개발 시 첨예하게 대립하는 양상을 보이는가 하면, 권리금 문제, 임대차 보호 및 재건축시설 입주 보장 문제 등으로 사업 추진이 매우 어려운 실정이다.

또 전통시장 관리자의 역할은 임대료 및 관리비를 징수하여 청소, 경비 및 설비보수를 하는 데 그치고 있다. 환언하면, 입점상인들을 위한 공동사업 및 복지후생사업, 소비자 보호 및 편익증진사업, 업종 구성, 점포 배치, 입점 상인 및 종업원 교육 등의 사업은 거의 하지 못하고 있다(변명식, 2002; 한명수, 2002)는 것이다.

또 하나의 문제점으로 상인 의식을 들 수 있다. 대부분의 상인들이 고령인 관계로 시장 활성화에 소극적인 경향이 있다. 뿐만 아니라 상인들은 사회적 및 경제적으로 안정을 찾지 못하고 있으며, 또 자신의 직업에 대해 불만족해 한다(배이만, 2000).

한편 전통시장의 거래환경 관련 문제를 살펴보면, 무엇보다도 신용카드 사용이 쉽지 않으며, 가격·원산지 표시, 상품 품질관리, 사후보증제도 명시 등 소비자들의 기본적 요구에 부응하지 못하고 있는 실정이다. 또 공동상표 개발, 공동구매, 공동판매, 공동창고 이용 등 구매·판매·물류비 절감을 위한 공동마케팅 활동이 전무하며, POS(판매시점관리시스템) 등 정보화 수준도 매우 미흡한 상태다.

시장 내 화장실, 휴식공간 등 편의시설이 부족한 것 또한 문제이다. 어린이 놀이시설, 주차장, 소비자상담실 등 대형할인점 등에서 고객편의를 위하여 제공하는 서비스와 시설이 전통시장에서는 거의 찾아보기 힘들다(변명식, 2002; 구자열, 2001; 한명수, 2002). 주차장이 없는 곳이 전체 전통시장의 70%에 이른다.

이장희(2002)의 대전 지역 소비자 조사에 의하면 전통시장 이용상의 불편 사항으로 시설 노후(54.4%), 편의시설 부족(53.3%), 교통 불편(47.3%), 상품 종류 부족(30.9%) 순으로 많이 들었으며 물품구매 관련 불만사항으로는 반품·교환 불가(33.9%), 상인 불친절(25.6%), 품질 불량(22.9%) 순으로 많았다. 또 전통시장 활성화 노력과 관련해서는 상인 스스로의 의식 변화(65.8%)를 가장 많이 들었다.

신창호·문경일(2003)의 서울 지역 전통시장 연구에 의하면 주차장, 냉난방

시설, 소비자상담실, 현금인출기 등의 편의시설 부족, 시장시설의 낙후·불결, 통행상의 불편, 취급 품목의 다양성 부족 등을 주된 소비자 불만 요인으로 들고 있었다.

다음으로 전통시장의 고객 이탈 요인을 보면, 첫째, 물리적 환경의 낙후성도 문제이지만, 서비스 품질의 저하가 고객 구매력을 떨어뜨리고 있어 더욱 큰 문제이다. 둘째, 가격에 대한 신뢰성이 부족하여 고객들의 방문빈도 및 구매 욕구를 감소시키고 있다. 셋째, 판매 상품에 대해 상인들 스스로가 믿음과 자신감이 부족해 보인다. 제품에 대한 믿음이 확고하다면 고객 불만에 대해 보다 적극적으로 대응할 수 있을 뿐 아니라, 고객 만족도를 제고하는 제반활동도 더욱 적극적으로 할 수 있을 것이다.

또한 노점상의 존재는 시장 내 점포와의 보완 관계를 유지할 경우 소비자 유인 등의 긍정적인 면이 있으나, 그들과 경합 관계를 이룰 때에는 큰 갈등 요인이 될 수 있다. 사실 노점은 시장 미관 훼손, 통행상의 불편 등의 문제를 야기하기도 한다.

## 2.2.2. 전통시장 활성화 방안

전통시장 활성화 방안은 하드웨어적 차원과 소프트웨어적 차원으로 구분하여 모색하고자 한다. 먼저 하드웨어적인 것으로 장옥 및 기반시설의 리모델링, 주차시설 구축 등을 들 수 있다. 이를 위해서는 점포소유주, 임대상인, 노점상 등의 이해관계자 등이 참여하는 협의체를 조직·운영하는 것이 바람직하다고 본다.

그리고 편의시설 확충, 주차공간의 확보는 반드시 해결해야 할 과제이나, 영세한 전통시장 상인들이 자체적으로 마련하기는 현실적으로 어렵다. 따라서 지방자치단체의 지원 아래 사업자를 선정하여 전용주차장을 마련하는 방안 등을 고려할 수 있을 것이다(이장희·이상철, 2001).

편의시설 측면에서는 공중화장실(신축)은 물론이고, 시장 통로상의 보행공간 및 휴식공간을 마련해야 하며, 또 소비자상담실의 설치·운영을 통해 신고 및 정보센터의 기능도 수행해야 한다. 소정의 교육을 이수한 직원을 상담역으로 배치하여 소비자 불만을 해결하도록 하고 상담대장을 작성토록 하여 시장운영 자료로 활용할 수 있다.

현재 우리나라 지방자치단체들은 낙후된 시장 시설을 현대화하기 위해 재개발자금 지원, 재건축기준의 완화, 상업시설의 건폐율 및 용적률 조정, 기존 매장의 증축 등 여러 가지 정책적 배려를 하고 있다. 뿐만 아니라 전통시장 살리기 캠페인 등의 여러 가지 방법을 통해 전통시장 이용을 촉진시키고 있는 실정이다.

한편 소프트웨어적 측면에서는 무엇보다도 상인들의 주도적이고 적극적인 참여가 요구된다. 특히 대형할인점과의 경쟁 하에서 지역주민들을 끌어들이고 기존 고객들을 유지해 나가기 위해서는 상인 의식의 개선, 강력한 추진조직, 머천다이징의 차별화, 경영 합리화, 서비스 품질의 개선 등을 실천해 나가야 한다. 이들은 크게 자본투자가 요구되지 않는다는 점에서 쉽게 추진할 수 있을 것이다(허정옥, 2004; 이장희·이상철, 2001; 신창호·문경일, 2003; 한명수, 2000).

전통시장 활성화에 있어 가장 중요한 사항은 상인 의식을 개혁하는 일이다. 많은 시장상인들이 어려움을 인식하고 있지만, 사태의 심각성을 정확하게 인지하지 못한 채 누군가가 문제를 해결해 주기만 바라고 있다. 또 일부 상인의 경우 낮은 사업성과, 생활의 불규칙성 등으로 인하여 좌절, 권태, 무기력 상태에 빠져 있고 여러 가지 면에서 부정적인 사고를 갖고 있다(이춘근, 2002). 이러한 요소를 해소하는 것이야말로 최우선적으로 해결을 요하는 전통시장 문제라 사료된다.

이장환(2002)의 경우 시장상인의 조직화 관점에서 전통시장 활성화 방안을 제시하였는데, 구체적으로는 강력한 조직체 구성, 구성원들에 대한 비전 제시, 구성원 신뢰 확보, 건전한 상인 의식 함양, 산관학 협력체제 구축 등을 제시하였다. 또 시장의 제반 문제는 조직체계의 활성화를 통해 풀어나가야 하며, 상인회 조직을 고객관리부, 서비스부, 시설개선부, 상품개발부, 홍보기획부 등으로 구분하였다.

더 나아가 판매제품의 차별화 및 특화전략도 필요하다고 본다. 특히 대형마트에서 취급하지 않는 품목을 취급함으로써 틈새시장을 공략하는 전략이 필요하다. 그 예로 먹거리나 의류제품을 특화하는 전략, 순수 국산농산물 취급시장 등의 차별화 전략을 들 수 있다(신창호·문경일, 2003).

**〈표 1〉 전통시장의 문제점과 개선 방안**

| 구분 | | 문제점 | 개선 방안 |
|---|---|---|---|
| 외부 환경 요인 | 거시적 요인 | WTO에 따른 유통시장 개방 | 시장 입지의 장점을 적극적으로 활용 |
| | | 경기 침체에 따른 할인점의 성장 | 대량 공동구매를 통한 가격 경쟁력 확보 |
| | | IT기반형 신유통 업태의 등장 | e-비즈니스의 적극적인 도입 추진 |
| | | 정부차원의 지원 부족 | 경제적·제도적 지원 확대 |
| | 미시적 요인 | 소비자 의식 변화 | 소비자 의식 변화에 부응하는 경쟁력 확보 |
| | | 구시가지의 쇠퇴 | 거점시장 활용 방안 개발 |
| | | 여성의 사회 진출 증가 | 여성에 대한 마케팅 강화 |
| | | 경쟁 상권의 변화 | 시장속성의 차별화 |
| 내부 환경 요인 | 하드웨어 측면 | 시설 노후화 | 환경개선차원에서의 적극적인 리모델링화 |
| | | 점포의 영세화 | 시장, 지역별 상인조직 활성화 및 교류 확대 |
| | | 편의시설 부족 | 주차장, 화장실, 휴식공간, 보행통로의 확보 |
| | | 기반시설 부족 | 기반시설 정비와 공동 창고·물류시설 확보 |
| | 소프트웨어 측면 | 상인조직화 미흡 | 상인조합에 대한 경제적, 제두적 지원 |
| | | 경영노하우 부족 | 상인회 임원에 대한 경영기법 교육 |
| | | 생산자와의 협상력 열세 | 시장조합 활성화를 통한 구매력, 협상력 증대 |
| | | 서비스 및 제품보증 미흡 | 서비스교육 및 제품보증제 실시 |
| | | 가격에 대한 불신 | 가격표시제 시행과 신용카드 사용 활성화 |

사실 유통업은 입지가 매우 주요한 산업이다. 따라서 전통시장의 경우 신업태 및 경쟁업체들에 비해 상대적으로 선점된 입지를 경쟁 우위로 활용할 필요가 있다고 본다. 즉, 전통시장은 대체로 도심 및 주택밀집가 요지에 위치하고 있어 도보로 쉽게 오갈 수 있다는 입지상의 강점을 활용할 수 있다는 것이다.

〈표 1〉은 상기한 논의를 토대로 전통시장의 문제점과 개선 방안을 요약한 것이다. 전통시장의 환경 변화를 내·외부로 구분하고, 외부 환경 변화를 거시 요인과 미시 요인으로 구분하였다. 그리고 내부 환경 변화를 하드웨어적 측면과 소프트웨어 측면으로 구분하여 문제점과 개선 방안을 제시하였다.


## 3. 실태조사

### 3.1. 실태조사 목적

본 실태조사의 목적은 앞서 고찰한 전통시장의 문제점과 개선 방향에 대한 선행 연구를 토대로 대구 지역 전통시장이 안고 있는 제반 문제점과 개선점을 도출해내기 위한 것이다. 이를 위해 선행 연구의 결과로써 주요 이슈항목을 도출하고 이를 설문 항목화하여 조사대상 시장 소비자 및 상인을 대상으로 실태조사를 실시하였다.

구체적으로는 먼저, 전통시장의 제반 속성, 즉 쇼핑환경에 대해 소비자가 지각하는 만족도와 중요도를 측정하여 비교하는 데 목적이 있다. 제한된 자원을 효과적으로 활용하기 위해서는 속성별 중요도에 따라 자원 투입량과 투입시기를 조절할 필요가 있을 것이다. 그리고 본 연구는 상인 입장에서 우선적으로 해결해야 할 과제를 도출·제시하는 데도 목적이 있다.

그 다음으로 전통시장의 속성에 대해 상인이 인식하는 중요도와 소비자가 인식하는 중요도를 비교하고자 한다. 이를 통해 상인과 소비자간 인식을 같이 하는 부분과 달리하는 부분의 갭(gap)을 측정할 수 있으며, 또 이러한 갭을 최소화하기 위한 전략을 도출할 수 있을 것이다.

## 3.2. 실태조사 설계

### 3.2.1. 조사대상 시장과 표본

2004년 기준 대구 지역에는 정기시장 6개소(부지면적 41,757m², 건물연면적 6,527m²)와 일반시장 116개소(부지면적 539,908m², 건물연면적 1,218,694m²)가 있다. 남구에는 13개 시장, 즉 봉덕시장, 남산시장, 남부시장, 대명시장, 성명시장, 성당시장, 명덕시장, 대명중앙시장, 대덕시장, 영선시장, 광덕시장, 안지랑시장 그리고 관문시장이 있다.

이들 13개 시장 대부분은 1970년대 초반에 개설되었으며, 그들 중 일부 시장만이 비가림시설 등을 설치하는 등 시설개선을 통한 재도약을 모색하고 있다. 그러나 남부시장, 안지랑시장 그리고 성명시장의 경우 점포수가 계속적으로 감소하는 등 시장으로서의 기능을 제대로 수행하기 어려운 상태다. 자료 수집을 위한 설문조사는 2006년 5월 10부터 10일간 상기 10개 시장을 대상으로 이루어졌으며, 각 시장당 소비자 30명과 상인 20명을 설문조사 하였다.

### 3.2.2. 설문 항목의 구성

전통시장의 속성은 조사목적에 부합하고 선행 연구에서 타당성이 검증된 항목을 1차적으로 참고하였다. 그리고 소비자 및 상인과의 현장인터뷰와 신문 기사내용을 참고하여 설문 항목을 보완하였다. 최종 설문 항목은 20개이며, 리커트 5점척도로 전통시장 속성에 대한 동의 정도를 측정했다. 상인용 설문지와 소비자용 설문지의 내용은 동일하다.


## 4. 분석 결과 및 해석

### 4.1. 표본의 특성

본 설문조사에는 소비자 300명과 상인 200명으로서 총 500명이 참여하였다. 즉 시장 10곳에서 소비자 30명, 상인 20명씩 조사했다.

응답자의 인구통계적 특성을 살펴보면 연령에 있어서 소비자와 상인 모두 40대가 가장 많았으며, 그 다음은 30대, 50대 순으로 많았다. 특히 전통시장 소비자의 경우 50대만큼 30대가 많은 것은 주목할 만한 사항이다. 또 성별에 있어서는 소비자의 21.5%와 상인의 32.5%가 남성이고 나머지는 여성이었다.

월평균 소득에 있어서는 소비자는 150~300만 원 미만이, 상인은 200만 원 미만이 가장 많았다. 그 다음으로 소비자는 300~500만 원 미만이, 상인은 200~500만 원 미만이 많았다. 시장방문 주기에 대해서는 거의 매일 이용한다 8.8%, 1주 19.3%, 2회 28.7%, 그리고 1회는 19.9%로 나타났다. 여기서 전체의 약 76%가 주 1회 이상 시장을 방문하고 있음을 알 수 있다.

## 4.2. 분석 결과 및 해석

### 4.2.1. 소비자의 속성별 만족도 – 중요도 간의 차이 검증 결과

소비자들은 쇼핑시의 불만족 요인으로 주차시설 미비, 위생 상태 불량, 건물 등의 시설 노후화, 편의시설 미비, 그리고 신용카드 사용 불가능 순으로 많이 지적했다. 또 소비자들이 시장에서 쇼핑을 하면서 접하게 되는 속성들을 중요도와 만족도로 구분하여 지각정도 차이를 t-검정을 이용하여 분석한

〈표 2〉 전통시장 속성별 중요도 – 만족도 간의 차이 검증

| 항목(n=299) | 상관계수 | 평균차 | 표준편차 | t값 |
|---|---|---|---|---|
| 1. 상품의 전반적 가격 수준 | 0.077 | -0.84 | 1.094 | -13.210*** |
| 2. 판매자 서비스 | 0.159*** | -0.88 | 1.202 | -12.697*** |
| 3. 교환 및 환불, A/S | -0.018 | -1.01 | 1.383 | -12.587*** |
| 4. 정확한 상품 안내 | 0.046 | -1.16 | 1.230 | -16.360*** |
| 5. 시장 내 기초시설 | -0.071 | -1.01 | 1.397 | -12.539*** |
| 6. 상품 다양성 | -0.035 | -0.97 | 1.305 | -12.892*** |
| 7. 쇼핑통로 | -0.027 | -0.94 | 1.307 | -12.435*** |
| 8. 안내시설 | 0.085 | -1.18 | 1.300 | -15.659*** |
| 9. 건물 등의 시설 상태 | -0.012 | -1.21 | 1.440 | -14.541*** |
| 10. 상품의 전반적 품질 수준 | 0.121** | -0.95 | 1.158 | -14.238*** |
| 11. 위생 상태 | 0.098* | -1.28 | 1.327 | -16.734*** |
| 12. 구매강요 | 0.246*** | -0.43 | 1.222 | -6.103*** |
| 13. 소비자상담센터 유무 | 0.105* | -0.87 | 1.323 | -11.362*** |
| 14. 신용카드 사용 가능 여부 | 0.194*** | -1.08 | 1.413 | -13.176*** |
| 15. 편의시설 | 0.032 | -1.43 | 1.547 | -15.998*** |
| 16 구경거리 | -0.045 | -1.20 | 1.521 | -13.594*** |
| 17. 주차시설 | -0.049 | -1.66 | 1.605 | -17.830*** |
| 18. 대중교통과의 연계 | 0.000 | -1.00 | 1.396 | -12.425*** |
| 19. 소방 및 안전시설 구비 | 0.002 | -1.09 | 1.475 | -12.780*** |
| 20. 특색 있고 전문화된 상품 취급 | -0.065 | -1.15 | 1.577 | -12.634*** |

\* p〈 .1, ** p〈 .05, *** p〈 .01
주) 평균차: 중요도 – 만족도

결과, 〈표 2〉와 같이 모든 항목에서 중요도와 만족도 간에 유의미한 차이가 있었다. 특히, 상품 안내, 상품 품질, 위생 상태, 그리고 주차시설의 경우 중요도는 매우 높았으나 만족도는 그렇지 않았다.

본 연구에서는 소비자의 시장속성에 대한 인식 조사를 통해 〈그림 1〉과 같은 속성별 중요도－만족도 매트릭스(matrix)를 만들었다. 중요도는 소비자가 전통시장의 각 속성에 대해 중요시하는 정도를, 또 만족도는 해당 속성에 대해 만족하는 정도를 의미한다.

동 매트릭스에서 전체 속성의 산술평균을 중심으로 개별 속성의 중요도와 만족도를 고저로 구분하였다. 중요도는 높고 만족도가 낮으면 '개선할 속성(개선 노력 집중)', 중요도와 만족도가 모두 낮으면 '유지할 속성(우선순위 낮음)', 속성의 중요도와 만족도 모두 높으면 '유지할 속성(좋은 성과 계속유지)', 그리고 중요도는 낮고 만족도가 높으면 '덜 강조할 속성(과잉노력 지양)'이라 할 수 있다.

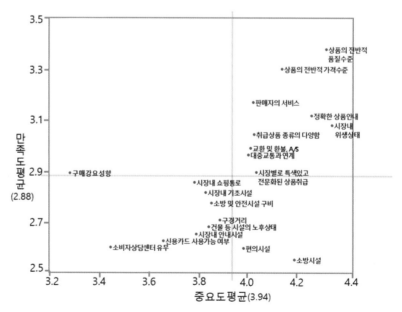

〈그림 1〉 시장속성별 중요도－만족도 매트릭스

전통시장의 20개 속성에 대해 중요도와 만족도를 분석한 결과, 전체 시장 속성(영역) 중 편의시설(15)과 주차시설(17)은 소비자들이 중요도는 높게, 만족도는 낮게 인식하고 있었다. 따라서 이에 대한 집중적인 개선이 필요하다고 하겠다.

그리고 중요도와 만족도 둘 다 높거나 둘 다 낮은 속성에 대해서는 현재의 상태를 유지하거나, 중요도가 높은 속성가운데 만족도가 낮은 속성(항목)을 우선적으로 개선해야 한다. 예를 들어, 위생 상태(11)와 정확한 상품 안내(4)의 경우 중요도는 매우 높으나 만족도가 그다지 높지 않은 항목으로 상인의 개선노력이 필요한 부분이라고 할 수 있다.

### 4.2.2. 시장별 이미지 비교

소비자가 갖는 시장이미지를 분석하기 위해 대응일치분석을 실시하였다. 대응일치분석(correspondence analysis)은 두 범주형 변수 사이의 관계를 분석하는 방법으로, 두 변수의 범주를 각각 공간(일반적으로 이차원공간)상에 점으로 표현하여 범주들 사이의 관계를 분석하는 것이다. 즉, 분할표 자료에 대한 일종의 통계적 차원 축소기법으로 행(row)과 열(column)을 저차원 공간상에 점으로 나타내어 행과 열의 대응관계 등 여러 가지 양상을 알아보는 데 그 목적이 있다.

〈그림 2〉는 행변수와 열변수의 점수를 이용하여 각 변수의 범주들을 2차원 공간상에 표현한 지각도이다. 여기에서 보듯이 전통시장과 이미지의 관계를 "남산시장-볼거리가 많음", "봉덕시장-표시철저", "관문시장-편의시설 갖춤", "대녕시상-특화된 상품취급", "내명중앙시징-믹거리가 많음", "대덕시장-청결함", "명덕시장-현대적 시설", "영선·광덕시장-대규모·주변 상권우수"와 같이 연결시킬 수 있다.

이러한 분석결과를 보면 상인은 시장의 장기발전전략과 연계하여 고유의

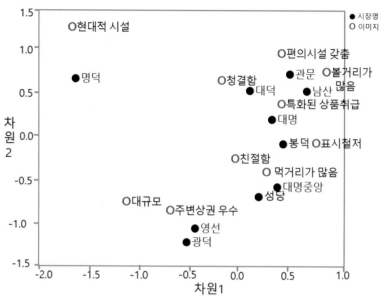

〈그림 2〉 시장별 이미지에 대한 대응일치분석 결과

긍정적 시장 이미지를 형성시켜나가는 방안 모색이 필요하다. 가령, 시장 고유의 이미지로써 원거리 소비자 방문을 유도할 수 있으며, 또 할인점이나 백화점에 비해 상인이 바뀌는 비율이 낮다는 점에서 고객확보가 유리하다고 할 수 있다.

### 4.2.3. 소비자 – 상인 간의 인식 차이에 대한 분석 결과

전통시장의 제반 속성에 대해 소비자와 상인이 지각하는 중요도 차이를 t-검정으로 분석하였다. 그 결과 〈표 3〉과 같이 취급 상품의 다양성, 시장 내 통로, 건물 등 시설의 노후 상태, 구경거리, 주차시설, 대중교통과 연계, 소방 및 안전시설 구비에 대해서는 두 집단 간에 유의미한 지각 차이가 없었다. 즉, 주차 문제나 다양한 상품 취급 등의 문제는 소비자와 상인 모두가 중요한 것으로 간주하며, 집단 간의 중요도 지각에 있어서는 유의미한 차이가 나타나지 않았다.

**〈표 3〉 전통시장 속성에 대한 소비자–상인 간의 중요도 차이 검증**

| 항목 | 대상 | n | 평균 | 표준편차 | 평균차 | t값 |
|------|------|-----|------|--------|-------|------|
| 1. 상품의 전반적 가격 수준 | 소비자 | 299 | 4.14 | 0.775 | 0.40 | 5.170*** |
| | 상인 | 200 | 3.74 | 0.963 | | |
| 2. 판매자의 서비스 | 소비자 | 299 | 4.05 | 0.922 | 0.28 | 3.263*** |
| | 상인 | 200 | 3.77 | 0.939 | | |
| 3. 교환 및 환불, A/S | 소비자 | 299 | 4.02 | 0.884 | 0.52 | 5.806*** |
| | 상인 | 200 | 3.50 | 1.116 | | |
| 4. 정확한 상품 안내 | 소비자 | 299 | 4.26 | 0.822 | 0.39 | 4.835*** |
| | 상인 | 200 | 3.87 | 0.981 | | |
| 5. 시장 내 기초시설 | 소비자 | 299 | 3.83 | 0.866 | −0.15 | −1.899* |
| | 상인 | 200 | 3.99 | 0.894 | | |
| 6. 취급 상품 종류의 다양함 | 소비자 | 299 | 4.04 | 0.899 | 0.05 | 0.562 |
| | 상인 | 200 | 3.99 | 0.930 | | |
| 7. 시장 내 쇼핑통로 | 소비자 | 299 | 3.80 | 0.868 | −0.07 | −0.935 |
| | 상인 | 200 | 3.87 | 0.864 | | |
| 8. 시장 내 안내시설 | 소비자 | 299 | 3.79 | 0.888 | 0.30 | 3.353*** |
| | 상인 | 200 | 3.49 | 1.121 | | |
| 9. 건물 등 시설의 노후 상태 | 소비자 | 299 | 3.86 | 0.941 | 0.00 | 0.050 |
| | 상인 | 200 | 3.86 | 1.053 | | |
| 10. 상품의 전반적 품질 수준 | 소비자 | 299 | 4.32 | 0.798 | 0.18 | 2.090** |
| | 상인 | 200 | 4.14 | 0.841 | | |
| 11. 시장 내 위생 상태 | 소비자 | 299 | 4.35 | 0.843 | 0.16 | 1.996** |
| | 상인 | 199 | 4.19 | 0.948 | | |
| 12. 구매강요 성향 | 소비자 | 299 | 3.33 | 1.033 | 0.51 | 5.034*** |
| | 상인 | 200 | 2.82 | 1.228 | | |
| 13. 소비자상담센터의 유무 | 소비자 | 299 | 3.45 | 0.969 | 0.65 | 6.624*** |
| | 상인 | 200 | 2.81 | 1.202 | | |
| 14. 신용카드 사용 가능 여부 | 소비자 | 299 | 3.68 | 1.095 | 1.02 | 9.363*** |
| | 상인 | 200 | 2.66 | 1.336 | | |

| 항목 | 대상 | n | 평균 | 표준편차 | 평균차 | t값 |
|---|---|---|---|---|---|---|
| 15. 편의시설 | 소비자 | 299 | 4.01 | 0.997 | 0.23 | 2.406** |
|  | 상인 | 200 | 3.78 | 1.152 |  |  |
| 16. 구경거리 | 소비자 | 299 | 3.90 | 0.947 | 0.12 | 1.329 |
|  | 상인 | 199 | 3.78 | 1.115 |  |  |
| 17. 주차시설 | 소비자 | 299 | 4.20 | 0.967 | 0.13 | 1.438 |
|  | 상인 | 200 | 4.07 | 1.096 |  |  |
| 18. 대중교통과 연계 | 소비자 | 299 | 4.02 | 0.930 | 0.11 | 1.283 |
|  | 상인 | 200 | 3.91 | 0.952 |  |  |
| 19. 소방 및 안전시설 구비 | 소비자 | 299 | 3.87 | 1.005 | 0.04 | 0.474 |
|  | 상인 | 200 | 3.83 | 0.967 |  |  |
| 20. 특색 있고 전문화된 상품 취급 | 소비자 | 299 | 4.05 | 1.014 | 0.16 | 1.741* |
|  | 상인 | 200 | 3.89 | 0.996 |  |  |

이에 반해 이들을 제외한 나머지 속성들에 대해서는 두 집단 간에 유의미한 차이가 있는 것으로 나타났다. 구체적으로 보면 시장 내 기초시설에 대해서는 소비자보다 상인이, 또 가격, 서비스, 교환·환불, 정보제공, 안내시설, 품질, 위생 상태, 구매강요, 소비자상담센터 설치, 편의시설, 신용카드 사용, 그리고 전문화된 상품취급에 있어서는 상인보다 소비자가 그 중요성을 더 크게 지각하는 것으로 분석되었다. 즉, 제반 운영과 관련된 사항에 좀 더 많은 노력과 자원을 투입함으로써 전통시장 활성화를 도모할 수 있을 것이다.

가격, 교환 및 환불, 정확한 상품 안내, 소비자상담센터 유무, 신용카드 사용에 대해서는 집단 간의 지각 차이가 매우 큰 것으로 나타났다. 이는 소비자의 중요도와 만족도 지각 차이에서 나타났듯이 소비자의 합리적 구매 성향이 커진 데 비해 상인은 그에 훨씬 미치지 못함을 반증하는 것이라고 할 수 있다.

쇼핑시 구매강요 성향에 대해서도 소비자들은 상인과 비교적 큰 차이를 보였다. 이는 소비자들이 할인점이나 백화점 등에 비해 전통시장에서 호객 행위를 더 많이 경험하는 데서 비롯된 것으로 보인다. 따라서 상인들로서는 소비자들이 편안히 쇼핑할 수 있는 심리적 환경을 만들 필요가 있다고 본다.

전통시장의 20가지 속성을 하드웨어, 상품, 서비스 차원으로 구분하여 소비자와 상인간의 인식 차이를 비교하였다. 하드웨어 차원은 기초시설, 쇼핑통로, 안내시설, 시설 노후 상태, 주차시설을, 상품 차원은 가격, 안내, 종류, 품질을, 그리고 서비스 차원에는 판매서비스, 교환 및 A/S, 구매강요, 신용카드 사용 가능 여부를 포함시켰다.

집단 간 인식 차이를 t-test로 분석한 결과, 하드웨어 차원에서는 양자 간에 인식 차이가 없었으며(t=1.213, p=.224), 상품 차원에서는 t=4.367(p=.000)로 차이가 있었다(소비자: 4.162, 상인: 3.926). 그리고 서비스 차원에서는 양자 간에 인식 차이가 큰 것으로 나타났다(소비자: 3.704, 상인: 3.108, t=9.556, p=.000). 따라서 전통시장에서는 서비스 개선에 우선순위를 두면서 보다 많은 노력을 기울여야 할 것이다.

## 4.2.4. 시장속성별 소비자 – 상인 간의 중요도 인식 차이 분석

전통시장 속성에 대한 소비자와 상인 간의 중요도 인식 차이에 대한 분석을 위해 매트릭스 분석을 실시하였다(그림 3 참조). 각 속성별 중요도에 대한 소비자와 상인의 평균값인 3.95와 3.69를 중심으로 속성별 분포지점을 사분면으로 구분하였다.

〈그림 3〉에 의하면 전통시장 속성 20가지 영역 중 교환, 환불 및 A/S(3)의 경우 소비자는 중요도를 높게 인식하고 있으나 상인들은 낮게 인식하는 것으로 나타났다. 따라서 교환, 환불 등은 상인의 집중적 개선 노력이 필요한 속성이라 하겠다.

한편, 시장 내 기초 시설(5), 시장 내 쇼핑통로(7), 건물 등의 시설 상태(9), 구경거리(16), 소방 및 안전시설 구비(19)는 소비자가 인식하는 중요도는 낮으나 상인이 인식하는 중요도는 높아, 중점적 개선의 필요성이 낮은 것으로

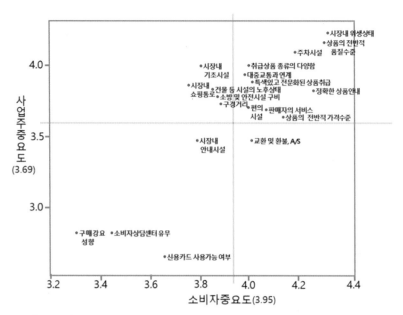

〈그림 3〉 시장속성별 소비자-상인 간의 중요도 인식 차이 매트릭스

볼 수 있다.

그리고 속성별 중요도에 대해 소비자와 상인 모두 높게 인식하거나 모두 낮게 인식하는 속성에 대해서는 현 상태를 유지하거나, 소비자의 중요도인식이 높은 속성 가운데 상인의 중요도 인식이 낮은 속성을 우선적으로 개선해 나가야 할 것이다.

예를 들어, 정확한 상품 안내(4)와 전반적 가격 수준(1) 속성은 소비자의 중요도 인식은 매우 높으나 상인의 중요도 인식은 그러하지 않는 것으로, 상인의 개선노력이 필요한 부분이라 할 수 있다. 또 상품의 전반적 품질 수준(10)과 위생 상태(11) 속성은 상인과 소비자 공히 중요도를 높게 인식하는 항목으로, 집중적 관심과 개선노력이 요구되는 부분이다.

# 5. 결론

지금까지의 분석 결과를 종합해 볼 때, 소비자가 전통시장을 이용하면서 지각하는 여러 속성에 대한 중요도에 비해 만족도가 낮으며, 또 그 격차가 매우 크다는 것을 알 수 있다. 이는 소비자 불만족의 원인이 되며 고객 이탈을 유발하는 요인이기도 하다.

여기서 주목할 만한 사항은 소비자의 합리적 구매성향 증가로 인해 전통시장에서 판매되는 물품에 대한 정확한 정보제공, 품질과 위생 상태 등을 매우 중요시한다는 점이다. 특히 정확한 상품 안내, 상품의 전반적 품질, 위생 상태, 그리고 주차시설 문제는 그 중요도가 매우 높았으나 만족도는 그보다 훨씬 낮은 수준이었다.

전통시장 속성에 대해 소비자와 상인이 지각하는 중요도의 경우 주차문제나 취급 상품의 다양성 등은 소비자와 상인 모두 중요한 것으로 생각하고 있었다. 따라서 상인은 이에 부합하는 전략을 개발하고 자원을 그 중요도에 따라 배분하여야 할 것이다.

한편, 소비자와 상인 간의 중요도 인식 차이가 있는 요소로 시장 내 기초시설에 대해서는 소비자보다 상인 측이, 또 가격, 서비스, 교환·환불, 정보제공, 안내시설, 품질, 위생 상태, 구매강요, 소비자상담센터 설치, 편의시설, 신용카드 사용, 그리고 취급 상품의 전문성에 있어서는 상인보다 소비자가 그 중요성을 더 높게 지각하였다. 즉, 소비자는 주로 시장 내 제반 소프트웨어 측면을 중요시하는 반면, 상인은 하드웨어 측면을 중요시하고 있다는 것이다.

국내 여타 지역과 마찬가지로 대구 지역 또한 대형할인점의 급증과 소비자 의식 변화로 인해 전통시장이 위축되고 있을 뿐만 아니라 전통시장 중심부에는 공동화현상이 나타나고 있다. 전통시장 활성화라는 과제는 시장 종사자의 생계 유지, 시장 고유의 기능 수행, 그리고 지역경제의 회생을 위해 반드시

실천되어야 하며, 이는 기존의 중소시장 및 상가와 새로운 유통 채널 간의 대립적인 시각보다는 다양한 지역 간 균형발전이라는 명제 속에서 전략적으로 추진해야 할 사항이라 본다.

향후 전통시장은 틈새시장, 틈새상권을 공략하는 차별화·전문화 전략으로 돌파구를 모색할 필요가 있다. 이를 위해서는 현대화된 경영마인드로 무장한 시장개발주체를 중심으로 전략적인 구조개선이 시급하며, 또 특성화된 전문 전통시장의 육성을 통해 전통시장이 지역경제의 중심축이자 지방문화 발전의 장으로 재도약할 수 있도록 정부와 지자체의 적극적인 지원이 필요하다(이재훈, 2000).

한편 본 연구는 다음과 같은 한계점이 있다. 첫째, 표본의 대표성 문제이다. 본 연구에서 전국적인 모집단을 대표할 수 있는 확률표본을 선정하는 것이 당연하나, 지역적으로 대구시 남구에 그쳤고, 다른 인구통계적 특성의 경우도 일반 모집단의 특성을 완전히 반영하지 못했다는 점이 문제시된다. 따라서 통계분석 자체의 엄밀성에 문제가 있을 가능성을 완전히 배제하지 못했다고 할 수 있다.

둘째, 전통시장 소비자의 이용 행동을 엄밀하고 바르게 설명을 하기 위해서는 소비자의 시장 이용 행동은 물론 의사결정상에서 일어나는 태도와 의도, 행동 사이의 관계에 대한 설명 등도 이루어져야 하는데 실제는 그렇게 하지 못했다는 점이다. 뿐만 아니라 소비자들이 어떤 과정을 통해 전통시장 이외의 다른 쇼핑수단을 이용하게 되는지에 관한 메커니즘을 명확하게 다루지 못한 점도 있다. 아무튼 향후 연구에서는 전통시장 소비자 행동에 대한 보다 명확하고 철저한 규명이 필요하다고 하겠다.

# [ 부록 ]

# 부록 1: 사진으로 보는 55개국 전통시장

## 총괄표

(단위: 개, 장)

| 지역 | 국가수 | 시장수 | 사진수 | 비고 |
|------|--------|--------|--------|------|
| 아시아 | 21 | 42 | 80 | No.1~21 |
| 아메리카 | 6 | 11 | 24 | No.22~26 |
| 유럽 | 23 | 44 | 96 | No.27~50 |
| 오세아니아 | 2 | 4 | 8 | No.51~52 |
| 아프리카 | 3 | 4 | 12 | No.53~55 |
| 합계 | 55 | 105 | 220 | |

## 1. 일본 츠키치 수산시장·구로몬 시장

## 2. 중국 홍차오(진주) 시장·하이난 류린 시장

### 3. 대만 화시제 관광 야시장·화서가 시장

### 4. 홍콩 가복특가 시장·템플스트리트 야시장

## 5. 태국 짝두짝(주말) 시장·담넌 사두억 수상시장

## 6. 베트남 빈다이 시장·건또 수상시장·건또 시장

## 7. 캄보디아 Central Market·Old Market

## 8. 싱가포르 라우파삿 거리·차이나타운

## 9. 라오스 통칸감 시장·루앙프로방 아침시장

## 10. 인도 Chaffa Market·빠하르 간지 시장

## 11. 네팔 아산 시장·박타부르 시장·Open Market

## 12. 방글라데시 New Market CD.CC.Paka Market·Gulsan-1 No.Market

## 13. 미얀마 보족(아웅산) 시장·바고 시장

## 14. 카자흐스탄 Zelyony Bazar·Karkara Bazar

## 15. 우즈베키스탄 시야브 시장·알라이수키 시장

## 16. 아제르바이잔 테제 시장·야실 시장

## 17. 몽골 나트랑 시장·흡수글 시장

## 18. 필리핀 바클라란 시장·The Private Market

## 19. 말레이시아 센트럴 마켓·잘랑알로 야시장

## 20. 인도네시아 무라앙케 수산시장·수라아바 시장

## 21. 터키 그랜드 바자르

## 22. 미국 첼시 시장·킨시 시장·그린 마켓

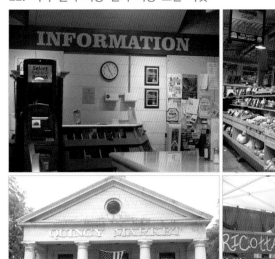

## 23. 캐나다 세인트 로렌스 시장

## 24. 과테말라 익타 시장·곤잘라 시장

## 25. 브라질 상파울루 중앙시장·까툼비 시장

## 26. 아르헨티나 산델모 시장·헤이라 레꼴레따

## 27. 파라과이 시우닷 델 에스떼 시장

## 28. 그리스 라이키 아고라(시장)

## 29. 이탈리아 로마 (일요)벼룩시장(Porta Portese)·리알토 시장

## 30. 프랑스 트로빌 두빌 시장·몽마르트 벼룩시장

## 31. 영국 캠던시장·코벤트 가든(애플) 마켓

## 32. 덴마크 트로베 훌랜 시장

## 33. 독일 빅투알리엔 시장·뮌헨 벼룩시장

### 34. 오스트리아 나쉬 시장·짤즈부르크 강변시장

### 35. 헝가리 부다페스트 중앙시장

## 36. 스위스 루체른 벼룩시장·아침시장

## 37. 네덜란드 알버트 큐입 시장

## 38. 체코 하벨 시장·홀레쇼비치 시장·베트남 식품시장

## 39. 필란드 하카니에미 시장·Market Square

## 40. 스웨덴 웨스테르말름 시장·회트리에트 시장

## 41. 노르웨이 베르겐 어시장·스투토에르바 시장

## 42. 불가리아 할리 시장·젠스키 시장

## 43. 크로아티아 돌라츠 시장·스플리트 시장

## 44. 슬로베니아 류블랴나 중앙시장

## 45. 보스니아 모스타르 관광지구 상가

46. 스페인 컨셉시오 시장·보케리아 시장

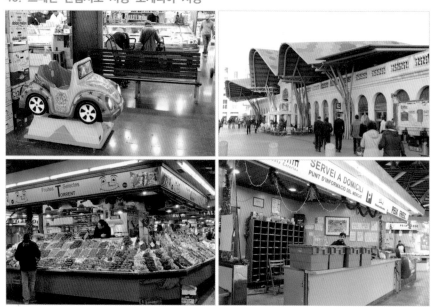

47. 포르투갈 리스본 벼룩시장·캄포데 오리키 시장

## 48. 모로코 카사블랑카 메디나 시장·리바트 메디나 시장

## 49. 러시아 이즈마일롭스키 시장·다닐로브스키 시장

## 50. 아랍에미리트(UAE) 두바이 금시장·야시장

## 51. 호주 사우스멜버른 시장·Eveleigh Farmer's Market·시드니 수산시장

## 52. 피지 Suva Market

## 53. 남아프리카공화국 Green Market

54. 짐바브웨 치노팀바 시장, Curio Open Market

55. 잠비아 Down Town Center Market

# 부록 2: 장흥섭 교수의 전통시장 활성화 발자취

## 총괄표

| 구분 | 내용 |
|---|---|
| 1. 연구 | • 저서 9(4)권, 연구 논문 54(11)편, 연구 용역 45(28)건<br>• 세미나 주제발표 및 주관 17(15)회 |
| 2. 교육(강의) | • 대학생 15,000여 명, 시장상인 등 7,700여 명<br>• 상인대학 및 대학원(최고경영자과정) 운영 19회 |
| 3. 전통시장조사 | • 국내시장 240곳, 해외시장 236곳(55개 국가) 탐방조사<br>• 전통시장·대형마트 이용객 및 청소년 소비자 조사 12(9)회 |
| 4. 사회봉사 | • 신문·잡지 기고 83(45)회, 신문인터뷰 79(46)회,<br>  방송 출연 및 인터뷰 42(34)회<br>• 자문(평가·심의)위원 64(25)건<br>• 경북대 지역시장연구소 및 대구전통시장진흥재단 운영 |

*( ): 전통시장과 관련된 것임.
**전통시장 연구 논문 및 사진 자료가 필요한 분은 hschang@knu.ac.kr이나 hyjang0814@gmail.com으로 연락주시면 자료 제공하겠습니다.

# 1. 연구

## 1.1. 저서: 9(4)권*

| 연번 | 저서명 | 출간 년월 | 발행처 | (공동)저자 |
|---|---|---|---|---|
| 1 | 그린마케팅 | 1997.10 | 삼영사(역서) | 장흥섭·구동모 |
| 2 | 상업경제 | 2002.03 | (주)대한교과서 | 장흥섭·정성학·김영곤 |
| 3 | 경북의 전통시장 | 2006.05 | 유니컴 | 장흥섭 |
| 4 | 대구 전통시장의 과거·현재·미래 | 2010.02 | 경북대출판부 | 장흥섭 |
| 5 | 마케팅 | 2011.02 | 학현사 | 장흥섭·김재진·이상환·이수형·구동모·강보현 |
| 6 | 현대 소비자론 | 2012.10 | 경북대출판부 | 장흥섭 |
| 7 | 내 고장 마케팅 | 2013.01 | 무역경영사 | 장흥섭·최현호·백운배 |
| 8 | 세계 전통시장 | 2016.11 | 형설Life | 장흥섭 |
| 9 | 전통시장 활성화 | 2021.08 | 경진출판 | 장흥섭 |

\* ( ) 안은 전통시장 관련 저서수임.
\*\* No. 4. 「대구 전통시장의 과거·현재·미래」는 2010년 문화체육관광부가 선정한 우수학술도서임.

## 1.2. 연구 논문: 54(11)편*

| 연번 | 논문 제목 | 게재 논문집명·년도 | (공동)연구자 |
|---|---|---|---|
| 1 | 우리나라 성냥공업의 마케팅에 관한 연구 | 고려대학교 석사논문, 1976 | 장흥섭 |
| 2 | 우리나라 소비자보호운동의 합리적 전개 | 영남대학교 산업경제연구소 산업경제, 1978 | 장흥섭 |
| 3 | 서부 경남 기업의 경영관리 연구 | 경상대학교 경남문화연구소 논문집 제3호, 1980 | 장흥섭 |
| 4 | 사회마아케팅에 관한 소고 | 경북대학교 산업개발연구소 연구보고 제9집, 1981 | 장흥섭 |

| 연번 | 논문 제목 | 게재 논문집명·년도 | (공동)연구자 |
|---|---|---|---|
| 5 | 소비자주의와 기업 | 경북대학교 동운 허복 교수 송수기념 논문집, 1981 | 장흥섭 |
| 6 | 소비자교육에 관한 고찰: 미국 소비자교육을 중심으로 | 경북대학교 산업개발연구소 연구보고 제10집, 1982 | 장흥섭 |
| 7 | 미국 소비자운동 소고 | 영남대학교 보산 배연수박사 회갑기념 논문집, 1983 | 장흥섭 |
| 8 | 소비자주의에 관한 연구: 주체별 소비자주의를 중심으로 | 경희대학교 박사논문, 1983 | 장흥섭 |
| 9 | 소비자주의에 관한 이론적 연구 | 경북대학교 산업개발연구소 연구보고 제12집,1984 | 장흥섭 |
| 10 | 소비자불평에 관한 연구 | 경북대학교 교육연구지 제28집, 1986 | 장흥섭 |
| 11 | 소비자주의 소고 | 영주대학교 현암 최현우 박사 회갑기념 논문집, 1988 | 장흥섭 |
| 12 | 소비자정보 연구 Ⅰ | 한국경영교육학회 상교논총, 1989 | 장흥섭 |
| 13 | 정부 소비자정책에 관한 연구 | 경북대학교 경상논집 Vol 19 No3, 1991 | 장흥섭 |
| 14 | 소비자주의에 관한 고찰: 소비자단체의 소비자주의를 중심으로 | 영남대학교 사회발전연구, 1991 | 안승철·장흥섭 |
| 15 | 저개발국 정부의 소비자정책 | 경북대학교 경상논집 Vol 20 No4, 1992 | 장흥섭 |
| 16 | 국민학교 아동의 소비자주의 의식 | 경북대학교 경상논집 Vol 22 No1, 1994 | 장흥섭 |
| 17 | 청소년 소비자주의 의식 | 경북대학교 경상논집 Vol 22 No4, 1994 | 장흥섭·안승철 |
| 18 | 미국 소비자운동의 문헌 고찰 | 한국전략마케팅학회 마케팅논집, 1996 | 장흥섭 |
| 19 | 소비자집단으로서의 공무원의 환경친화적 행동특성에 관한 연구 | 한국소비문화학회 춘계학술대회 발표논문집, 1997 | 장흥섭·구동모 |
| 20 | 부당광고에 대한 소비자인식 | 영남대학교 자원문제연구 논문집 16/1, 1997 | 안승철·장흥섭 |

| 연번 | 논문 제목 | 게재 논문집명·년도 | (공동)연구자 |
|---|---|---|---|
| 21 | 대구·경북 지역 농촌 경제발전을 위한 정보화 추진 방안 | 한국정보시스템학회 정보시스템연구 Vol 7 No1, 1998 | 이동만·장흥섭·김병곤 |
| 22 | 환경지향적 소비자의 의사결정과정: 프레임으로서의 이미지 이론 | 대구경북마케팅학회 마케팅논집 Vol 7 No2, 1998 | 구동모·장흥섭 |
| 23 | 고객의 관계편익 지각이 서비스성과에 미치는 영향 | 대구경북마케팅학회 마케팅논집 Vol 8 No2, 1999 | 장흥섭 |
| 24 | 사회규범과 개인규범이 환경지향적 제품 구매 및 재활용에 미치는 영향 | 한국경영교육학회 경영교육연구 Vol 19 No2, 1999 | 장흥섭·구동모 |
| 25 | 정보기술의 활용이 마케팅성과에 미치는 영향 | 한국경영교육학회 경영교육연구 Vol 21, 2000 | 장흥섭·손관호 |
| 26 | 공공도서관 이용자의 불만족 요인과 불평행동: 대구 지역 공공도서관을 중심으로 | 한국도서관학회 한국도서관정보학회지 Vol 32 No 4, 2001 | 오동근·장흥섭·김광석 |
| 27 | 인터넷 가상점포 특성과 프라이버시가 구매에 미치는 영향 | 한국경영교육학회 경영교육연구 Vol 23 No 2, 2001 | 박태호·배형자·장흥섭 |
| 28 | 소비자문제 해결을 위한 대안적, 통합적 모델: 소비자문제 경험과 소비자지식의 관계 | 한국경영교육학회 경영교육연구 Vol 23 No 3, 2001 | 장흥섭 |
| 29 | 사이버 브랜드 자산에 관한 연구 | 한국경영교육학회 경영교육연구 Vol 28 No 2, 2002 | 손관호·김광석·장흥섭 |
| 30 | 고객기준 브랜드 자산가치의 결정 요인과 FCB Grid에 따른 제품종류별 후광효과 | (사)영상아카데미학회 영상저널 제3권 제1호, 2003 | 김광석·장흥섭 |
| 31 | 항공사 고객 충성도의 영향 요인 | 한국경영교육학회 경영교육연구 Vol 37, 2005 | 노용호·황영찬·장흥섭 |
| 32 | 개인가치가 온라인쇼핑 혜택, 온라인쇼핑몰 특성, 재구매 의도에 미치는 계층적 영향 | 한국경영교육학회 경영교육연구 Vol 40, 2005 | 구동모·장흥섭 |
| 33 | 제품평가에 대한 정보단서의 영향과 소비자 특성의 조절효과 | 한국산업경영학회 춘계학술대회 발표논문집, 2006 | 김광석·장흥섭 |

| 연번 | 논문 제목 | 게재 논문집명·년도 | (공동)연구자 |
|---|---|---|---|
| 34 | 지상파 DMB의 서비스 특성과 사용자 특성이 수용의 내·외재적 동기에 미치는 영향 | 한국경영교육학회 경영교육연구 Vol 45, 2007 | 우영진·장흥섭· 김재진 |
| 35 | 전통시장 상인교육 서비스 품질이 상인의 교육, 만족, 고객지향성에 미치는 영향 | 한국경영교육학회 추계학술대회 발표논문집, 2007 | 이경희·장흥섭· 우영진 |
| 36 | 지역 전통시장 속성에 대한 소비자와 상인의 인식 비교 | 한국경영교육학회 경영교육연구 Vol 46, 2007 | 장흥섭·김광석 |
| 37 | 미용실 내부마케팅에 의한 종업원만족이 서비스 품질과 고객 만족에 미치는 영향 | 한국경영교육학회 경영교육연구 Vol 47, 2007 | 김필순·장흥섭· 이지은 |
| 38 | 온라인 브랜드 커뮤니티의 특성과 사회적 영향이 몰입과 거래 의도에 미치는 영향 | 한국전략마케팅학회 추계학술대회 발표논문집, 2007 | 공유성·장흥섭· 김재철 |
| 39 | T-Commerce 잠재 수용자의 서비스 수용에 영향을 미치는 요인 | 한국경영교육학회 춘계학술대회 발표논문집, 2008 | 박연진·김재진· 장흥섭 |
| 40 | 지역이미지와 소비자 제품평가의 관계에 관한 연구 | 한국경영교육학회 추계학술대회 발표논문집, 2008 | 장흥섭·김광석 |
| 41 | 전통시장 속성에 대한 한·중·일 소비자인식 비교 | 한몽경영학회 한·몽·중 국제학술대회 발표논문집, 2008 | 우영진·장흥섭· 김재진 |
| 42 | 외식서비스에서 위계적 서비스 품질, 관계질 및 브랜드충성도의 구조적 관계 | 한국경영교육학회 춘계학술대회 발표논문집, 2008 | 김상호·장흥섭 |
| 43 | 대한민국 로하스 인증의 인식 수준과 로하스 인증 상품에 대한 소비자 태도 및 구매 의도 | 한국경영교육학회 경영교육연구 Vol 56, 2009 | 안정민·장흥섭· 김민경 |
| 44 | 대구·경북 지역 전통시장의 유형별 활성화 모델 개발 | 한국경영교육학회 경영교육연구 Vol 59, 2010 | 우영진·장흥섭· 김재진 |
| 45 | 커피전문점의 환경 요인이 감정반응과 재구매 의도에 미치는 영향: 환기추구성향의 조절효과를 중심으로 | 한국경영교육학회 경영교육연구 Vol 62, 2010 | 김민경·장흥섭· 김윤정·강태용 |
| 46 | 규범과 환경친화적 구매행동의 관계에 개인특성이 미치는 조절적 영향 | 한국경영교육학회 경영교육연구 Vol 64, 2010 | 안정민·장흥섭· 류영실·이지영 |

| 연번 | 논문 제목 | 게재 논문집명·년도 | (공동)연구자 |
|---|---|---|---|
| 47 | 상인 최고경영자 과정 교육서비스 품질 및 참여 동기가 교육 만족과 긍정적 행동 의도에 미치는 영향 | 한국경영교육학회 경영교육연구 Vol 68, 2011 | 길하나·심성민·장흥섭 |
| 48 | 온라인게임(MMORPG)에 대한 경험적 가치가 환기 수준과 재이용 의도에 미치는 영향 | 한국경영교육학회 경영교육연구 Vol 74, 2012 | 강태용·장흥섭·최진아 |
| 49 | 우리나라 전통시장 활성화를 위한 남미·아프리카 전통시장 연구 | (사)영상아카데미 영상저널 제7권 제1호, 2014 | 장흥섭·장희영 |
| 50 | IPA분석을 활용한 상인 최고경영자 과정 교육서비스 품질 개선에 관한 연구 | 한국경영교육학회 경영교육연구 제29권 제1호, 2014 | 우영진·장흥섭·이형록 |
| 51 | 네트워크 텍스트 분석을 통한 전통시장 활성화 방안 | (사)영상아카데미 춘계학술대회 발표논문집, 2015 | 최진아·장흥섭 |
| 52 | 스페인·포르투갈·모로코 전통시장 연구 | (사)영상아카데미 춘계학술대회 발표논문집, 2015 | 장흥섭·장희영 |
| 53 | 전통시장과 대형마트의 이용객 의식 비교: 대구 지역 소비자를 중심으로 | 한국경영교육학회 경영교육연구 제31권 제4호, 2016 | 장흥섭 |
| 54 | 해외 선진국 사례를 통한 한국 전통시장의 활성화 방안: 전통시장 활성화를 위한 새로운 접근 | 한국경영교육학회 경영교육연구 제33권 제3호, 2018 | 장흥섭 |

* ( ) 안은 전통시장 연구 논문 편수임.
* No. 35, 36, 41, 44 ,47, 49, 50, 51, 52, 53, 54는 전통시장 활성화 관련 논문임.

## 1.3. 연구 용역: 45(28)건*

### 1.3.1. 시장 활성화 연구 용역: 28건

| 연번 | 연구과제명 | 지원기관 | 수행기간 | 역할/연구자 |
|---|---|---|---|---|
| 1 | 영주시 전통시장 활성화 방안 연구 | 경상북도 영주시 | 2007.02.01~ 2007.03.30 | (공동)연구원 |
| 2 | 대구 전통시장의 1983년/2007년 비교 | 경북대학교 | 2007.09.01~ 2008.08.31 | 장흥섭 |
| 3 | 영덕군 지역상권(전통시장) 활성화 연구 | 경상북도 영덕군 | 2008.03.03~ 2008.06.02 | 연구책임자 |
| 4 | 경북 지역 전통시장 활성화 방안 및 지역경제 활성화 촉진 연구 | 경상북도 의회 | 2008.07.29~ 2008.11.25 | 연구책임자 |
| 5 | 대구 동구 전통시장 활성화 연구 | 대구광역시 동구청 | 2008.09.17~ 2009.01.16 | 연구책임자 |
| 6 | 불로전통시장 문화관광형 특성화 사업계획 수립 학술 연구 | 중소기업청 | 2009.06.05~ 2009.08.24 | (공동)연구원 |
| 7 | 신평리시장 및 주변 상점가 활성화 연구 | 대구광역시 서구청 | 2009.09.18~ 2009.12.11 | 연구책임자 |
| 8 | 전통시장 활성화구역 지정 및 시설 현대화 사업 연구 | 경상북도 칠곡군 | 2010.01.19~ 2010.05.31 | 연구책임자 |
| 9 | 온혜시장 활성화 방안 연구 | 경상북도 안동시 | 2010.04.29~ 2010.07.27 | 연구책임자 |
| 10 | 칠곡정기시장 현대화 사업 연구 | 대구광역시 북구청 | 2010.12.20~ 2011.05.11 | 연구책임자 |
| 11 | 칠곡군 지역 전통시장 활성화 연구 | 경상북도 칠곡군 | 2015.03.01~ 2015.05.30 | 연구책임자 |
| 12 | 대구 지역 전통시장의 현황과 활성화 과제 | 한국은행 대구지점 | 2012.01.03~ 2012.05.30 | (공동)연구원 |
| 13 | 하양공설시장 구역별 배치 및 착공 관련 총괄 PM용역 | 경상북도 경산시 | 2011.10.05~ 2012.01.04 | 연구책임자 |
| 14 | 하양공설시장 경영선진화 관련 총괄 PM용역 | 경상북도 경산시 | 2011.03.20~ 2012.11.05 | 연구책임자 |
| 15 | 상인 최고경영자 과정 교육서비스 품질의 측정과 중요도 분석 | 중소기업청 | 2012.03.28~ 2013.02.28 | 연구책임자 |
| 16 | 경북대 제1기 상인 최고경영자과정 운영 방안 연구 | 중소기업청 | 2011.10.11~ 2011.12.10 | 장흥섭 |

| 연번 | 연구과제명 | 지원기관 | 수행기간 | 역할/연구자 |
|---|---|---|---|---|
| 17 | 경북대 제2기 상인 최고경영자과정 운영 방안 연구 | 중소기업청 | 2012.11.13~2012.12.12 | 장흥섭 |
| 18 | 하양 공설시장 오픈 및 시범운영 관련 총괄기획 및 관리 연구 | 경상북도 경산시 | 2013.06.02~2013.10.01 | 연구책임자 |
| 19 | 경북대 제3기 상인 최고경영자과정 운영 방안 연구 | 중소기업청 | 2013.11.13~2013.12.12 | 장흥섭 |
| 20 | 자인 공설시장 활성화 연구 | 경상북도 경산시 | 2013.08.01~2013.10.28 | 연구책임자 |
| 21 | 안동 서부시장 활성화 기본계획 연구 | 경상북도 안동시 | 2013.10.01~2013.12.31 | 연구책임자 |
| 22 | 경북대 제4기 상인 최고경영자과정 운영 방안 연구 | 중소기업청 | 2014.11.06~2014.12.05 | 장흥섭 |
| 23 | 대구 칠곡시장 활성화 방안 연구 | 대구광역시 북구청 | 2015.10.01~2016.11.01 | 연구책임자 |
| 24 | 안동 구도심·상권 활성화 기본계획 수립 연구 용역 | 경상북도 안동시 | 2015.09.20~2015.12.20 | 연구책임자 |
| 25 | 경북대 제5기 상인 최고경영자과정 운영 방안 연구 | 중소기업청 | 2015.11.04~2015.12.03 | 장흥섭 |
| 26 | 대구 전통시장 진흥센터 구축 사업 | 소상공인시장진흥공단 | 2015.12.01~2016.09.30 | 연구책임자 |
| 27 | 서문시장 글로벌 명품시장 육성사업 | 소상공인시장진흥공단 | 2016.02.01~2016.08.30 | 연구책임자 |
| 28 | 대구 전통시장 활성화 관련 홍보사업 | 대구광역시 | 2016.01.01~2016.03.30 | 연구책임자 |

* ( ) 안은 전통시장 연구 용역 건수임
* 상기 연구 용역의 수행기관은 경북대학교 지역시장연구소(소장: 장흥섭 교수)임. 단, 경북대 제1, 2, 3, 4, 5기 상인 최고경영자 과정 운영 방안 연구(No. 17, 18, 20, 23, 26)는 경북대학교 경영대학원(상인 최고경영자과정 주임교수: 장흥섭 교수)에서 수행하였음.

## 1.3.2. 시장 활성화 외 연구 용역: 17건

| 연번 | 연구과제명 | 지원기관 | 수행기간 | 역할 |
|---|---|---|---|---|
| 1 | 경북대 생활협동조합 연구 | 경북대학교 | 2001.04.01~2001.07.30 | 연구위원장 |
| 2 | 차세대사업가들의 사업화를 위한 전략산업 마케팅 환경분석 및 수요조사 | 대구테크노파크 | 2009.01.12~2009.02.06 | 연구책임자 |
| 3 | 디지털영상 자료센터 건립 타당성 조사 | 문화체육관광부 | 2009.05.01~2009.07.30 | 연구책임자 |
| 4 | 대구 지식서비스산업 지원사업 수요 및 공급기업 만족도조사 | 대구테크노파크 | 2009.08.03~2009.08.31 | 연구책임자 |
| 5 | 의료기업체 성장단계에 따른 특성별 맞춤형 커리큘럼 개발 | 대구테크노파크 | 2010.04.13~2010.05.30 | 연구책임자 |
| 6 | 1차년도 모바일기기 감성융합 디자인소재산업 육성사업 수요조사 | 대구중소기업 기술혁신협회 | 2010.11.01~2010.12.20 | 연구책임자 |
| 7 | 2차년도 모바일기기 감성융합 디자인소재산업 육성사업 성과분석 및 만족도 조사 | 대구중소기업 기술혁신협회 | 2011.02.23~2011.03.24 | 연구책임자 |
| 8 | 3차년도 모바일기기 감성융합 디자인소재산업 육성사업 수요조사 | 대구중소기업 기술혁신협회 | 2011.07.27~2011.08.29 | 연구책임자 |
| 9 | (가칭)학생해양수련원 건립 타당성 조사 | 부산광역시 교육청 | 2011.09.21~2011.12.09 | 연구책임자 |
| 10 | 3차년도 모바일기기 감성융합 디자인소재산업 육성사업 만족도 조사 | 대구중소기업 기술혁신협회 | 2011.12.12~2012.01.11 | 연구책임자 |
| 11 | 여주 역세권개발사업 타당성 조사 | 경기도 여주군 | 2013.07.05~2013.10.04 | 연구책임자 |
| 12 | 충주교육지원청 청사이전 타당성 조사 | 충주교육청 | 2013.10.12~2014.01.11 | 연구책임자 |
| 13 | 원창스틸(주)의 고객망 확산을 위한 홍보 마케팅 전략 | 경북대학교 산학협력단 | 2013.10.01~2013.12.31 | 연구책임자 |
| 14 | 아산시 의회청사 신축 타당성 조사 및 기본계획 수립 연구 | 충청남도 아산시 의회 | 2013.11.08~2014.02.07 | 연구책임자 |
| 15 | 충북 진로진학 지원센터 확대 설치 타당성 조사 | 충청북도 교육청 | 2015.05.01~2015.08.30 | 연구책임자 |
| 16 | 자연휴양림 비용/편익 분석 연구 | 경상북도 영주시 | 2015.05.01~2015.08.30 | 연구책임자 |
| 17 | 건천읍 행정복합타운 건립 부지선정 및 타당성 조사 | 경상북도 경주시 | 2015.05.01~2015.07.30 | 연구책임자 |

*상기 연구 용역의 수행기관은 경북대학교 지역시장연구소(소장: 장흥섭)임.

## 1.4. 세미나 주제발표 및 주관: 17(15)회*

### 1.4.1. 세미나 주제발표: 10(9)회

| 연번 | 행사명, 발표주제 | 주관기관 | 일시·장소 | 비고 |
|---|---|---|---|---|
| 1 | 전국 대학 후생 복지 관리자협의회 세미나, '대학생활협동조합의 발전 방향' | 전국대학후생 복지관리자협의회 | 2001.01.15 제주 kal 호텔 | |
| 2 | 지역상권 회생을 위한 전통시장 활성화 토론회, '달라진 대구 전통시장의 활성화 방안' | 대구광역시의회/ 경북대 지역시장연구소 | 2008.02.26 대구광역시의회 소회의실 | |
| 3 | 전통시장의 SSM 대응전략 세미나, '경북 지역 전통시장의 활성화 방안' | 경북테크노파크 전략산업기획단 | 2009.11.03 경북테크노파크 | |
| 4 | 안동시 전통시장 활성화 포럼 '전통시장 활성화의 새로운 시도' | 안동상공회의소/ 안동대 경영연구소 | 1010.10.05 안동상공회의소 | |
| 5 | 서민경제 활성화와 청년일자리 창출 토론회, '대구 전통시장의 활성화 방안' | 대구경북연구원 | 2011.12.12 대경연구원 강당 | |
| 6 | 안동 도심 재창조 어떻게 할 것인가 세미나 '도심 전통시장의 활성화 방안' | 안동 발전포럼 | 2012.01.05 안동 구시장 상인교육장 | |
| 7 | Global 시대의 국가·지역발전 전략 세미나 '전통시장 활성화와 일자리 창출 방안' | 경북도립대학 지방자치연구소 | 2012.04.25 예천군 문화회관 | |
| 8 | (사)바른사회하나로연구원 정책 개발 포럼 '전통시장과 청년일자리 창출' | (사)바른사회 하나로연구원 | 2012.11.20 대구 그랜드호텔 | |
| 9 | 안동 발전 포럼 세미나 '안동 중앙 신시장의 문제점과 개선 방안' | 안동발전포럼 | 2015.11.15 안동 신시장 상인교육장 | |
| 10 | 전통시장과 로컬 푸드 활성화 포럼 '전통시장 활성화 방안' | 대구경북도농 상생포럼 | 2019.11.22 EXCO 324호실 | |

*( ) 안은 전통시장 관련 주제발표 및 주관 횟수임.

## 1.4.2. 세미나 주관: 7(6)회

| 연번 | 행사명(주제) | 일시·장소 | 내용 | 역할(자격) |
|---|---|---|---|---|
| 1 | 중국 전통시장 활성화 세미나 | 1999.08.30 경북대 국제경상관 109호 | 중국천진대학 이동진 교수 등을 초청하여, 중국 전통시장의 활성화 방안을 들었다. | 주관 (한국경영 교육학회장) |
| 2 | 대학 구조조정과 산학협력 세미나 | 2005.02.01 경북대 국제경상관 국제회의장 | 미래지향적인 대학 구조 조정의 방향을 모색하였다. | 주관 (전국경영 대학장협의회 회장) |
| 3 | 대구 지역상권 회생과 전통시장 활성화 토론회 | 2008.02.16 대구광역시의회 소강당 | 경북대 지역시장연구소와 대구시의회가 함께 지역상권 활성화 방안을 찾아보았다. | 공동주관 (지역시장연구소장) |
| 4 | 전통시장의 과거·현재·미래 세미나 | 2011.10.15 경북대 국제경상관 국제회의장 | 우리나라 전통시장의 과거와 현재를 재조명하고 나아가야 할 방향을 제시했다 | 주관 (지역시장연구소장) |
| 5 | 전통시장 활성화의 학제적 조명 세미나 | 2012.12.06 경북대 국제경상관 국제회의장 | 관련 전문가, 공무원, 시장상인들이 함께 전통시장의 활성화 방안을 모색하였다. | 주관 (지역시장연구소장) |
| 6 | 관광산업과 전통시장 활성화 세미나 | 2013.11.09 경북대 국제경상관 국제회의장 | 대한관광학회와 경북대 지역시장연구소가 전통시장의 관광화 방안을 강구했다. | 공동주관 (지역시장연구소장) |
| 7 | 제1회 대구 상권활성화 포럼 | 2018.12.12 경북대 국제경상관 국제회의장 | 경북대 지역시장연구소와 대구전통시장진흥재단이 대구 상권활성화 방안을 알아보았다. | 공동주관 (전통시장진흥재단 원장) |

## 2. 교육(강의)

### 2.1. 대학생 교육: 15,000여 명

단위: 회, 명

| 연번 | 소속/근무기간(년수) | 교과목명, 강의횟수 | 수강인원 (내역) |
|---|---|---|---|
| 1 | 영주전문대학 경영과<br>1978.03~1979.02<br>(1년) | 마케팅, 4<br>생산관리 4 | 240 (60×4)<br>240 (60×4) |
| | | 소계 8 | 480 |
| 2 | 경상대학교 법경대학<br>경영학과<br>1979.03~1981.02<br>(2년) | 마케팅, 8<br>경영학원론, 8<br>인사관리, 4 | 640 (80×4)<br>640 (80×4)<br>320 (80×4) |
| | | 소계 20 | 1,600 |
| 3 | 경북대학교 사범대학<br>상업교육과<br>1981.03~1995.02<br>(14년) | 마케팅원론, 12<br>마케팅관리론, 12<br>무역학개론, 6<br>시장조사론, 12<br>상업교육연구, 12<br>상업교육지도법, 10<br>경제학개론, 6 | 960 (80×12)<br>960 (80×12)<br>480 (80×6)<br>960 (80×12)<br>960 (80×12)<br>800 (80×10)<br>480 (80×6) |
| | | 소계 72 | 5,600 |
| 4 | 경북대학교 경상대학<br>경영학부<br>1995.03~2017.02<br>(22년) | 마케팅, 22<br>광고관리, 22<br>소비자행동론, 22<br>마케팅연구, 22<br>소비자행동연구, 22<br>시장과 소비자, 8<br>현대사회와 소비자, 8<br>마케팅관리, 22 | 1,100 (50×24)<br>1,100 (50×24)<br>1,100 (50×24)<br>1,100 (50×24)<br>400 (50×8)<br>400 (50×8)<br>1,100 (50×22) |
| | | 소계 132 | 7,400 |
| 합계 | 39년 | 232 | 15,080 |

*수강인원은 한 강의당 수강인원(수)을 No1: 60명, No2·3: 80명, No4: 50명으로 추정하여 산출하였음.

## 2.2. 시장상인 교육

### 2.2.1 시장 활성화 강의: 6,000여 명

단위: 명, 시간

| 년도 (A/B) | 강의주제·횟수(시장수) | 대상시장(상인) | 상인수/ 강의시간 |
|---|---|---|---|
| 2007 (122/2) | 우리나라 소비자의 특성(1) | 경상북도상인연합회 회원 | 122/2 |
| 2008 (135/9) | 부자 상인의 요건(2) 소비자의 구매의사결정(1) | 구미 중앙시장, 영해시장, 원대신시장 | 135/9 |
| 2009 (146/9) | 우리나라 소비자의 특성(2) 부자 상인의 요건(1) | 상주 중앙시장, 대구 패션 주얼리 특구, 영덕시장 | 146/9 |
| 2010 (495/33) | 고객 만족(점포)경영(4) 현대사회와 신소비 트렌드(2) 현대적 상인의 요건(1) | 서문시장, 동서시장, 교동시장, 봉화시장, 대구 청과시장, 안동 중앙 문화거리 상점가, 하양공설시장 | 315/21 |
| | 고객 만족(점포)경영(4) | 부천역지하도상점가, 평촌1번가 상점가, 진주남부시장, 하동공설시장 | 180/12 |
| 2011 (945/63) | 고객 만족(점포)경영(13) | 김해외동시장, 부산 새벽시장, 안동구시장, 홍해시장, 경주성동시장, 왜관시장, 선산시장, 상주 중앙시장, 대구 달서시장, 칠성원시장, 서남신시장, 와룡시장, 경북대 상인 최고경영자 과정 | 585/39 |
| | 현대 소비사회의 특징(4) | 안동신시장, 왜관시장, 상주중앙시장, 경북대 상인 최고경영자 과정 | 180/12 |
| | 전통시장 명품화 전략(1) | 제1기 경북대 상인 최고경영자 과정 | 180/12 |
| 2012 (900/60) | 고객 만족(점포)경영(14) | 울산수암시장, 서동시장, 호계공설시장, 풍기인삼시장, 봉화·춘양시장, 서울 신영시장, 경주 성동시장, 중앙시장, 안동구시장, 언양종합시장(4), 부산자유시장, 김천황금시장, 서창시장 | 585/39 |
| | 신소비 트렌드와 우리나라 소비자의 특성(3) | 언양시장, 울산서동시장, 하양시장 | 135/9 |
| | 전통시장 명품화 전략(1) | 제2기 경북대 상인 최고경영자 과정생 | 180/12 |

*(A/B)에 있어 A는 수강 인원(상인) 수이고 B는 강의시간 수임(1회 강의당 수강 인원수는 45명으로 추산하였음).

단위: 명, 시간

| 년도<br>(A/B) | 강의주제·횟수(시장수) | 대상시장(상인) | 상인수/<br>강의시간 |
|---|---|---|---|
| 2013<br>(935/61) | 현대 소비사회의 특징(5) | 대구상인연합회 워크샵, 경북대 상인 최고경영자과정, 하양시장, 밀양시장, 곡성기차마을시장 | 260/16 |
| | 해외 명품시장의 활성화 성공 사례(8) | 교동시장, 상주 중앙시장, 인제시장, 대구 대명시장, 양산 남부시장, 경북대 상인 최고경영자과정, 안동구시장, 경주 성동시장 | 360/24 |
| 2014<br>(500/20) | 유통환경 변화와 대응책(5) | 호남대 상인 최고경영자 과정, 포항죽도시장, 수원 남문로데오시장, 경주 중앙시장, 경북대 상인 최고경영자과정 | 315/21 |
| | 해외 명품시장의 활성화 성공 사례(5) | 부산자갈치시장, 청송진보시장, 경북대 상인 최고경영자 과정, 부산국제마켓타운, 대구용산시장 | 225/10 |
| 2015<br>(665/30) | 현대 소비사회의 특징(5) | 부산 부전시장, 대전대 상인 최고경영자 과정, 예천시장, 계룡시장, 경북대 상인 최고경영자 과정 | 225/10 |
| | 고객 만족(점포)경영(8) | 전남대상인 최고경영자 과정 예천시장, 안동구시장, 안동신시장, 경북대 최고경영자 상인과정, 동서대상인 최고경영자 과정, 세종전의시장, 제주중문시장 | 350/16 |
| 2016<br>(900/40) | 우리나라 소비자의 특성(6) | 구포시장, 풍기인삼상점가, 전남대 상인 최고경영자 과정, 경북대 상인 최고경영자 과정, 충주 중앙공설시장, 교동시장 | 315/14 |
| | 해외 명품시장의 활성화 성공 요인(8) | 영주역전시장, 동서대 상인과정, 안동신시장, 경산시장, 대구 교동시장, 경북대 상인 최고경영자 과정, 와룡시장, 칠성경명시장 | 315/14 |
| 2017<br>(225/10) | 고객 만족(점포)경영(5) | 대구상인연합회 워크샵, 봉화시장, 영주시장, 창녕시장, 경북대상인 최고경영자 과정 | 225/10 |
| | 현대 소비사회의 특징(6) | 부산 구포시장, 동구시장, 경북대 상인 최고경영자 과정, 대명시장, 경산시장, 영천시장 | 360/16 |
| 2018<br>(39/3) | 고객 만족(점포)경영(3) | 왜관시장, 서문시장, 부산 남문시장 | 135/6 |
| | 해외 명품시장의 활성화 성공 사례(2) | 동명대 상인 최고경영자 과정, 계명대 상인 최고경영자 과정 | 90/4 |
| | 세계의 전통시장(1) | 계명대 상인 최고경영자 과정 | 33/3 |
| 합계 | | | 6,007/340 |

*(A/B)에 있어 A는 수강 인원(상인) 수이고 B는 강의시간 수임(1회 강의당 수강 인원수는 45명으로 추산하였음).

## 2.2.2. 상인 교육기관 운영: 19회

| 연번 | 교육과정명 | 지원기관 | 교육 기간 | 역할 |
|---|---|---|---|---|
| 1 | 전국상인연합회 경북지회 상인 워크샵 | 중소기업청 | 2007.11.28~<br>2007.11.29 | 교육·관리책임자 |
| 2 | 영해시장 상인대학 기본·심화과정 | 중소기업청 | 2008.05.12~<br>2008.11.28 | 교육·관리책임자 |
| 3 | 구미중앙시장 상인대학 기본·심화과정 | 중소기업청 | 2008.05.17~<br>2008.11.21 | 교육·관리책임자 |
| 4 | 영덕시장 상인대학 기본·심화과정 | 중소기업청 | 2009.05.06~<br>2009.12.02 | 교육·관리책임자 |
| 5 | 상주중앙시장 상인대학 기본·심화과정 | 중소기업청 | 2009.05.24~<br>2009.12.03 | 교육·관리책임자 |
| 6 | 패션주얼리특구 상인대학 기본·심화과정 | 중소기업청 | 2009.05.06~<br>2009.12.11 | 교육·관리책임자 |
| 7 | 서문시장 활성화 구역 상인대학 심화과정 | 중소기업청 | 2009.05.03~<br>2009.11.30 | 교육·관리책임자 |
| 8 | 상주중앙시장 업종별(단기) 교육 | 중소기업청 | 2009.05.06~<br>2009.05.25 | 교육·관리책임자 |
| 9 | 봉화시장 상인대학 기본·심화과정 | 중소기업청 | 2010.05.07~<br>2010.12.09 | 교육·관리책임자 |
| 10 | 동서시장 상인대학 기본·심화과정 | 중소기업청 | 2010.05.17~<br>2010.12.10 | 교육·관리책임자 |
| 11 | 교동시장 상인대학 기본·심화과정 | 중소기업청 | 2010.05.03~<br>2010.12.02 | 교육·관리책임자 |
| 12 | 대구 청과시장 기본·심화과정 | 중소기업청 | 2010.05.05~<br>2010.11.28 | 교육·관리책임자 |
| 13 | 안동중앙문화 거리 상인대학<br>기본·심화과정 | 중소기업청 | 2010.05.07~<br>2010.11.26 | 교육·관리책임자 |
| 14 | 서문시장 상인대학 기본·심화과정 | 중소기업청 | 2010.05.04~<br>2010.12.09 | 교육·관리책임자 |
| 15 | 제1기 경북대 상인최고경영자 과정 | 중소기업청 | 2011.05~12 | 교육·관리책임자 |
| 16 | 제2기 경북대 상인최고경영자 과정 | 중소기업청 | 2012.05~12 | 교육·관리책임자 |
| 17 | 제3기 경북대 상인최고경영자 과정 | 중소기업청 | 2013.05~12 | 교육·관리책임자 |
| 18 | 제4기 경북대 상인최고경영자 과정 | 중소기업청 | 2014.05~12 | 교육·관리책임자 |
| 19 | 제5기 경북대 상인최고경영자 과정 | 중소기업청 | 2015.05~12 | 교육·관리책임자 |

*상인대학(교육)은 경북대 지역시장연구소에서, 상인 최고경영자 과정(교육)은 경북대 경영대학원에서 주관, 운영했음.
저자(장흥섭 교수)는 지역시장연구소장, 경영대학원 상인 최고경영자 과정 주임교수로서 교육 및 관리책임자 역할을
하였음.

## 2.3. 일반인 특강: 1,700여 명*(54회)

| 연번 | 특강 주제 | 주관기관/대상 | 년·월·일 | 비고 |
|---|---|---|---|---|
| 1 | 기업 소비자주의의 방향 | 포스텍(POSTECH) 기술혁신 최고경영자과정 | 2000.03.27 | |
| 2 | 고객만족(점포)경영법 | 경북대학교 경영대학원 미용업 최고과정 | 2002.03.15 | 10회 |
| 3 | 우리나라 소비자의 특성 | 충북대학교 경영대학원 최고경영자과정 | 2003.04.10 | |
| 4 | 소비자 보호 및 이해 | 대구광역시 종합복지회관 동방여성대학 | 2004.10.08 | |
| 5 | 한국인의 소비생활 | 경상대학교 경영행정대학원 최고경영자과정 | 2004.12.01 | |
| 6 | 과소비 문제, 그 원인과 대책 | 대구대학교 사회개발대학원 최고관리자과정 | 2005.10.20 | 2회 |
| 7 | 신문 소비자와 마케팅 전략 | 매일신문사 관리자 워크샵 | 2006.11.30 | |
| 8 | 학교고객만족경영 전략 | 전국 전문계 고등학교 교장 연수회 | 2007.04.30 | |
| 9 | 고객자산관리의 방향 | 삼성그룹 초급관리자과정 | 2007.11.02 | 서울 E-consulting 주관 |
| 10 | 우리나라 소비문화 | 계명대학교 경영대학원 최고경영자과정 | 2007.11.20 | 3회 |
| 11 | 현대 소비사회의 특징 | 영남대학교 경영대학원 최고경영자과정 | 2007.12.10 | 4회 |
| 12 | 소비문화의 변화와 변화 관리 | 동산의료원 교육팀 (강사)연수회 | 2009.04.29 | |
| 13 | 전통시장 명품화 방안 | 경상북도교육원 전통시장살리기 과정 제1기 | 2010.05.11 | 경상북도 6급공무원 |

| 연번 | 특강 주제 | 주관기관/대상 | 년·월·일 | 비고 |
|---|---|---|---|---|
| 14 | 전통시장의 시장 유형별 활성화 방안 | 경상북도 교육원 전통시장살리기 과정 제2기 | 2010.11.01 | 경상북도 6급공무원 |
| 15 | 한국인의 소비생활 등 | 경북대학교 경영대학원 요식업 최고경영자과정 | 2011.10.30 | 2회 |
| 16 | 대구 지역 전통시장의 명품화 전략 | 대구광역시 연수원 지역경제활성화와 일자리창출과정 | 2012.05.25 | 대구시 6급 공무원 |
| 17 | 세계의 전통시장 등 | 영남대학교 경영대학원 최고경영자과정 | 2015.11.02 2016.10.01 2017.10.08 | 3회 |
| 18 | 지역사회와 전통시장의 역할 | 경북대학교 대학원 박사과정생 | 2018.06.07 | 경북대 법대 104호실 |
| 19 | 재밌는 세계전통시장 이야기 | 대구미래포럼 회원 | 2018.06.12 | 산학연구원 |
| 20 | 한국인의 소비생활 등 | 경북대학교 경영대학원 최고경영자과정 | 1995.06.20~ 2015.09.20 | 15회 |

*특강 수강자 수(1,700여 명)는 1회 평균 수강자 수를 30명으로 추산한 것임.

# 3. 전통시장 조사

## 3.1. 국내 전통시장 탐방조사: 240개 시장

(단위: 개, 장)

| 지역명<br>(시장 / 사진 수)* | 탐방 시장명 |
|---|---|
| 서울·인천·경기<br>(25 / 479) | 남대문시장, 동대문시장, 가락동 농수산물 도매시장, 경동시장, 평화시장, 청계천 관광시장, 방산종합시장, 양재 꽃시장, 청평화 의류도매시장, 동대문 보세의류시장, 문구·완구 종합시장, 신평화패션타운, 동대문 풍물시장, 황학동 주말벼룩시장, 중곡 제일골목시장, 우림시장, 도깨비시장, 수원 지동시장, 광장시장, 부천역 지하도상점가, 평촌1번가상점가, 신영시장, 까치산시장, 월정로시장, 인천강화풍물시장 |
| 부산·울산·경남<br>(27 / 743) | 부산 자갈치시장·자유시장·학성농산물새벽시장, 국제시장, 구포시장, 구게시장, 기장시장, 울산 중앙시장, 수암시장, 서동시장, 호계시장, 신중앙시장, 구역전시장, 남창옹기종기시장, 병영시장, 진주중앙시장·남부시장, 거창시장, 밀양시장, 언양시장, 김해시장, 김해외동시장, 하동공설시장, 남지시장, 창녕시장, 가야시장, 화계시장 |
| 대전·충남·충북<br>(22 / 2,087) | 대전 자유도매시장, 서산 동부시장, 공주 뚝방시장, 단양시장, 금산시장, 수삼도매시장, 생약시장, 인삼약령시장, 약초도매시장, 군산시장, 역전종합시장, 신영시장, 대야5일장, 논산 화지시장, 중앙공설시장, 화지 중앙시장, 홍성시장, 청주 육거리시장, 천안시장, 강경젓갈시장, 대천시장, 옥천시장 |
| 대구<br>(61 / 4,819) | 교동시장, 대신지하상가, 방천시장, 번개시장, 서문시장 1지구(직물), 서문시장 4지구, 서문시장 5지구, 서문시장 건해산물 상가, 서문2지구상가, 동산상가, 달성공원 새벽시장, 공항시장, 동구시장, 동대구역전시장, 동서시장, 목련시장, 방촌시장, 불로전통시장, 송라시장, 평화시장, 효목시장, 서부시장, 원대신시장, 신평리시장, 이현시장, 관문시장, 대명시장, 명덕시장, 봉덕시장, 성당시장, 영선시장, 대명중앙시장, 안지랑시장, 경명시장, 대구청과시장, 삼성시장, 중앙시장, 칠성시장, 칠성원시장, 팔달시장, 팔달신시장, 동구시장, 산격종합시장, 신천시장, 지산목련시장, 청구시장, 달서시장, 두류개발시장, 서남시장, 서남신시장, 와룡시장, 월배시장, 월성청구상가, 송현주공시장, 대동시장, 도원시장, 대곡시장, 화원공설시장, 현풍공설시장, 수성시장, 태백시장 |
| 경북<br>(58 / 5,571) | 포항 죽도시장, 오천시장, 감포시장, 구룡포시장, 안동 구시장, 안동신시장, 풍산시장, 영주 공설시장, 영주 골목시장, 영주 중앙시장, 영주 종합시장, 영주 채소시장, 영주 소백핑몰, 영주 번개5일장, 풍산 인삼시장, 풍기 중앙시장, 문경 신흥시장, 상주 중앙시장, 함창시장, 경주 성동시장, 성주시장, 영천시장, 봉화시장, 춘양시장, 청도시장, 고령시장, 영덕시장, 영해시장, 강구시장, 영덕 상설 매일시장, (장기)남정시장, 문정시장, 흥해시장, 경산시장, 자인시장, 하양시장, 왜관시장, 울진시장, 군위시장, 후포시장, 약목시장, 의성시장, 안계시장, 청송시장, 진보시장, 구미중앙시장, 선산시장, 형곡시장 |
| 강원도<br>(18 / 644) | 정선시장, 영월 중앙시장, 서부 아침시장, 평창 봉평시장, 동해 중앙시장, 묵호시장, 묵호항 어시장, 임원항 어시장, 동해 북평5일장, 속초 중앙시장, 주문진시장, 원주시장, 인재시장, 원통시장, 홍천시장, 양구시장, 양평시장, 횡성시장 |

| 지역명<br>(시장 / 사진 수)* | 탐방 시장명 |
|---|---|
| 광주·전남·전북<br>(26 / 2,090) | 광주 중앙시장, 장흥 정남진토요시장, 정기시장, 함평시장, 곰소시장, 익산중앙, 매일, 창인북부시장, 구례 상설시장, 5일장, 산동시장, 목포 청호시장, 목포 자유시장, 새벽시장, 건어물도매상가, 종합수산시장, 해산물상가, 어시장, 나주 영산포 풍물시장, 남평시장, 해남5일장, 강진시장, 군산시장, 광양시장, 순천중앙 시장·윗시장·아랫시장 |
| 제주도<br>(3 / 236) | 민속5일시장, 서문공설시장, 동문시장 |
| 합계 | 240개 시장 사진 16,039장 보유 |

*(A/B)에 있어 A는 탐방조사 시장 수이며, B는 현장에서 촬영한 사진 수임.

## 3.2. 해외 전통시장 탐방조사: 236개 시장(55개 국가)

(단위: 개, 장)

| 연번 | 국가명<br>(시장 / 사진 수)* | 탐방 시장명 |
|---|---|---|
| 1 | 일본 (8 / 912) | 교토 니시키시장, 오사카 구로몬시장, 센바야시시장, 아메요코시장, 츠키치 수산시장, 온라인 쇼핑몰, 시부야 상점가, Venus Fort |
| 2 | 중국 (22 / 919) | 이우 소상품시장, 남경 금교시장, 선림 농무시장, 대학성시장, 부자묘관광, 야시장, 상해 소상품가, 신칠 복장시장, 상냥 시장, 동대로 골동시장, 국제복장성, 칭다우 대학시장, 연웅강 남성농무시장, 북경 골동품시장, 古玩시장, 하이난 류린시장, 풍싱제 거리상가 |
| 3 | 대만 (7 / 121) | 남믄시장, 스린야시장, 화시재관광야시장, 임강가(관광)야시장, 화서가시장, 상 춀제 야시장, 라오 허제(관광)야시장 |
| 4 | 홍콩 (2 / 296) | 템플스트리트 야시장, 가복 특가시장 |
| 5 | 태국 (7 / 1800) | 코롱 수안(Kolng Suan), 100년 시장, 와드 프라푸샤소톤(Wat Praputthasotorn)시장, 나팽(Naphang)시장, 방콕 짝두짝시장, 파비리온시장, 룸피니야시장, 해산물시장 |
| 6 | 베트남 (10 / 189) | 후치민 벤탄(관광)시장, 빈다이시장, 탄안시장, 수안칸시장, 건또 수상시장, 건또시장, 하롱수산시장, 하롱야시장, 하노이 동쑤언 시장(Hanoi Dong Xuan), 나트랑 담시장, 우웬타이웬시장 |
| 7 | 캄보디아 (2 / 136) | 올드시장, 센트럴시장 |

| 연번 | 국가명<br>(시장 / 사진 수)* | 탐방 시장명 |
|---|---|---|
| 8 | 싱가포르 (2 / 49) | 라우파삿(Lau Pa Sat), 차이나타운시장 |
| 9 | 라오스 (15 / 985) | 나노콤시장, Napang시장, 방비엔시장(Vang Vieng), Phosy시장, 아침시장, Dara시장, 통칸캄(Thong Khan Kham)시장, Houay Mor시장, Tipakson시장, 나싸이(Naxy)시장, 탕응런시장, 가나아산티시장, 수아문시장, 메콩강변시장, 탕원시장 |
| 10 | 인도 (6 / 297) | 친드니촉시장, 빠하르 간지시장, Main Bazar, Chowri Bazar, Newhru 따가리 바자르, Chaffa Bazar |
| 11 | 네팔 (6 / 199) | 아산바자르, Bhrikuti Mandap Bazar, Open Market, 아즈머티 따가리 바자르, Bhaktapur Bazar, 권부가 따가리 바자르 |
| 12 | 방글라데시 (2 / 89) | New Market CD.C.C·Paka Market, Gulsan-Ⅰ No.Market |
| 13 | 미얀마 (4 / 140) | (양곤)보족(아웅산)시장, 웅지아시장, 바고시장, 야비시장 |
| 14 | 카자흐스탄 (2 / 80) | Zelyony Bazar, Karkara Bazar |
| 15 | 우즈베키스탄 (4 / 167) | 샤야브시장(Siyob Bozar), 알라이수키(Alayskiy)시장, 굼바스노천시장, 고지라보트시장 |
| 16 | 아제르바이잔(2 / 57) | 테제 바자르 (Teze bazar), 야실 바자르(Yasil bazar) |
| 17 | 몽골 (5 / 192) | 울란바트르시장, 나트랑시장, 무릉시장, 흡수글시장, 달란자가드시장 |
| 18 | 필리핀 (6 / 167) | 칼람바시장, Dry market, The Private Market, 따가이따이(Tagaytay)시장, 다비소리아시장, 바클라란시장 |
| 19 | 말레이시아 (3 / 170) | 센트럴 마켓, 잘랑알로야시장, 호으꼬따야시장 |
| 20 | 인도네시아 (2 / 80) | 무아라앙케 수산시장, 수라아바(골동품)시장 |
| 21 | 미국 (5 / 520) | 첼시(Chelsea)시장, 풀톤(Pulton)시장, 그린마켓, 퀸시(Quincy)시장, 리딩 터미널(Reading Terminal)시장 |
| 22 | 캐나다 (2 / 86) | 세인트 로렌스(St. Lawrence)시장, 엔틱마켓 |
| 23 | 과테말라 (4 / 93) | 익타시장, 곤잘라시장, 치치카스 데낭고시장, 센마시장(Cenma Market) |
| 24 | 브라질 (3 / 210) | 상파울루 중앙시장, 까툼비(Catumbi)(7일장)시장, CEASA농산물도매시장 |
| 25 | 아르헨티나 (3 / 160) | 산델모시장, 메르카토 센트럴(Mercado), 헤이라 레꼴레따 |
| 26 | 파라과이 (1 / 120) | 시우닷 델 에스떼시장 |
| 27 | 이탈리아 (5 / 184) | 로마시장, 로마일요벼룩시장(포르타 포르테세), 베네치아 리알토시장, 베로나시장, 밀라노 토요시장 |

| 연번 | 국가명<br>(시장 / 사진 수)* | 탐방 시장명 |
|---|---|---|
| 28 | 그리스 (2 / 28) | 라이키 아고라(시장), 아테네 아자르시장 |
| 29 | 터키 (2 / 28) | 이스탄불 그랜드바자르, 이집트 바자르 |
| 30 | 프랑스 (14 / 293) | 파리시장, 클리랑쿠르(생우앙) 벼룩시장, 파리 에드끼네 예술품시장, 파리 꽁방시옹시장, 앙시 지역시장, 니스 지역시장, Cligan Coure Market, 생우앙(클리닝쿠르)시장, 뷔시(Buci)시장, 아비뇽시장, 라 발레 빌리지 아울렛(La Vallee Vilage Outlet), 노르망디 트로빌 두빌시장(Trovile Douaville Market), 몽마르뜨 벼룩시장, 생선시장 |
| 31 | 영국 (7 / 267) | 페티코트 레인마켓, 그린 마켓, 보로우(Broch)마켓, 스피틀 필즈 마켓(Spitial Filds), 애플&주빌리 마켓(코벤트 가든), 포트벨로 우마켓, 캠던시장(Camden lock) |
| 32 | 덴마크 (1 / 38) | 코펜하겐 토로베홀랜시장 |
| 33 | 독일 (4 / 147) | 프랑크푸르트 시장, Klieunmarkethalle, 뮌헨 빅투알리엔시장(Vikyualien Market), 뮌헨 벼룩시장 |
| 34 | 오스트리아 (5 / 134) | 빈 나슈시장(Nasch Market), 짤즈부르크(Salzburg)강변시장, 멜크에바하시장(Eggsbach Market), 빈 중앙시장·벼룩시장 |
| 35 | 헝가리 (3 / 95) | 부다페스트 중앙시장, 라코치 시장, Drogerie Market |
| 36 | 스위스 (4 / 160) | 루체른 아침시장, 벼룩시장, 곡물시장(Korn Market), 와인시장(Wine Market) |
| 37 | 네덜란드 (2 / 83) | 알버트 큐입시장, 암스테르담 꽃 시장(Bloemen Market) |
| 38 | 체코 (4 / 43) | 프라하 중앙시장, 베트남식품시장, 하벨시장, 홀레쇼비치시장 |
| 39 | 핀란드 (3 / 64) | 헬싱키 Kauppotori 시장, Market Square, 하카니에미시장(Hakaniemi kauppahalli) |
| 40 | 스웨덴 (2 / 110) | 스톡홀름 웨스테르말름시장, 회트리예트(벼룩)시장 |
| 41 | 노르웨이 (2 / 144) | 베르겐어시장(Bargen Fish Market), 스투토에르바시장(Stortorvet Market) |
| 42 | 불가리아 (2 / 62) | 소피아(할리)중앙시장, 젠스키 바자르 |
| 43 | 크로아티아 (2 / 80) | 자그레브 돌라츠(Dolac)시장, 스플리트(벼룩)시장 |
| 44 | 슬로베니아 (1 / 35) | 류블랴나 중앙시장 |
| 45 | 보스니아 (1 / 26) | 모스타르 관광지구상가 |
| 46 | 스페인 (4 / 180) | 산타카테리나시장, 보케리아시장, 컨셉시오시장, 엔칸츠 벼룩시장 |

| 연번 | 국가명<br>(시장 / 사진 수)* | 탐방 시장명 |
|---|---|---|
| 47 | 포르투갈 (4 / 210) | 리베이라시장, 캄포데 오리키시장, 리스본 벼룩시장,<br>Gloris Catalans |
| 48 | 모로코 (4 / 120) | 카사블랑카 메디나시장, 카스블랑카 벼룩시장, 오마르시장, 리바트 메디나시장 |
| 49 | 러시아 (3 / 95) | 이즈마일롭스키시장, 다닐로브스키시장, 치카로프카시장 |
| 50 | 두바이 (3/ 72) | 두바이금시장(Dubai Old Souk), Night Souk(야시장), Souk Madimat |
| 51 | 호주 (11 / 660) | 멜버른 프라란시장, Book Market, 사우스 멜버른 시장, 시드니 페디스시장(Paddy's Market), 마켓시티, 플레밍터 시장, 퀸빅토리아시장(Queen Victoric Market), 차이나타운, Eveleigh Farmer's Market, 시드니어시장 |
| 52 | 피지 (1 / 30) | Suva Municipal Market |
| 53 | 남아프리카공화국<br>(1 / 78) | Green Market |
| 54 | 짐바브웨 (3 / 120) | Chinotimba Market, Comesa Market, Curio open Market |
| 55 | 잠비아 (1 / 21) | Down Town Center Market |
| | 합계 | 55개국 236개 시장 사진 10,219장 보유 중 |

*(A/B)에 있어 A는 탐방조사 시장 수이며, B는 현장에서 촬영한 사진 수임.

스웨덴 외스테르말름 시장

네팔 오픈 마켓

태국 룸피니야 시장

남아공 그린 마켓

라오스 통만감 시장

중국 상향 시장

해외 전통시장 탐방조사 현장

## 3.3. 전통시장·대형마트 이용객 및 청소년 소비자 조사: 12(9)회

| 연번 | 조사명 (내용) | 조사 대상자(수) | 조사기간 |
|---|---|---|---|
| 1 | 1983년 대구 16개 전통시장 실태 조사 | 대구 16개 시장이용객<br>(293명) | 1983.11.01~20 |
| 2 | 국민학교 아동 소비자 의식 조사 | 국민학교 4,5,6학년생<br>(483명) | 1994.03.01~08 |
| 3 | 청소년 소비자 행동 조사 | 대구 시내 중학생<br>(913명) | 1994.06.01~08 |
| 4 | 대학생 소비패턴 조사 | 경북대학교 학생<br>(800명) | 2001.09.11~20 |
| 5 | 2009년 전통시장 및 대형마트 이용객<br>만족도 조사 | 전통시장·대형마트 이용객<br>(460명) | 2009.11.01~20 |
| 6 | 2010년 전통시장 및 대형마트 이용객<br>만족도 조사 | 전통시장·대형마트 이용객<br>(755명) | 2010.11.01~20 |
| 7 | 2011년 전통시장 및 대형마트 이용객<br>만족도 조사 | 전통시장·대형마트 이용객<br>(852명) | 2011.11.01~20 |
| 8 | 2012년 전통시장 및 대형마트 이용객<br>만족도 조사 | 전통시장·대형마트 이용객<br>(849명) | 2012.11.01~20 |
| 9 | 2013년 전통시장 및 대형마트 이용객<br>만족도 조사 | 전통시장·대형마트 이용객<br>(798명) | 2013.11.01~20 |
| 10 | 2014년 전통시장 및 대형마트 이용객<br>만족도 조사 | 전통시장·대형마트 이용객<br>(812명) | 2014.11.01~20 |
| 11 | 2015년 전통시장 및 대형마트 이용객<br>만족도 조사 | 전통시장·대형마트 이용객<br>(831명) | 2015.11.01~20 |
| 12 | 2016년 전통시장 및 대형마트 이용객<br>만족도 조사 | 전통시장·대형마트 이용객<br>(814명) | 2016.11.01~20 |

*No.1은 1983년 경북대학교 사범대학 상업교육과 '시장조사론' 수강생들이, No. 5~12는 2009~2016년 경북대학교 경상대학 경영학부 '현대 소비자론' 수강생들이 조사원으로 참여하였음.

# 4. 사회봉사

## 4.1. 기고 및 방송 출연

### 4.1.1. 기고: 83(45)회*

## 가. 신문 기고(주관): 65(45)회

| 연번 | 주제, 게재처_년월일_면 | 비고 |
|---|---|---|
| 1 | "미래지향적 화장품 소비자관리",<br>태평양사보__1977.10.09__8~11 | |
| 2 | "우리나라 기업의 소비자관리",<br>영전학보__1978.05.31__3 | |
| 3 | "소비자",<br>매일신문__1984.01.05__7 | 매일춘추 8회 연재<br>(1984.01.05~<br>02.26) |
| 4 | "시작",<br>매일신문__1984.01.12__7 | |
| 5 | "그린마케팅, 인간과 자연의 관계 중시",<br>경북대신문__1994.05.23__2 | |
| 6 | "그린이면 된다는 피상적 실천에서 벗어나야",<br>경북대신문__1994.06.27__2 | |
| 7 | "전통시장 활성화",<br>매일신문__2007.11.23__13 | 수요시평 |
| 8 | "전통시장, 어떻게 살릴 수 있을까?",<br>칠곡신문__2007.01.24__3 | 특별기고 |
| 9 | "전통시장 활성화를 위한 상인의 역할",<br>시장 제56호__2010.08.25__22 | 전통시장 목소리 |
| 10 | "전통시장 활성화의 新 방향",<br>경북대 교수회보 제65호__2010.08.30__24 | |
| 11 | "전통시장 활성화와 상인",<br>영남일보__2010.09.20__34 | 지역논단 |
| 12 | "전통시장 활성화, 새로운 시도 필요하다",<br>매일신문__2010.09.29__24 | 기고 |
| 13 | "대구 전통시장 둘러보기: 서문시장",<br>시장 제61호__2010.11.10__22 | |

| 연번 | 주제, 게재처_년월일_면 | 비고 |
|---|---|---|
| 14 | "장흥섭 교수의 대구 전통시장 탐방: 1. 서문시장",<br>영남일보_2010.10.10_30 | 영남일보<br>65창간 특집: 장흥섭<br>교수의 대구 전통시장<br>탐방 10회 연재<br>(2010.10.10~<br>2011.02.23) |
| 15 | "장흥섭 교수의 대구 전통시장 탐방: 2. 칠성시장",<br>영남일보_2010.10.23_11 | |
| 16 | "장흥섭 교수의 대구 전통시장 탐방: 3. 서남신시장",<br>영남일보_2010.11.06_11 | |
| 17 | "장흥섭 교수의 대구 전통시장 탐방: 4. 관문시장",<br>영남일보_2010.11.27_11 | |
| 18 | "장흥섭 교수의 대구 전통시장 탐방: 5. 동서시장",<br>영남일보_2010.12.11_11 | |
| 19 | "장흥섭 교수의 대구 전통시장 탐방: 6. 팔달신시장",<br>영남일보_2010.12.25_11 | |
| 20 | "장흥섭 교수의 대구 전통시장 탐방: 7. 달성공원 새벽시장",<br>영남일보_2011.01.12_18 | |
| 21 | "장흥섭 교수의 대구 전통시장 탐방: 8. 교동시장",<br>영남일보_2011.01.12_20 | |
| 22 | "장흥섭 교수의 대구 전통시장 탐방: 9. 방천시장",<br>영남일보_2011.02.09_20 | |
| 23 | "장흥섭 교수의 대구 전통시장 탐방: 10. 수성시장",<br>영남일보_2011.02.23_18 | |
| 24 | "현대인의 소비생활",<br>칠곡신문_2011.03.03_6 | |
| 25 | "진정한 명품의 조건",<br>매일신문_2011.01.12_23 | 매일신문<br>경제칼럼 6회 연재<br>(2011.04.06~<br>08.10) |
| 26 | "현대 소비사회의 실상",<br>매일신문_2011.03.02_23 | |
| 27 | "전통시장, 구조조정이 필요하다",<br>매일신문_2011.04.06_23 | |
| 28 | "대구 전통시장 소고",<br>매일신문_2011.05.08_23 | |
| 29 | "전통시장돌파구와 고객만족경영",<br>매일신문_2011.06.29_23 | |
| 30 | "소비 트렌드와 기업경영전략",<br>매일신문_2011.08.10_23 | |

| 연번 | 주제, 게재처_년월일_면 | 비고 |
|------|------------------------|------|
| 31 | "대구 지역 전통시장의 시급한 과제",<br>영남일보_2012.01.06_23 | 영남일보<br>경제칼럼 7회 연재<br>(2012.01.06~<br>06.22) |
| 32 | "한국인의 명품소비 열풍",<br>영남일보_2012.02.03_23 | |
| 33 | "전통시장 활성화의 봄소식",<br>영남일보_2012.03.02_32 | |
| 34 | "소비자는 왕이다?",<br>영남일보_2012.03.30_32 | |
| 35 | "전통시장 활성화와 청년일자리 창출",<br>영남일보_2012.04.27_32 | |
| 36 | "전통시장과 대형마트",<br>영남일보_2012.05.25_32 | |
| 37 | "대구 지역 유통업계의 주요 이슈",<br>영남일보_2012.06.22_32 | |
| 38 | "대형점포 독점 제동 걸어야 골목상권 보호",<br>매일경제신문_2013.03.29_A34 | 매일경제신문<br>MK토론방 |
| 39 | "스페인 바르셀로나식 전통시장 활성화",<br>매일신문_2015.11.27_34 | |
| 40 | "전통시장, 지역경제 중심돼야",<br>영남일보_2016.02.17_30 | |
| 41 | "개장 100일 맞은 서문 야시장의 과제",<br>매일신문_2016.09.13_34 | |
| 42 | "전통시장, 지역문화·예술 중심지로 콘셉 입혀야",<br>중앙일보_2016.09.21_C7 | 중앙일보 |
| 43 | "일본 전통시장 나들이",<br>영남일보_2018.06.20_29 | |
| 44 | "독일 빅투알리엔 시장의 교훈",<br>매일신문_2018.06.26_34 | |

| 연번 | 주제, 게재처_년월일_면 | 비고 |
|---|---|---|
| 45 | "장흥섭의 세계 명품시장 답사기: 터키 이스탄불 그랜드 바자르", 영남일보_2018.07.31_25 | |
| 46 | "장흥섭의 세계 명품시장 답사기: 브라질 상파울루 중앙시장" 영남일보_2018.08.14_29 | |
| 47 | "장흥섭의 세계 명품시장 답사기: 미국 뉴욕 첼시 시장", 영남일보_2018.08.28_29 | |
| 48 | "장흥섭의 세계 명품시장 답사기: 스웨덴 스톡홀름 웨스테르말름 시장", 영남일보_2018.09.11_29 | |
| 49 | "장흥섭의 세계 명품시장 답사기: 베트남 후치민 벤탄 시장", 영남일보_2018.10.02_29 | 영남일보 사람&뉴스 10회 연재 (2018.07.31~ 11.11) |
| 50 | "장흥섭의 세계 명품시장 답사기: 스페인 바르셀로나 보케리아 시장", 영남일보_2018.10.16_29 | |
| 51 | "장흥섭의 세계 명품시장 답사기: 독일 뮌헨 빅투알리엔 시장", 영남일보_2018.10.31_29 | |
| 52 | "장흥섭의 세계 명품시장 답사기: 헝가리 부다페스트 중앙시장", 영남일보_2018.11.13_29 | |
| 53 | "장흥섭의 세계 명품시장 답사기: 포르투갈 리스본 리베리아 시장", 영남일보_2018.11.27_29 | |
| 54 | "장흥섭의 세계 명품시장 답사기: 영국 런던 버러 시장", 영남일보_2018.12.11_29 | |
| 55 | "전통시장의 가격표시제 도입, 전국으로 확대되어야", 인터넷 매체 NEWSIS_2019.11.26 | |
| 56 | "리더쉽 부재에 갈길 잃은 전통시장 활성화", 매일경제신문_2020.09.15_6 | 매일경제신문 독자칼럼 |
| 57 | "전통시장 활성화, 어떻게 해야 하나?", 매일신문_2021.07.13_26 | |

*( ) 안은 전통시장 관련 내용의 기고 횟수임.

## 나. 잡지 기고: 17회

| 연번 | 주제 | 게재잡지명·년월 | 비고 |
|---|---|---|---|
| 1 | 그린마케팅 | 마케팅 Vol 31 No 5, 1997 | |
| 2 | 기업의 소비자주의 | 마케팅 Vol 31 No 6, 1997 | |
| 3 | 과소비 문제, 그 원인과 대책 | 마케팅 Vol 31 No 8, 1997.8 | |
| 4 | 그린마케팅의 필요성과 실천 방안 | 마케팅 Vol 32 No 10, 1998 | |
| 5 | 그린 마케팅 전략 | 마케팅 Vol 32 No 11, 1998.10 | |
| 6 | 그린광고의 실체 | 마케팅 Vol 33 No 1, 1999 | |
| 7 | 기업을 살리는 고객서비스 | 마케팅 Vol 34 No 4, 2000.4 | |
| 8 | 현대 기업의 고객서비스 | 마케팅 Vol 34 No 5, 2000.5 | |
| 9 | 고객서비스와 호의적 고객관계의 구축 | 마케팅 Vol 34 No 7, 2000 | |
| 10 | 고객만족경영을 위한 고객서비스 | 마케팅 Vol 34 No 8, 2000.8 | |
| 11 | 기업의 불평처리와 소비자만족 | 마케팅 Vol 36 No 6, 2002.6 | |
| 12 | 소비자불평 처리와 공정성 | 마케팅 Vol 36 No 8, 2002.8 | |
| 13 | 고객자산 관리 | 마케팅 Vol 37 No 4, 2003.4 | |
| 14 | 고객가치와 고객 만족 | 마케팅 Vol 37 No 11, 2003.11 | |
| 15 | 소비자의 제품지식 | 마케팅 Vol 38 No 6, 2004.6 | |
| 16 | 고객자산 관리의 도구들 | 마케팅 Vol 38 No 11, 2004 | |
| 17 | 고객서비스와 리더의 역할 | 마케팅 Vol 39 No 7, 2005 | |

*마케팅: 한국 마케팅연구원에서 발행하는 마케팅전문잡지(ISSN 1227-5204)임.

## 다. 신문 인터뷰(비주관): 79(46)회

| 연번 | 주제, 게재처_년월일_면 | 비고 |
|---|---|---|
| 1 | "논문부문 입상소감: 동강난 시간을 이었을 따름인데", 태평양사보_1977.09.03_23 | |
| 2 | "기업 대부분, 비과학적 경영", 경남일보_1980.02.07_1 | |
| 3 | "매일 춘추 필진이 바뀝니다(1984년 1, 2월)", 매일신문_1984.01.04 | 매일춘추 10회 연재 |
| 4 | "소비자, 적극적 권리주장 의식 가져야", 매일신문_1982.11.14_6 | |
| 5 | "경북대 장흥섭 교수 경희대서 경영학 박사학위 취득", 영남일보_1983.10.19 | 동정 |
| 6 | "고물가시대, 계획 구매로 부담 던다", 영남일보_1994.3.10 | |
| 7 | "국교생 소비자 교육 절실하다, 경북대 장흥섭 교수 대구 지역 아동 483명 소비의식조사", 영남일보_1994.03.18 | |
| 8 | "국교생도 백화점 선호, 경북대 장흥섭 교수 조사", 매일신문_1994.04.20 | |
| 9 | "청소년「백화점 쇼핑」선호, 대구 시내 913명 조사결과", 매일신문_1994.08.01_9 | |
| 10 | "청소년 광고 불신 속 구매충동 강해, 경북대 장흥섭 교수 소비의식 조사", 영남일보_1994.08.10_13 | |
| 11 | "소비자운동 전문 서비스 영역으로 확대 필요", 매일신문_1995.05.22_14 | |
| 12 | "장흥섭 경북대 경영학부 교수, 대구경북 마케팅 학회장 피선", 조선일보_1998.03.03 | 조선일보 영남사람들 |
| 13 | "경북대 장흥섭 교수, 한국상업교육학회장 선출", 교수신문_1998.04.20_4 | |
| 14 | "현대 소비자론, 장흥섭·안승철 교수 지음", 문화일보_1998.05.22_28 | 문화일보 |
| 15 | "장흥섭 경북대 교수(한국상업교육학회장) 일본 상업교육학회서 공로상 수상", 매일신문_1999.02.01_10 | |
| 16 | "장흥섭 교수 제13대 한국상업교육학회장 연임", 매일신문_1999.02.03 | |
| 17 | "한국상업교육학회(회장: 장흥섭 경북대 교수), 중국기업특성 국제세미나 열어". 매일신문_1999.08.31_4 | |
| 18 | "지역 대학생 53% 용돈 20만원 이상, 경북대생 800명 조사", 영남일보_2001.10.19_30 | |
| 19 | "한국경영경제학회(회장: 장흥섭 경북대 교수), 한·중 경영·경제학술대회 개최", 매일경제신문_2002.08.26_6 | 매일경제 신문 |
| 20 | "장흥섭 한국경영경제학회장(경영학부교수), 한중경영경제학술대회 참석", 경북대 소식지 943호_2002.9.13. | |

| 연번 | 주제, 게재처_년월일_면 | 비고 |
|---|---|---|
| 21 | "장흥섭 교수 경북대 경상대학장 취임", 경북매일신문__2003.03.08__5 | |
| 22 | "경북대 지역시장연구소(소장: 경영학부 장흥섭 교수), 제1회 전국 전통시장 사진 공모전 개최", 매일신문__2007.04.21__14 | |
| 23 | "활기 살아지는 전통시장", 경북대신문__2007.05.28__7 | |
| 24 | "경북대, 전통시장 살리기 나서, 국내 첫 대학 내 시장전문연구소 개소", 영남일보__2007.06.12__14 | |
| 25 | "장흥섭 경북대 지역시장연구소장, 대구 16개 전통시장 상인·소비자의식 조사, 발표", 영남일보__2007.09.17__14 | |
| 26 | "장흥섭 교수, 구미 중앙시장 상인대학 개설, 상인 맞춤형 마케팅 기법 강의", 영남일보__2008.07.14__24 | 인물 |
| 27 | "경북대 지역시장연구소(소장: 장흥섭 경영학부 교수), 제2회 전국 전통시장 사진 공모전 개최", 경북대 소식지__2008.10.27__7 | |
| 28 | "전통시장 살길은 상인의식 변화에 있다", 영남대신문__2008.09.22__8 | |
| 29 | "장흥섭 경북대 지역시장연구소장, 관심과 애정으로 전통시장 활성화 연구 수행", 시사매거진__2009.05.20__121 | 전면 |
| 30 | "문화는 전통시장 활성화 동력, 감성이 경쟁력이다. 이 사람: 장흥섭 경북대 지역시장연구소장", 한국일보__2009.06.03__14 | 한국일보 시선집중! |
| 31 | "21세기 서민문화의 메카, 경북대 지역시장연구소(소장 장흥섭 교수)를 찾아서", 위클리 피플__2009.09__57 | 전면 |
| 32 | "국내 유일의 전통시장 전문연구소 설립한 장흥섭 교수에게 듣는 대구 전통시장의 현황과 발전 방향", 시장 제7호__2009.10.24__10 | |
| 33 | "알아두면 좋은 시장 용어", 달구벌장터__2009.12.24__15 | |
| 34 | "경북대 장흥섭 교수, 대구 전통시장 연구도서 출간", 대구신문__2010.02.06__13 | |
| 35 | "전통시장 어떻게 살릴 것인가? 장흥섭 교수와 함께 둘러보는 대구 전통시장 과거·현재·미래 출간", 칠곡신문__2010.02.06__7 | |
| 36 | "대구 전통시장 미래 그린다, 경북대 장흥섭 교수, 시장 연구도서 발간", 서울일보__2010.02.08__17 | |
| 37 | "덤·흥·정으로 전통·문화성 살려야, 경북대 장흥섭 교수", 영남일보__2010.02.08__3 | |
| 38 | "시설만 현대화된다고 시장이 삽니까 전통시장 정체성부터 찾아야쇼", 매일신문__2010.02.08__13 | |
| 39 | "전통시장 살리려면 모임·놀이·만남의 장 돼야, 전통시장 분석 책 펴낸 경북대 장흥섭 교수", 중앙일보__2010.02.10__25 | 중앙일보 |

| 연번 | 주제, 게재처_년월일_면 | 비고 |
|---|---|---|
| 40 | "전통시장 이대로는 안 된다 – 현황: 기능 잃은 전통시장", 영남일보__2010.02.08__12 | 뉴스&이슈 |
| 41 | "전통시장 이대로는 안된다 – 문제점은?: 자본 영세하고 소비 트렌드 못 따라가", 영남일보__2010.02.09__12 | 뉴스&이슈 |
| 42 | "전통시장 이대로는 안된다 – 개선방안은?: 사람냄새 나는 인간·문화적 장터로 거듭나야", 영남일보__2010.02.10__12 | 뉴스&이슈 |
| 43 | "대구 33개 전통시장 활기 되찾을 수 있다 – 경북대 장흥섭 교수 저서 문화관광부 우수도서 선정", 매일신문__2010.06.28__13 | 사람과 세상 |
| 44 | "장흥섭 교수 저서 「대구 전통시장 – 과거, 현재, 미래」, 문화관광부 우수학술도서 선정", 경북대 소식지__2010.07.12 | |
| 45 | "가격과 품질도 대형마트에 뒤질라, 경북대 지역시장연구소 조사결과", 조선일보__2011.01.26__12 | 조선일보 |
| 46 | "경북대 지역시장연구소 소장(장흥섭 교수) 전통시장 활성화 유공자로 국무총리상 수상", 영남일보__2011.12.05__3 | |
| 47 | "전통시장 활성화 똑같은 색깔로는 어렵다", 영남일보__2011.02.05__3 | 뉴스&이슈 |
| 48 | "장흥섭 교수의 전통시장 발전 방향", 대구상인회보__2011.12.25 | |
| 49 | "낙동포럼, 안동도심 재창조 어떻게 할 것인가?", 중앙일보__2012.01.06 | 중앙일보 |
| 50 | "정이 오가는 '전통시장': 경북대 장흥섭 교수 대구전통시장 실태조사결과 발표", 대구신문__2012.01.20__12 | |
| 51 | "금전오가는 '상생협약'… 이대로 괜찮나?", 연합뉴스__2012.05.07 | 연합뉴스 |
| 52 | "전통시장 상품권, 문제없는가", 매일신문__2012.07.23__12 | |
| 53 | "의무휴업만으론 골목시장 못살려", 한겨레신문__2013.03.09__6 | 한겨레신문 |
| 54 | "대구시 '전통시장 살리기 10년' 효과없다… 시설 현대화 중심 지원정책 전면 수정해야", 국민일보__2013.02.14 | 쿠키뉴스 |
| 55 | "국정 핵심과제… 농축산물 유통구조 개선 방안은?", 연합뉴스__2013.03.17 | |
| 56 | "유통구조·경로 개선으로 소비자보호해야", 인터넷연합뉴스__2013.03.17 | |
| 57 | "시장 1000원짜리 배추 800원이 유통비", 매일신문__2013.03.18 | |
| 58 | "유통산업연합회 출범… 유통업계 기대반 우려반", 연합신문__2013.03.27 | 연합신문 |
| 59 | "수도권 본사 둔 대형유통업체 대구사회 환원 쥐꼬리", 영남일보__2013.04.11 | |
| 60 | "무빙워크에 문화센터까지… 백화점 부럽지 않은 전통시장, 하양 공설시장", 조선일보__2013.05.14 | 조선일보 |

| 연번 | 주제, 게재처_년월일_면 | 비고 |
|---|---|---|
| 61 | "사라져가는 것들에 대한 소중함"(조선시대 경제발전의 주역, 보부상의 발자취를 따라서⑦), 시장 120호__2013.10.28__11 | |
| 62 | "'한국 관광산업학회·경북대 지역시장연구소 공동 전통시장 학술대회' 경북대서 열려", 한국경제__2013.11.11 | 한국경제 신문 |
| 63 | "소상공인시장진흥공단이사장, 실무·이론 갖춘 전문가 영입해야", 한국경제(네이버뉴스)__2013.11.20 | 한국경제 신문 |
| 64 | "전통시장 선진화 이끌 상인지도자의 산실 '상인 최고경영자 과정(주임교수: 장흥섭 경영학부 교수)", 대구상인신문__2013.12.24__7 | |
| 65 | "와이드 인터뷰: 장흥섭 경북대 지역시장연구소장", 대구신문__2014.01.06__1 | 전면 |
| 66 | "전통시장 현대화 '2조 원 효과 실종", 영남일보__2014.08.25__4 | |
| 67 | "경북대 상인 최고경영자 과정, 제4기 개강식 가져", 영남일보__2015.05.18__9 | |
| 68 | "대구전통시장진흥재단 장흥섭 원장(경영학부 교수) 전통시장 활성화, 무엇이 문제인가", 경북대 신문__2016.09.12__4 | |
| 69 | "전통시장 활성화, 상인들의 의식 개선이 중요"(대구전통시장진흥재단 장흥섭 원장), 칠성원시장__2016년10월호__4 | |
| 70 | "젊은 상인 많아야 경쟁력 쑥쑥 대구전통시장진흥재단 장흥섭 원장", 매일신문__2016.10.31__10 | 이코노피플 전면 |
| 71 | "국내외 전통시장 460곳 누빈 '장돌뱅이' 교수님, 장흥섭 경북대 경영학부 교수", 중앙일보__2016.12.21 | 중앙일보 |
| 72 | "'세계 전통시장 어디로?' 펴낸 경북대 장흥섭 교수", 매일신문__2016.12.24__15 | 책과 사람 전면 |
| 73 | "국내외 전통시장 조사·연구 자부심과 보람느껴, 장흥섭 경북대학교 교수", 영대 동창회보 368호__2017.02.05__8 | |
| 74 | "전통시장 분석서 출간, 장흥섭 경북대 교수", 신동아__2017년 2월호__56 | 월간 신동아 He&She |
| 75 | "대구전통시장진흥재단 장흥섭 원장의 전통시장 활성화를 위한 제언", 대구전통문화(2017년 3호)__2017.07.27__36~37 | 2면 전면 |
| 76 | "옛 산인용품, 문화유산박물관 건립, 보존해야", 영남일보__2018.07.17__29 | 사람&뉴스 전면 |
| 77 | "상인들 자구 노력과 의지, 침체된 전통시장 활성화 관건", 매일신문__2018.02.07__23 | 파워인터뷰 전면 |
| 78 | "지역상공인·전문가 등 100여 명 골목상권 활로 모색", 영남일보__2018.12.14__23 | |

| 연번 | 주제, 게재처_년월일_면 | 비고 |
|---|---|---|
| 79 | "옛 상인용품, 전통시장 박물관 건립해 보존해야", 세계일보_2020.06.01_25 | 세계일보 |

*( ) 안은 전통시장 관련 인터뷰 횟수임.
* No 40,41,42: 경북대 지역시장연구소에서 주관한 '전통시장의 학제적 조명' 세미나 관련 기사임.

## 4.1.2. 방송 출연 및 인터뷰: 42(34)회*

## 가. TV: 29(23)회

| 연번 | 주제 | 방송사_프로그램명_방송일시 | 비고 |
|---|---|---|---|
| 1 | "전통시장, 전문인력 활용으로 경쟁력 키운다!" | KTV_이슈추적_ 2006.3.20 15:00~20 | 출연 |
| 2 | "지역 전통시장 상품권, 무엇이 문제인가" | 대구 KBS TV_PD Report 시선집중_ 2008.9.14 19:30~20:25 | 출연 |
| 3 | "시장 활성화 정책의 문제점은?" | 대구 KBS TV_시선집중_ 2008.9.23 19:30~50 | 출연 |
| 4 | "대구 유통업 판도, 어떻게 바뀌나?" | 대구 KBS TV_목요진단_ 2009.3.18 19:30~20:25 | 출연 |
| 5 | "기업형 슈퍼마켓 규제논란" | 대구 MBC_ 2009.8.22 09:55 | 출연 |
| 6 | "전통시장 살리기, 해법은?" | 대구 KBS_ 2010.9.16 7:30~8:25 | 출연 |
| 7 | "시장-소통을 말하다" | TBC_HD 다큐멘터리_ 2010.12.20 17:45~18:20 | 출연 |
| 8 | "시장의 유쾌한 반란, 문화를 판다" | SBS_특집 다큐멘터리_ 2011.2.7 12:30~1:25 | 출연 |
| 9 | "전통시장 사람, 전국에서 통한다" | TBC_투데이(생방송)_ 2011.9.5 17:45~18:20 | 출연 |
| 10 | "서문시장, 주차장 운영권은?" | 대구 MBC_뉴스_ 2012.2.28 09:00 | 인터뷰 |
| 11 | "전통시장 노점(상) 문제, 어떻게 해야 하나" | TBC_PD저널 팩트_ 2012.10.11 23:15~20 | 인터뷰 |
| 12 | "시장에 젊은 고객이 많아야" | 대구 MBC_뉴스데스크_ 2013.4.25 21:45~47 | 인터뷰 |
| 13 | "마트형 전통시장 뜬다" | MBN_뉴스_2013.6.19 | 인터뷰 |

| 연번 | 주제 | 방송사_프로그램명_방송일시 | 비고 |
|---|---|---|---|
| 14 | "2013 전국우수시장박람회<br>옛 상인용품 전시장을 찾아서." | OBS경인TV_으랏차차 7시_<br>2013.10.23 19:00 인천 송도 | 현장<br>인터뷰 |
| 15 | "찬반으로 나뉜 대구 서부시장<br>특화거리의 미래" | T-broad TV_신문고_<br>2014.2.7 19:00 | 인터뷰 |
| 16 | "전통시장 활성화, 무엇이 문제인가" | 대구 KBS_뉴스 포커스_<br>2014.9.4 21:40 | 인터뷰 |
| 17 | "기로에 선 전통시장,<br>청년 영입하여 시장을 젊게" | 대구 KBS_뉴스_2014.10.11 | 인터뷰 |
| 18 | "대형유통업체 지역 기여<br>활성화 대책은?" | TBC_시사 포커스_<br>2015.5.16 21:00~22:00 | 출연 |
| 19 | "오래된 미래, '전통시장',<br>왜 살려야 하나?" | 대구 MBC_시사톡톡_<br>2016.2.13 10:00~11:00 | 출연 |
| 20 | "야시장 개장, 전통시장 살릴 수 있을<br>까?" | 대구 MBC_시사톡톡_<br>2016.6.12 09:00~10:00 | 출연 |
| 21 | "신세계 대구상륙,<br>지역경제 파급 효과는?" | TBC_시사진단 쾌_<br>2016.11.9 21:00~22:00 | 출연 |
| 22 | "대구에 전통시장 전문기관 서다" | 대구 KBS_9시뉴스_<br>2016.1.16 19:00 | 인터뷰 |
| 23 | "전통시장 활성화<br>장흥섭 교수에게 묻는다." | T-Broad TV_<br>2017.8.27 19:00~19:20 | 출연 |
| 24 | "해외 전통시장 활성화사례" | 소상공인 방송_돈이 되는 비법 꿀단지<br>30회_2019.4.30 20:15~35 | 출연 |
| 25 | "가볼 만한 곳: 옛 상인용품 전시관을<br>찾다" | TBC_내 고향 소식_<br>2018.6.20 18:20~25 | |
| 26 | "전통시장 상인용품 수집가, 장흥섭" | SBS_세상에 이런 일이(102회)_<br>2019.2.7 9:00~9:20 | 대구<br>전통시장<br>진흥재단<br>전시실 |
| 27 | "장흥섭 교수의 도량형 전시관을 찾다" | YTN_Science_<br>2019.3.2 19:20~30 | |
| 28 | "상인용품 수집가 장흥섭 교수" | 대구 KBS1 TV_우리동네 셀럽_<br>2019.4.30 17:30~50 | |
| 29 | "시장박물관: 시장을 기억하는 곳" | TBC TV_굿데이 프라이데이_<br>2021.4.18 19:10~20 | 시장<br>박물관 |

*No. 7,10,11,12,13,14,15,16,17,18,19,20,21: 관련 화면(사진자료) 보유하고 있음
**( )안은 전통시장 관련 방송 출연·인터뷰 횟수임

## 나. 라디오: 13(11)회*

| 연번 | 주제 | 방송사_프로그램명_방송일시 | 비고 |
|---|---|---|---|
| 1 | "아동소비자의식: 무엇이 문제인가?" | KBS FM 101.3_ 1994.4.28 11:00~10 | 전화 인터뷰 |
| 2 | "경북대 지역시장연구소의 설립배경과 앞으로의 계획은?" | 대구 교통방송_시사광장_ 2007.6.20 7:33~42 | 전화 인터뷰 |
| 3 | "2007 대구 전통시장 이용객 만족도는 어떠한가?" | 대구 KBS 라디오_뉴스와이드_ 2007.9.19 11:21~30 | 전화 인터뷰 |
| 4 | "기업형 슈퍼마켓 진출로 인한 지역 전통시장의 어려움은?" | 대구 KBS 라디오_뉴스와이드_ 2009.9.10 11:17~27 | 전화 인터뷰 |
| 5 | 저서「장흥섭 교수와 함께 둘러보는 대구 전통시장」의 주요 내용은? | 성서공동체 방송(FM 89.1MHz) _2010.2.8 11:17~27 | 전화 인터뷰 |
| 6 | "설 명절, 소비자 전통시장 이용 실태를 알아본다" | KBS 1_라디오 네트워크_ 2010.2.10 15:25~34 | 방송국 출연 |
| 7 | "전통시장의 미래는?" | 대구 KBS_뉴스와이드_ 2011.4.22 11:19~25 | 전화 인터뷰 |
| 8 | "전통시장 추석명절 경기는 어떠한가?" | KBS1라디오_ 2011.9.5 14:50~56 | 전화 인터뷰 |
| 9 | "전통시장 살리기! 어떻게 해야 하나?" | 대구CBS_월요기획_ 2011.9.26 17:00~18:00 | 방송국 출연 |
| 10 | "전통시장 연구의 계기 및 배경은 무엇인가?" | 대구 교통방송_스튜디오 1039_ 2011.12.6 9:33~45 | 전화 인터뷰 |
| 11 | "대구 전통시장의 현실을 알아본다" | 대구 KBS_뉴스와이드_ 2011.12.27 11:17~22 | 전화 인터뷰 |
| 12 | "경북 지역 전통시장은 어떠한가?" | KBS 안동방송국 제1라디오_ 아침의 광장_ 2012.9.6 8:50~56 | 전화 인터뷰 |
| 13 | "대형마트 의무 휴업제, 효과 있는가?" | 대구MBC라디오_여론현장_ 2021.5.26 19:10~20 | 전화 인터뷰 |

*( ) 안은 전통시장 관련 인터뷰·출연 횟수임.

## 4.2. 자문(평가·심의) 위원: 64(25)건*

### 4.2.1. 시장 활성화 자문(평가·심의)위원: 25건

| 연번 | 위원(회)명 | 기간(일자) | 임명자·주관처 |
|---|---|---|---|
| 1 | 중소기업청 시장경영진흥원 자문위원 | 2006.06~2016.05 | 시장경영진흥원장 |
| 2 | 중소기업청 시설 현대화 사업 자문위원 건물개량 및 시설 보수분과 위원장 | 2007.05~2009.12 | 중소기업청 |
| 3 | 2008년 전통시장 활성화사업 평가위원 | 2008.12.23 15:00~ | 경상북도 |
| 4 | 중소기업청 정책자문단 간담회: 전통시장 활성화와 바람직한 정책 방향 | 2008.05.22 12:00~ | 중소기업청 |
| 5 | 선진국 시장탐방 1~6차 위탁기관 선정심의위원 | 2010.02~2013.01 | 시장경영진흥원장 |
| 6 | 전통시장 개념 정립을 위한 전문가위원 | 2010.03~2011.02 | 시장경영진흥원장 |
| 7 | 대구 원대신시장 시설 현대화 사업 추진위원 | 2010.05~2010.08 | 대구 북구청장 |
| 8 | 대구 신평리시장 시설 현대화 사업 추진위원 | 2010.05~2010.08 | 대구 서구청장 |
| 9 | 대구 동구 유통업 상생발전 협위회 위원 | 2010.08~2019.08 | 대구 동구청장 |
| 10 | 왜관읍 지역시장종합발전협의회 위원장 | 2011.04~2011.07 | 경북 칠곡군수 |
| 11 | 대구광역시 유통업상생발전협의회 위원 | 2011.04~2016.02 | 대구광역시장 |
| 12 | 대구 중구 유통업상생발전협의회 위원 | 2011.05~2016.12 | 대구 중구청장 |
| 13 | 대구광역시 전통시장 및 상점가 시설 현대화 사업 심의위원회 위원 | 2011.05~2012.07 | 대구광역시장 |
| 14 | 대구 서구 유통업 상생발전 협의회 위원 | 2011.08~현재 | 대구 서구청장 |
| 15 | 대구 서구 유통분쟁조정위원회 위원장 | 2012.03~현재 | 대구 서구청장 |
| 16 | 2012 전통시장 시설 현대화 사업 심의위원 | 2012.06~2012.12 | 대구광역시장 |
| 17 | 칠곡군 약목면·동명면 시장 등 종합 정비 사업 발전협의회 공동위원장 | 2012.07~2013.06 | 경북 칠곡군수 |
| 18 | 2013 중소기업지원사업 자문위원 | 2013.04.01~04.05 | 중소기업기술 정보진흥원장 |
| 19 | 대경 소상공인 희망포럼 자문위원 | 2013.06.20 | 대구경북 중소기업청장 |
| 20 | 2016 소상공인 전통시장 지원사업 통합 홍보 용역 기술 능력 평가위원 | 2016.06.08 | 소상공인시장 진흥공단 이사장 |

| 연번 | 위원(회)명 | 기간(일자) | 임명자·주관처 |
|---|---|---|---|
| 21 | 대구 시장정비사업 심의위원 | 2018.02.08 | 대구광역시장 |
| 22 | 시장현대화사업 자문위원 | 2007.06~2008.05 | 시장경영진흥원장 |
| 23 | 전통시장 야시장 조성사업 선정위원 | 2015.06.12 | 행정안전부 |
| 24 | 서구 원고개시장 아케이드 설치공사 추진위원 | 2013.04~2014.03 | 대구 서구청장 |
| 25 | 자인공설시장 시장현대화사업 추진위원 | 2012.03~2013.04 | 경북 경산시장 |

*( ) 안은 전통시장 관련 자문의원 건수임.

## 4.2.2 시장 외 자문(평가·심의) 위원: 39건

| 연번 | 위원(회)명 | 기간(일자) | 임명자·주관처 |
|---|---|---|---|
| 1 | 판매사 문제 평가위원 | 1988.01.02 | 한국산업인력공단 이사장 |
| 2 | 교육부 상업과 교과서 심의위원 | 1989.02.09 | 교육부장관 |
| 3 | 교육부 실업교과 시설기준 제정위원 | 1991.03~1991.04 | 교육부장관 |
| 4 | 직업교육·훈련 100년사 편찬·집필 위원 | 1998.12.28 | 한국직업능력 개발원장 |
| 5 | 소비문화학회 이사 | 1999.10~2001.02 | 한국소비문화학회장 |
| 6 | 경상북도 민자유치사업 심의위원 | 2000.08~2004.07 | 경상북도지사 |
| 7 | 한국 직업교육학회 이사 | 2001.06~2003.06 | 한국직업교육학회장 |
| 8 | 대구 소비자연맹 자문위원 | 2001.12~2002.12 | 소비자연맹 대구지부장 |
| 9 | 경상북도 지방 소비자정책 자문위원 | 2009.05~2015.08 | 경상북도지사 |
| 10 | (사)불교사회복지회 자문위원 | 2002.03~2005.02 | 불교사회복지회 보현사 주지 |
| 11 | 대구 남구 구정 평가위원 | 2003.05~현재 | 대구 남구청장 |
| 12 | 대구광역시 공익사업선정위원 | 2004.05~2005.04 | 대구광역시장 |
| 13 | 국가기술자격검정시험 '소비자와 시장' 과목 검토위원 | 2004.09.21~24 | 한국산업인력공단 이사장 |
| 14 | 한국경영교육학회 고문 | 2005.05.01~현재 | 한국경영교육학회장 |
| 15 | 한국전략마케팅학회 고문 | 2001.02~현재 | 한국전략 마케팅 학회장 |
| 16 | 영남불교대학 관음사 특별고문 | 2005.04~2015.03 | 관음사 주지 |
| 17 | 대구광역시 의회 의정 자문위원 | 2006.11~2009.10 | 대구광역시 의회 의장 |
| 18 | 대구 남구 투자 심의위원회 위원 | 2006.08~현재 | 대구 남구청장 |

| 연번 | 위원(회)명 | 기간(일자) | 임명자·주관처 |
|---|---|---|---|
| 19 | 대구 경제 정보토합 플랫폼 구축 협의회 위원 | 2008.11.01 | (재)대구테크노파크 원장 |
| 20 | 소비자 전문 상담사 1급「소비자 정보관리 및 조사분석」과목 출제위원 | 2008.04.23~05.23 | 한국산업인력공단 이사장 |
| 21 | (사)칠곡포럼 자문위원 | 2008.04~현재 | 칠곡포럼이사장 |
| 22 | 창업보육전문매니저 자격시험「마케팅」과목 문제 선정위원 | 2010.11.06~11.07 | 창업진흥원장 |
| 23 | 24회 경영지도사 2차 시험 사전출제위원 | 2009.06.26 | 한국산업인력공단 이사장 |
| 24 | 경북대학교 정책자문위원회 위원·부위원장 | 2010.10~2014.09 | 경북대학교 총장 |
| 25 | (재) 경북대학교 발전기금 감사 | 2007.10~2014.10 | 경북대학교 총장 |
| 26 | 경북대학교 소비생활협동조합 감사 | 2008.03~2013.02 | 협동조합이사장 |
| 27 | 포항 지역 발전연구소 혁신능력평가 연구위원 | 2010.03~2012.03 | 포항발전협의회장 |
| 28 | 중소기업 컨설팅 지원사업 능력 평가위원 | 2010.05.12 | 소상공인진흥원장 |
| 29 | 나들가계육성지원사업 성과평가용역 기술 평가위원 | 2010.09.14 | 소상공인진흥원장 |
| 30 | 대구 남구 지방재정계획 심의위원 | 2004.01~현재 | 대구 남구청장 |
| 31 | 2012 중소기업 컨설팅지원사업 평가위원 | 2012.04.18~20 | 중소기업기술정보 진흥원장 |
| 32 | 2013년 대경창조경제중소기업 발전포럼 소상공인위원 | 2013.06.01 | 대구경북지방 중소기업청장 |
| 33 | 한국관광산업학회 고문 | 2014.03~2016.02 | 한국관광산업학회장 |
| 34 | 대구 남구 공직자윤리위원회 위원 | 2012.11~2016.11 | 대구 남구청장 |
| 35 | 경북대학교 자연사박물관 운영위원 | 2010.04~2012.03 | 경북대학교 총장 |
| 36 | (사)영남불교대학복지재단 이사 | 2012.12~2015.02 | 복지재단대표 |
| 37 | (사)영상아카데미 고문 | 2009.09~2010.08 | (사)영상아카데미 학회장 |
| 38 | 대경소상공인 희망포럼 자문위원 | 2013.06.20 | 대구경북지방 중소기업청장 |
| 39 | 글로벌 대구 관광포럼 운영위원 | 2017.03~2018.02 | 대구광역시 관광협회장 |

중앙일보, 2015.09.21

SBS, 2019.02.07

매일신문, 2011.03.02

장흥섭
● (재)대구전통시장진흥재단 원장
● 전통시장 상인교육 강사
● (전)경북대학교 경영학부 교수
● (전)경북대학교 지역시장연구소 소장
● (전)경북대학교 상인최고경영자과정 주임교수

소상공인방송, 2017.04.29

영남일보, 2018.11.27

YTN Science, 2019.04.30

투고 신문지면 및 방송 출연 모습

## 4.3. 기타

### 4.3.1. 경북대 지역시장연구소 및 대구전통시장진흥재단 운영

경북대 지역시장연구소는 전통시장(활성화) 관련 문제 해결에 특화한, 우리나라 유일의 '전통시장 전문 연구소'로 2007년 5월 개소했다. 그간 전통시장 조사·연구, 시장 활성화 연구 용역, 상인교육 등의 사업을 활발히 수행해 왔다. 특히 국내·외 전통시장 470여 곳의 영상자료를 홈페이지(http://www.seejang.co.kr)를 통해 공유하는 등 명실공히 시장정보·지식 Hub로서의 역할을 충실히 하였다.

필자는 본 연구소가 개소된 2007년 5월부터 2016년 7월까지 10여 년간 연구소장으로서 우리나라 전통시장 활성화에 많은 노력을 기울여 왔다.

한편 대구전통시장진흥재단은 '대구다운 전통시장 육성'을 비전으로 삼고 사람 중심, 현장 중심, 상생·협력 중심의 시장 활성화를 목표로 2016년 1월 12일 출범한 재단법인이다. 전통시장 활성화 사업을 지역맞춤식으로 할 수 있는 전통시장전문기관이 전국에서 처음 만들어진 것이다.

필자는 동 재단이 출범한 2016년 1월 12일부터 2019년 2월 21일까지 3년간 원장으로 있으면서 대구 지역 전통시장 활성화를 위해 전력을 다했다.

## 4.3.2. 공모전·전시회 개최: 8(8)회

| 연번 | 행사명 | 개최시기·장소 | 비고(효과) |
|---|---|---|---|
| 1 | 제1회 전국전통시장 사진공모전 | 2007.10.1~7 경북대 국제경상관 701호 | 시장의 여러 가지 모습이 담긴 사진을 통해 전통시장에 대한 관심과 애정을 갖도록 했다. |
| 2 | 제1회 전국전통시장 사진전시회 | 2007.11.1~10 경북대 국제경상관 로비 | 전통시장 사진 공모전을 통해 경북대 지역시장연구소와 경상북도(청)를 널리 홍보하였다. |
| 3 | 제2회 전국전통시장 사진공모전 | 2008.10.1~6 경북대 국제경상관 지역시장연구소 | 그간 변화된 전통시장의 모습을 시민들에게 보여줌으로써 전통시장의 이미지를 개선시켰다 |
| 4 | 제2회 전국전통시장 사진전시회 | 2008.11.3~10 경상북도 도청 로비 | 전통시장의 새로운 이미지 메이킹과 시장방문 동기유발에 크게 기여했다. |
| 5 | 해외 명품시장 사진전시회 | 2013.10.4~6 경주 황성공원 | 해외 명품시장 사진전시를 통해 전통시장에 대한 관심을 갖도록 했다. |
| 6 | 제3회 전국전통시장 사진공모전 | 2009.10.1~8 경북대 국제경상관 203호 | 일반인들의 전통시장 방문 동기를 유발시켰다. |
| 7 | 제1회 옛 상인용품 전시회 | 2013.10.18~20 전국우수시장박람회장 (인천 컨벤시아) | 옛 상인용품(저울, 주판, 자 등) 전시를 통해 방문객에게 좋은 볼거리를 제공했다. |
| 8 | 제2회 옛 상인용품 전시회 | 2016.10.21~23 전국우수시장박람회장 (대구 엑스코) | 옛날 상인들이 사용했던 상업 용구 전시를 통해 전통시장 활성화에 다소나마 기여했다. |

*옛 상인용품: 1950~70년대 시장상인들이 사용했던 주산, 저울, 됫박, 자, 돈괴 등을 가리킨다.

# 부록 3: 참고문헌

강만길(1973), 『조선 후기 상업 자본의 발달』, 고려대학교 출판부.

강만길(1991), "시장과 상인", 『한국사시민강좌』(조선 후기 상공업 특집).

강지수·전현배(2015), "대형마트 진입이 전통시장 서비스 개선에 미치는 영향", 『산업조직연구』 23(2).

경상북도·내무부(1913), 『경상북도안내』.

고동환(1998), 『조선 후기 서울 상업발달사연구』, 지식산업사.

곽원일·남인우·노정구(2009), "전통시장과 대형마트의 방문 의도에 대한 환경 및 감정적 영향에 관한 연구", 『유통연구』 14(3).

구자열(2001), "경주 지역 전통시장의 실태와 활성화 방안", 『산업경제연구』 21.

권데구·성낙일(2014), "대형유통업체의 시장진입과 소매업종별 사업체 수의 변화", 『경제분석』 20(2).

금창석(2004a), 『삼국과 통일신라의 유통체계 연구』, 일조각.

금창석(2004b), "고려전기 허시의 성립과 그 성격", 『역사와 현실』, 일조각.

김강규(2001), "전통시장 활성화 방안에 관한 연구", 명지대학교 석사논문.

김도형(2013), 『지역 활성화를 위한 전통시장 육성 방안』, 한국지방행정연구원.

김상우·서균석·박동진·김태형(2002), "안동 지역 전통시장의 현황과 활성화 방안 연구", 『한국유통학회 추계학술대회 발표논문집』.

김상철(2004), "전통시장의 경쟁력 강화 방안에 관한 연구: SERVQUAL 모형을 중심으로", 『유통과학 연구』 8(2).

김성훈·한재환(2011), "소비자 인식 분석을 통한 전통시장의 활성화 방안 도출", 『농촌경제』 34(3).

김신애(2015), "소비자의 전통시장 선택 의사결정 요인에 관한 분석: 안양시 관양시장 사례를 중심으로", 『마케팅논집』 23(4).

김연지(2009), "19세기말·20세기초 부산과의 객주영업과 자본축적유형", 『역사와 경계』 5(1).

김종국(2007), "한국 전통시장의 유형 분류와 전략적 유형정의에 관한 연구", 숭실대학교 박사논문.

김종환(2001), "지방유통업체의 경쟁력 제고 방안에 관한 연구", 우석대학교 석사논문.

류원동(1977), 『한국근대경제사연구』, 일지사.

박성용(2003), "대형할인점의 중소도시진입에 따른 소매점 유통구조 분석", 『유통연구』 7(2).

박영근·김판준(2001), "창원시 전통시장의 실태 분석", 『마케팅과학연구』 7.

변광석(2000), 『조선 후기의 시전상인 연구』, 혜안.

변광석(2007), "18~19세기 개성의 시전과 상업관항", 『역사와 경계』 3(2).

변명식·김명옥(2006), 『유통총람』, 범한.

서수정·이창호·정종대·정경일(2006), 『전통시장 정비사업 제도개선 및 모델개발』, 주택도시연구원.

서울연구원(2012), 『지역상권활성화를 위한 우수 해외사례 연구』.

소상공인시장진흥공단(2016), 『2015년 전통시장·상점가 및 점포경영 실태조사

　　　　결과보고서』.

시장경영지원센터(2005), 『2005년 기준 전통시장 실태조사보고』.

시장경영지원센터(2008a), "지방공설시장의 중장기 개발 방향 연구".

시장경영지원센터(2008b), "지역상권 활성화 한국형모델에 관한 연구".

시장경영진흥원(2011), 『대형마트 성장이 전통시장에 미치는 영향에 관한 연구
　　　　보고서』.

신창호 외 3인 편역(2003), 『일본 상점가의 생존 전략』, 서울시정개발연구원.

신창호·문경일(2003), "전통시장 활성화 방안 연구: 준거틀과 유형화", 『지역연
　　　　구』 19(2).

신창호·문경일(2004), "일본 상점가 활성화 방안의 전통시장에의 시사점 분석",
　　　　『중소기업연구』 13(2).

심완섭(2013), "전통시장문화공간에서의 구매선호 제품별 만족과 재방문 의도
　　　　와의 관련성 연구", 『문화 산업연구』 13(4).

안영갑·최경주·박상익(2006), 『한국의 전통시장』, 두남출판사.

이민우(2005), "전통시장의 활성화 방안에 대한 연구", 『산업경제연구』 18(2).

이은주·권영선(2014), "대형마트 영업규제 정책이 실제 소형가게의 매출을 증가
　　　　시켰는가?", 『2014 SCM학회 춘계학술대회 발표 논문집』.

이장희(2002), "전통시장의 활성화 방안(I)", 『충북리포트』.

이재하(1992), 『한국의 장시』, 민음사.

이재훈(2000), "유통환경 변화와 전통시장의 미래", 『추계학술발표회 발표논문
　　　　집』, 한국유통학회.

이진명·나종연(2015), "대형마트 및 기업형 슈퍼마켓(SSM) 규제에 대한 소비자
　　　　의 갈등인식 유형과 대응 방식: Q방법론의 적용", 『소비자학연구』 26(3),
　　　　한국소비문화학회.

이진한(2011), 『고려시대의 송상왕내연구』, 경인문화사.

이춘근(2002), "지역 전통시장의 실태와 활성화 방안", 『대구경북개발연구원 학

술대회 발표논문집』, 한국지역학회.

이춘근(2003), "대구경북 지역 전통시장의 실태와 육성 방안", 대구경북개발연
　　구원.

이태진(2005), "1876년 강화도조약의 명암", 『한국사시민강좌』.

장동익(1994), 『고려후기 외교사연구』, 일조각.

장동익(2000), 『송대역사자료집』, 서울대학교 출판부.

장동익(2007), "중국, 일본 문헌의 고려왕조 관련 기록과 고려사", 『한국중세사
　　연구』 23.

장동익(2010), "14세기의 고려와 일본의 접촉과 교류", 『대구사학』 100, 대구역
　　사학회.

장흥섭(2006), 『관광과 함께하면 더 재미있는 경북 재래시장』, 유니컴.

장흥섭·김광석(2007), "전통시장 속성에 대한 소비자와 상인 인식 비교", 『경영
　　교육연구』 46, 한국경영교육학회.

장흥섭(2010), 『대구 전통시장의 과거·현재·미래』, 경북대학교 출판부.

장흥섭·우영진·김재진(2010), "대구·경북 전통시장의 유형별 활성화모델 개발",
　　『경영교육연구』 59, 한국경영교육학회.

장흥섭·길하나·심성민(2011), "상인 최고경영자 과정 교육서비스 품질 및 참여
　　동기가 교육 만족에 미치는 영향", 『경영교육연구』 68, 한국경영교육학회.

장흥섭 등(2011), 『재래시장 활성화와 내 고장 마케팅』, 경북대학교 지역시장연
　　구소.

장흥섭(2016), 『세계의 전통시장』, 형설Life.

장흥섭·이형록·우영진(2014), "IPA분석을 활용한 상인 최고경영자 과정 교육서
　　비스 품질 개선에 관한 연구", 『경영교육연구』 83, 한국경영교육학회.

장흥섭·장희영(2014), "우리나라 전통시장 활성화를 위한 아프리카·남미 전통
　　시장 조사", 『2014년 춘계학술발표논문집』, (사)영상아카데미.

전덕재(2006), "한국고대 서역문화의 수용에 대한 고찰", 『역사와 경계』 12.

정승모(2006), 『한국의 전통사회 시장』, 이화여자대학교 출판부.

정진욱·최윤정(2013), "대형마트 영업제한에 대한 분석", 『한국경제연구원 세미나자료』, 한국경제연구원.

조규호(2014a), "전통시장 생존 가능한가: 전통시장과 대형마트 이용객의 인식도 비교 분석을 중심으로", 『유통정보학회지』 17(5), 한국유통정보학회.

조규호(2014b), "전통시장 생존 가능한가?: 전통시장과 대형마트 이용객의 구매만족도 및 정부 관련 정책 인식도에 관한 비교분석을 중심으로", 『유통정보학회지』 17(6), 한국유통정보학회.

조병찬(2004), 『한국시장사』, 동국대학교 출판부.

조재곤(2001), 『한국근대사회와 보부상』, 혜안.

중소기업청(2006), 『전국상점가 실태조사』.

중소기업청(2008a), 『상점가 점포경영 및 경쟁력 조사』.

중소기업청(2008b), 『전국 지역중심상권 실태조사』.

중소기업청·소상공인시장진흥공단(2015), 『해외 우수 전통시장 – 벤치마킹 가이드 북』.

한국정신문화연구원(1991), 『한국민족문화대백과사전』.

한영국(1991), "상공업 발달의 시대적 배경", 『한국사시민강좌』 9(조선 후기 상공업 특집).

허정옥(2004), "지방전통시장의 활성화에 관한 사례분석", 『마케팅관리연구』 9(2), 한국마케팅관리학회.

홍성찬(2012), "한말 서울 동막객주의 미곡거래와 하주들", 『동방학지』 159.

황대석(1976), 『한국기업경영론』, 세영사.

榎本 渉(2001), "宋代の日本商人の再檢討", 『史學雜誌』 110(2).

榎本 渉(2007), "新羅海商と唐海商", 『前近代の日本列島と朝鮮半島』, 山川出版社.


Crompton, J. and N. Duray(1985), "An Investigation of the Relative Efficacy of Four Alternative Approaches to Importance-Performance Analysis", *Journal of the Academy of Marketing Science*, Fall, 1985.

Keyt, J, U. Yavas and G. Riecken(1994), "Importance-Performance Analysis", *International Journal of Retail & Distribution Management*, 22(5).

Kotler, Philip(2000), "Marketing Management Analysis, Planning & Control", Prentice-Hall, Inc, Engle-wood Cliffs, New Jersey, 5th ed..

Martilla, J. and J. Jame(1977), "Importance-Performance Analysis", *Journal of Marketing*, January.

Matzler, K., Bailom, F., Hinterhuber, H. H., Ren, B., Pichler, J.,(2004), "The asymmetric relationship between attribute-level performance and overall customer satisfaction: A reconsideration of the importance-performance analysis", *Industrial Marketing Managemaent*, 33.


독일 뮌헨 빅투알리엔 시장, 부산일보[이랑주의 광장&골목], 2014년 2월 20일자.

미국 첼시 시장 공식 홈페이지, http://www.chelseamarket.com/

스페인 보케리아 시장 공식 홈페이지, http://www.boqueria.info/index.php?lang=en

영국 캠든 시장 공식 홈페이지, http://www.camdenmarket.com

일본 츠키치 수산 시장 공식 홈페이지,

　　　http://www.tsukijimarket.or.jp/tsukiji.e.htm

터키 그랜드 바자르 공식 홈페이지, http://kapalicarsi.com.tr/tr/

지은이 장흥섭

1950년 경상북도 칠곡군 기산면에서 태어났다. 대건고등학교, 영남대학교(경제학사), 고려대학교(경영학 석사)를 거쳐 경희대학교에서 경영학박사 학위(1983년)를 받았다.

36년간 경북대학교 상업교육과·경영학부 교수로 일했다. 주로 마케팅과 소비자행동(과목)을 강의하면서 전통시장 연구에 열중했다.

경북대학교 지역시장연구소장, 경상대학장·경영대학원장을 지냈고, 한국전략마케팅학회장, 한국경영교육학회장, 한국경영경제학회장을 역임하였다. 그리고 전국 경영대학(원)장협의회 회장, 서울대학교 소비자학과 교류 교수, 대구전통시장진흥재단(초대)원장으로 있었다.

전통시장 활성화에 대한 공로로 국무총리 표창(2011)을 받았고, 최우수논문상(한국전략마케팅학회), 국제학술교류공로상(일본상업교육학회), 교육대상(한국경영교육학회), 교육공로상(한국교육단체총연합회)을 수상한 바 있다.

**학력**

영남대학교 상경대학 경제학과 졸업(1973년, 경제학사)

고려대학교 경영대학원 경영학과 졸업(1976년, 경영학 석사)

경희대학교 대학원 경영학과 졸업(1983년, 경영학 박사)


**주요 경력**

한국전략마케팅학회장(1998년)

(사)한국경영교육학회장(1998, 1999년)

서울대학교 소비자학과 교류교수(2000년)

경상북도 소비자정책심의위원(2001~2012년)

중소벤처기업부 소상공인시장진흥공단 자문위원(1997년~현재)

중국 남경재경대학 객원교수(2002년~현재)

대구광역시의회 의정자문위원(2000~2001년)

한국경영경제학회장(2003년)

경북대학교 경상대학장·경영대학원장(2003~2004년)

전국경영대학(원)장협의회 회장(2004년)

경북대학교 지역시장연구소장(2007~2016년)

(사)영상아카데미학회장(2009년)

경북대학교 상업교육과·경영학부 교수(1981.3~2017.2)

대구전통시장진흥재단 원장(2016.1~2018.2)


**연구 실적**

저서: 『세계전통시장』 외 8권

논문: "해외 선진국 사례를 통한 한국 전통시장의 활성화 방안" 외 53편

연구 용역: 「대구전통시장진흥재단 구축사업」 외 44건

**수상**

한국전략마케팅학회 최우수논문상(2000년)

한국산업경영학회 학회발전공로상(2002년)

일본상업교육학회 국제학술교류공로상(2004년)

한국경영교육학회 교육대상(2007년)

전통시장 활성화에 대한 공로로 국무총리표창(2011년)

한국교육단체총연합회 교육공로상(2013년)

**전통시장 활성화**

© 장흥섭, 2021

**1판 1쇄 인쇄**__2021년 12월 10일
**1판 1쇄 발행**__2021년 12월 20일

**지은이**__장흥섭
**펴낸이**__양정섭

**펴낸곳**__경진출판
　　　　**등록**__제2010-000004호
　　　　**이메일**__mykyungjin@daum.net
　　　　**사업장주소**__서울특별시 금천구 시흥대로 57길(시흥동) 영광빌딩 203호
　　　　**전화**__070-7550-7776　**팩스**__02-806-7282

**값 30,000원**
ISBN 978-89-5996-837-4 93320